中國学術思想 研究輯刊

十一編

林慶彰 主編

第 35 冊

羅欽順、王廷相、吳廷翰自然氣本論研究

許錦雯 著

花木蘭文化出版社

國家圖書館出版品預行編目資料

羅欽順、王廷相、吳廷翰自然氣本論研究／許錦雯 著 — 初版
— 新北市：花木蘭文化出版社，2011〔民 100〕
目 2+168 面；19×26 公分
（中國學術思想研究輯刊 十一編；第 35 冊）
ISBN：978-986-254-481-5（精裝）
1.（明）羅欽順 2.（明）王廷相 3.（明）吳廷翰 4. 學術思想
5. 明代哲學

030.8   100000813

ISBN-978-986-254-481-5

9 789862 544815

中國學術思想研究輯刊
十一編　第三五冊　　　　　　　ISBN：978-986-254-481-5

羅欽順、王廷相、吳廷翰自然氣本論研究

作　　　者　許錦雯
主　　　編　林慶彰
總 編 輯　杜潔祥
出　　　版　花木蘭文化出版社
發 行 所　花木蘭文化出版社
發 行 人　高小娟
聯絡地址　新北市永和區中正路五九五號七樓之三
　　　　　　電話：02-2923-1455／傳真：02-2923-1452
網　　　址　http://www.huamulan.tw 信箱 sut81518@ms59.hinet.net
印　　　刷　普羅文化出版廣告事業
封面設計　劉開工作室
初　　　版　2011 年 3 月
定　　　價　十一編 40 冊（精裝）新台幣 62,000 元

羅欽順、王廷相、吳廷翰自然氣本論研究

許錦雯　著

作者簡介

許錦雯
學歷：政大中文系、政大中文所畢（2005年）
經歷：國立海洋大學通識課程教師、基隆市立暖暖高級中學國文科教師

提　　要

　　明代中期羅欽順、王廷相、吳廷翰的哲學型態為自然氣本論，此一哲學強調「理在氣中」、「理在事中」、「理在情中」。他們一方面要從朱子理學對傳統經典的強勢詮釋中掙脫出來，另一方面又要與新興崛起的陽明學勢力展開論戰。在這雙重的學術壓力氛圍之下，他們辛苦地逐漸走出一條嶄新的路途！

　　自然氣本論學者認為日用倫常中的規則即是天理流行的結果。但此一型態的哲學並不能視為是「他律」的道德哲學，因為他們的工夫實踐仍是要合內外之道的。他們要將內在的道德良知〔此良知是有限度的道德直覺，是屬於弱性的良知〕與外在的聖人禮教，在兩者相互的權衡中來逐步實踐的。明清的自然氣本論者是主張「人性向善論」的，而此一性善論與孟子的「人性本善論」是有差異的。

　　羅欽順、王廷相、吳廷翰可說是自然氣本論哲學的發端，而此哲學型態最成熟、典型的代表人物即是清代的戴震。所以，戴震此類型重智傾向哲學家之出現，並非是突然的，他仍然可在明清哲學的脈絡中來看出其端倪的。而羅、王、吳此哲學型態不僅影響中國後學而已，他們甚至影響到日本、韓國的學術發展。因此，筆者認為此時對明清氣本論學者給予正面的肯定與積極的評價，是極具其正當性及合理性的！

目

次

第一章 緒 論

第一節 研究動機與目的

對「氣」的概念之重視，一直以來在中國人的思維模式中佔有重要的位置，而「氣」的影響力也是多層面的。它不僅影響到我們對天地自然界種種變化的思考，並且也影響到人自身存在的意義與人身體中小宇宙的運行。大概從先秦時「陰陽二氣」、「六氣五行」、「精氣」的提出之後，「氣」不僅是哲學思想中各派理論的不可缺之要素，並且中國人的養身觀，尤其在醫學此方面，對於「氣」在人身中經脈的流行如何，至今，仍被社會大眾所探討及研究〔註1〕，但筆者在此是要處理學術界上對「氣」的哲學思考此一面向，且時代是在明代中期的氣本論學說。

因為人與宇宙萬物的一切並非是隔絕或不相關的，「天人合一」的想法是一直潛藏在中國人對事物思維中的。方東美說道：

> 對我們來說，自然是宇宙生命的流行，以其真機充滿了萬物之謂。
> 在觀念上，自然是無限的，不為任何事物所拘限，也沒有什麼超自
> 然，凌駕乎自然之上，它本身是無窮無盡的生機。它的真機充滿一
> 切，但並不和上帝的神力衝突，因為在它之中正含有神秘的創造力。
> 再說，人和自然也沒有任何間隔，因為人的生命和宇宙的生命也是

〔註1〕 有學者用現代西方科學的研究方法，認為「氣」在人體中的活動，其實是是
一種「共振」的模式。參見王唯工《氣的樂章：氣與經絡的科學解釋，中醫
與人體的和諧之舞》（台北：大塊文化，2002），頁73～124。

融爲一體的〔註2〕。

「人的生命和宇宙的生命也是融爲一體的」，但是要如何「合一」，也就是「天道性命」是如何相貫通的呢？這就必須通過「氣」來溝通天地與人，而在儒家中最先也最明確提出「氣」的概念是孟子，他說：「吾善養浩然之正氣」，「養氣」也成爲儒家修養工夫中的重要課題，尤其對宋明理學家而言更是重要的工夫法門。關於孟子「養氣」說的提出，有學者認爲：

> 孟子還是用水來作類比，他認爲，修身的目的就是培養人的「浩然之氣」。依據這樣的原則，培養浩然之氣的目的並不僅僅在於發展人的良好形體或正確的心理態勢，培養浩然之氣的目的在於開發人的內在資源，增強意志的力量，以及貯存起人的精神能量。對「氣」這個字的含義，現代人有不同的理解，如「物質的力量」（陳榮捷語），「物質及能量」（H.H.杜布斯語），「生命力的精神」（牟復禮語）。實際上，它指的是一種與呼吸和血液循環相關係的心理—生理的力量。但在孟子的論述中，氣被界定爲一種通過道德和精神的自我修養而產生的「至大至剛的活動力」〔註3〕。

我們對「氣」應該要持有新的理解，因近年來關於氣學的相關研究議題，受到大陸學者的研究而蓬勃發展，但也因爲大陸學者將「氣」界定爲是「物質性」的，這也將「氣」的屬性侷限住了。他們將「唯氣論」解釋成「唯物論」，這不僅是「誤解」了「唯氣論」，並也導致了「唯氣論」的「污名化」〔註4〕。因此，

〔註2〕 方東美《生生之德》（台北：黎明文化事業公司，1987），頁277。

〔註3〕 杜維明〈孟子思想中的人的觀念：中國美學探討〉，《儒學思想新論──創造性轉換的自我》（南京：江蘇人民出版社，1996），頁110。

〔註4〕 新儒家學者不喜歡「唯氣論」的字眼，甚至帶有貶義的意味來談，多少是接受了大陸學者這樣對「唯氣論」的誤解，因而，新儒家學者則站在反對的立場來排斥「唯氣論」的主張。牟宗三對張載的解釋可看出新儒家的此一立場，他說：「蓋野馬絪縕是氣之事，若以氣之絪縕說太和，說道，則著重於氣之意味太重，因而自然主義之意味亦太重，此所以易被人誤解爲唯氣論也。然而橫渠以天道性命相貫通爲其思想參造化之重點，此實正宗之儒家思理，決不可視之爲唯氣論者」，《心體與性體》（第一冊）（台北：正中書局，1999），頁437。牟宗三對張載的解釋，近來學者有不同的意見，何乏筆認爲：「牟宗三以張載的哲學爲『正宗之儒學思想，絕不可視之爲唯氣論』。顯而易見，此說法有濃厚的政治意涵，同時也透露當代儒學在思想上的『偏滯』。」參見何乏筆〈形而上學與形而下的辯證──形、氣、神的去等級化與儒門工夫論的現代轉化〉，〈「儒學的氣論與工夫論」國際研討會〉（台大東亞文明研究中心主辦，2004年11月27～28日）會議論文，頁14。

我們應如何來理解「氣」的性質呢？這就成爲必須加以說明的工作，對此，杜維明指出：

> 構成宇宙的最基本材料，既不是單一的精神，也不是單一的物質，而是它們兩者。它是一種生命力。這種生命力不應當看成是游離於實在的精神或純粹的物質。陳榮捷在他的很有影響的《中國哲學資料選集》一書中指出，中國哲學並未在能量與物質之間做出區別。他還進一步指出，杜布斯把指稱這一基本要素的中國術語「氣」譯爲「matter-energy」（物質及能量），「基本上是正確的，雖然有些笨拙且缺乏修飾的形式」。陳榮捷將氣譯「material force」（物質力量），同時他強調說，鑒於 11 世紀新儒家出現之前，「氣」原初「概指與生命之流相聯的精神生理學的力量」，因此，它應譯成「vital force」或「vital power」（生命力）〔註5〕。

「氣」是一種生命力或是一種生命能量，它同時擁有著精神與物質這兩種不同層面的向度，它絕非只是「物質性」而已，因爲「在『氣』的概念中，它既被賦予了『物理』性質，又被賦予了『非物理』的性質，它無處不在而又呈現爲連續的質料／能量〔註6〕。」、「如追溯氣思想的歷史，則氣本來就被認爲是生命力、活動力、或是具有這些力，或者是作爲這些力的根源，而不是作爲物質的根源。〔註7〕」，「氣」是一股強大且源源不絕的生命能量，一氣貫通天地人，此氣在哲學的意涵上是兼具有「形而上」與「形而下」兩層次的，「蓋中國古代的哲學家並不把作爲哲學觀念的『氣』，和具體的、形而下的『氣』，分開來討論〔註8〕」。

〔註5〕 杜維明〈生存的連續性：中國人的自然觀〉，《儒學思想新論——創造性轉換的自我》，頁 110。關於國外學者對「氣」概念的理解與翻譯，可參考福井文雅〈西洋文獻中「氣」的譯語〉，小野澤精一、福永光司、山井湧《氣的思想：中國自然觀和人的觀念的發展》（上海：上海人民出版社，1999），頁 528～537。

〔註6〕 （美）本杰明・史華茲（Benjamin I. Schwartz）《古代中國的思想世界》（南京：江蘇人民出版社，2004），頁 190。張立文也指出「氣」在中國哲學範疇系統中，約具有四義，如：「指客觀存在的質料或元素」、「指具有動態功能的客觀實體」、「指人生性命」和「指道德境界」，參見《中國哲學範疇發展史（天道篇）》（台北：五南圖書公司，1996），頁 137～139。

〔註7〕 （日）上田弘毅〈朱熹思想中的氣——理氣哲學的完成〉，小野澤精一、福永光司、山井湧《氣的思想：中國自然觀和人的觀念的發展》，頁 425。

〔註8〕 （日）坂出祥伸說：「根據日本和中國儒學研究者的看法，朱子學者、陽明學

宋明理學是繼先秦諸子、兩漢經學、魏晉玄學、隋唐佛學之後的，又一中國哲學的發展高峰，也是時間上最接近近代的哲學思潮。但在宋明理學〔註9〕的思想研究當中，理學家的程朱哲學，心學家的陸王哲學，一直是研究宋明理學的兩大重點，但在理本論與心本論的思潮之外，還有一支重要的思想派別，即是氣本論。氣本論在整個宋明理學中，我們要怎樣看待它的思想價值與評定其哲學地位呢？這是我們要認真思考的問題。

程朱理學發展到明代中期時，其哲學思想體系已產生某種程度的鬆動，那是因為知識份子開始挑戰朱熹理學在傳統思想中的權威性，朱熹的學術思想不再成為是知識份子所必須嚴格遵守的「典範」象徵。並且，朱子學說的理論內部，也暗藏著形上世界與形下世界斷裂的危機〔註10〕。因此，「到了明代中期，理學家從不同的面向去關注『氣』的重要而非『理』，這種現象，反映出明代思想的特質〔註11〕。」，這也表示明代的學術風氣已經和宋代有所不

者、清朝一部份學者（例如王夫之、戴震等等）它們所討論的『氣』，與前文中所舉的占卜術的『氣』，或流動於身體經絡中的『氣』，及充滿在天地宇宙中的『氣』，絲毫無關；這種『氣』至今還是被視為抽象的、思辨的觀念來研究。果真如此，就形成極其怪異的言論了。蓋中國古代的哲學家並不把作為哲學觀念的『氣』，和具體的、形而下的『氣』，分開來討論。」，坂出祥伸〈貫通天地人之「一氣」──其自然觀與社會秩序觀〉，楊儒賓編《中國古代思想中的氣論及身體觀》（台北：巨流圖書公司，1993），頁 153。

〔註 9〕 理學有其廣義及狹義的內涵，廣義的「理學」為宋明理學，包括理本論、心本論及氣本論。狹義的「理學」內涵則指理本論，筆者在論述上會用「程朱理學」來指稱。

〔註10〕 鄭宗義說：「從純粹義理的角度看，宋明儒要消融形上與形下之間的內在緊張，則必然指向一終極境界的追求。然而當他們一旦過份偏重強調這終極境界時，便很容易會反過來造成形上世界的空描；從而令得人懷疑如斯高遠玄妙的形上世界到底能否貫徹下落到日用倫常的形下世界中。此則造成形上與形下之間斷裂的危機」，頁 4。「王廷相指責宋明儒『理能生氣』及『謂理可離氣而論』是流於釋老，固屬不諦；而他認為性可以善惡言，性善說不過是因為『聖人懼世紀弛而民循其惡也，乃取其性之足以治世者而定之』，則很明顯是越出了先秦孔孟心性論的矩矱。但是他極力將形上世界往形下世界拉落的意圖，就不能否認是出於對高遠玄妙的形上境界的厭惡。易言之，這是形上與形下的外在緊張所導致的。」，《明清儒學轉型探析──從劉蕺山到戴東原》（香港：中文大學出版社，2000），頁 6。

〔註11〕 Irene Bloom 'On the Abstraction Of Ming Thought : Some Concrete Evidence from the Philosophy of Lo Chin-shun', in DeBary ,W.T. and Irene Bloom , *Principle and Practicality : Essays In Neo-Confucian ism and Practical Learning ,* （New York : Columbia University Press ,1979）, p82.

同了。「值得注意的是，宋明理學中期及後期的所有有關問題如格物窮理，德性修持問題，心性的已發未發問題，心性的體用問題，理一分殊問題等等均與理的缺乏生化性有關，瞭解此，我們就可以瞭解何以理學同時面臨心學與氣學的挑戰，並向這兩個方面轉化〔註12〕。」因爲，明代的知識份子想要突破程朱理學其逐漸僵化的信條，在此僵化信條所帶來的種種桎梏下，來另謀一條學術思想的出路，在這樣對程朱理學反動的學術氣氛下〔註13〕，由王陽明爲首的心本論及羅欽順、王廷相、吳廷翰的氣本論崛起了，心本論及氣本論的產生，可說是因應此一學術發展過程中的內在需求的結果〔註14〕。也可說，「朱熹所建立的理氣形上學，到了明代引起了『氣一元論』的反動，經過王船山到了戴震，循著張載『由氣化，有道之名』的理路，終於形成『氣化即道』與『理在氣中』的自然主義觀點〔註15〕。」，因此，我們只有將氣本論、理本論、心本論三者的理論學說，視爲是宋明理學中三足鼎立的思想

〔註12〕成中英〈原性與圓性：性即理與心即理的融合──兼論心性哲學的發展前景〉，《合外內之道：儒家哲學論》（北京：中國社會科學出版社，2001），頁91。

〔註13〕朱子學在明代學術界中仍是佔有主流地位，因爲它是朝廷官方所認可的學說，但學者對朱子學過度呈現僵化的狀況，也開始感到不滿，如：心學家與氣學家，對程朱學說均有所批評。對此現象，現代學者朱義祿說：「在世時命運蹇滯的朱熹，也沒有達到『使學者知所統一』的主觀願望。這一願望是隨著統治階級的慎重選擇後實現的。自南宋理宗趙昀始，開始明確地感到理學有補於治道後，朱熹的地位逐漸上升。元仁宗延祐年間（1314～1320），復科舉，詔定朱熹《四書集注》試士子。明初朱元璋提倡程朱理學，洪武二年，詔令天下『國家明經取士，說經者以宋儒傳注爲宗……其有剽竊異端邪說，炫奇玄異者，文雖工，弗錄。』（《松下雜鈔》卷下）這條詔令涉及到兩個問題：一是『宋儒傳注』成爲官方法定科舉考試的唯一內容，一是明清文化專制主義下的文字獄。這裡主要說前者。程朱對儒家經典所做的注釋，已成爲誰也不能懷疑的『一定之說』，這樣程朱理學確實是符合封建專制主義要求的意識型態：『自有宋儒傳注，遂執一定之說，學者始泥而不通，不能引伸觸類，夫不能引伸觸類，亦何取于讀經哉？』（《四友齋叢書》卷一）嘉靖年間松江名宿何良俊的指責是擊中要害的。」朱義祿《逝去的啓蒙──明清之際啓蒙學者的文化心態》（河南出版社，1995），頁14。

〔註14〕氣本論與心本論均不滿程朱學的說法，但他們兩者之間的差異性也是極大的。關於心本論學說的講法，不僅當時氣本論學者不贊成，其他的學者也不完全都認同此說。如何良俊說：「我朝薛文清、陳白沙、吳康齋、王陽明好談性理，豈是不長於經術。但既托之空言，遂鮮實用，其門弟子又蹈襲其師說各立門戶，深衷厚默，勤取道學之名以爲進取之捷徑，自是經術道學始岐而爲二矣。」〈卷之三・經三〉《四友齋叢書》（北京：中華書局，1997），頁27～28。

〔註15〕傅偉勳《從西方哲學到禪佛教》（北京：三聯書店，1996），頁401。

〔註16〕，唯有如此，我們透過對此三者學派作出更深入的思想研究解析，才能更看清楚宋明理學思潮中的原貌。

雖然，氣本論學說因爲沒有像理本論或心本論那樣，學者輩出，師徒相承。因此導致在整個宋明理學的研究思潮中，大家較容易忽視氣本論學者的思想，並且現在學者對氣本論哲理的研究成果，不像對理本論或心本論思想研究，都已經作出具有相當高度的質與量之研究成果。但是氣本論這一系說法的提出，仍是具有其合法性與正當性的，有學者已經說道：

> 兩千多年來儒學的發展多偏重在「形上義理」一面，……明清以前的義理發展階段，可以稱之爲「理」的哲學；從羅欽順（1645～1547）、劉宗周（1578～1645）、顧炎武（1613～1682）、王夫之（1619～1692）到戴震（1724～1777）等一系儒者所強調，可以稱之爲「氣」的哲學〔註17〕。

> 山井湧考察了從明代羅欽順（1465～1547）到18世紀戴震、阮元思想的發展線索。他引證了包括泰州學派成員在內的明清24位學者的材料，認爲從朱子哲學的轉變，反映從抽象的義理之學向具體的實證觀念（考證）的轉變，這種轉變包括思想上從主觀體悟向客觀標準的變遷，它欲以恢復人類世俗生活尊嚴的學說取代超越性的「理」的哲學〔註18〕。

〔註16〕 有關理本論、心本論、氣本論三系並提的說法，如下，張岱年指出：「自宋至清的哲學思想，可以說有三個主要潮流。第一是唯理的潮流，始於程頤，大成於朱熹。朱子以後此派甚盛，但不曾再出現過偉大有創造力的思想家，大家都是述朱而已。第二是主觀唯心論的潮流，導源於程顥，成立於陸九淵，大成於王守仁。此派最盛的時期是在王氏以後。第三是唯氣的潮流，始於張載，張子卒後，其學不傳，直到明代的王廷相和清初王夫之才加以發揚，顏元、戴震的思想也是同一方向的發展」，《中國哲學大綱》（北京：中國社會科學出版社，1994），頁26～27（序論）。王俊彥也認爲：「理學由宋初以來，皆以道德之天理心性爲論學主旨。進路則主要有朱子主道問學之理本論，與陸九淵主尊德性之心本論二路，實則尚有由張載開始，已至湛若水、羅欽順、王廷相、吳廷翰，末至王船山等，以氣爲本體之氣本論一路。」，〈王廷相的元氣無息論〉，善同文教基金會編《章太炎與近代中國學術研討會論文集》（台北：里仁書局，1999），頁503。

〔註17〕 張麗珠《清代新義理學──傳統與現代的交會》（台北：里仁書局，2003），頁13。

〔註18〕 轉引自（美）艾爾曼（B.A.Elman）《從理學到樸學──中華帝國晚期思想與社會變化面面觀》（南京：江蘇人民出版社，1997），頁32。山井湧認爲持氣

自然氣本論學者認爲「理在氣中」、「理在事中」、「理在情中」，這樣的主張從明代中期羅欽順、王廷相、吳廷翰提出後，一直影響到清代的學者，而戴震即是「氣的哲學的集大成者〔註19〕」，可說是自然氣本論學者的典型代表人物。山井湧說道：

> 我在拙作《明清時代的氣的哲學》中，曾對自明朝羅欽順等肇其端，
> 清朝戴震集其大成的「氣的哲學」的發展脈絡略加概述，我認爲：「上
> 接顏元、李塨哲學的程廷祚和戴震思想非常接近，戴震是集大成者」，
> 這一看法現在仍未變〔註20〕。

山井湧更進一步指出「自明中期以至清中期，氣的哲學一直是中國思想史上綿延不斷的哲學論題〔註21〕。」並且在「明清之際，『氣』的哲學取代朱子『理』的哲學，在儒學研究中取得了主導地位〔註22〕。」在此，要加以說明的是，氣本論者的學說，可被稱爲「氣一元論」或「重氣的哲學」，但並不表示「理」是不重要的或是被排除在外的。氣本論者也重視「理」的存在，只是「理」的意涵和程朱學者所認爲的「理」是不同的，它不再具有超越且形上之地位，「理」只是「氣中之條理」而已〔註23〕。對此，溝口雄三也論述到：

> 由山井湧氏提出所謂的「氣的哲學」的系譜，就是依據了這個儒理
> 學的發展系譜。而這種氣的哲學，並非以有時遭到誤解的「氣的優

的哲學立場的人，「在明代有羅欽順、王廷相、王道、蔣信、魏校、劉邦采、王畿、呂坤、唐鶴徵、楊東明、孫慎行、劉宗周等十二人；在清代有陳確、黃宗羲、王夫之、顏元、李塨、程廷祚、戴震、程瑤田、章學誠、凌廷堪、焦循、阮元等十二名」，〈明清時代氣的哲學〉（「哲學雜誌」第67卷、第71號，1951）。山井湧後來認爲「在這中間，明代當削去劉邦采，有必要加上湛若水、吳廷翰等。在清代，則有必要加上方以智。」，山井湧〈理氣哲學中的氣的概念——從北宋到清末〉之「總論」部分，小野澤精一、福永光司、山井湧《氣的思想》，頁359。

〔註19〕 這是日本學者山井湧爲戴震思想所作的定位，參見小野澤精一、福光永司、山井湧《氣的思想——中國自然觀和人的觀念的發展》，頁453。

〔註20〕 （日）山井湧〈程廷祚的氣的哲學——兼論朱熹、程廷祚、戴震思想的異同〉，《中國哲學史研究》（1988年第1期），頁71。

〔註21〕 同上。

〔註22〕 （美）艾爾曼（B.A.Elman）《從理學到樸學——中華帝國晚期思想與社會變化面面觀》（南京：江蘇人民出版社，1997），頁32。

〔註23〕 張灝說：「而氣，按照17世紀以來所流行的氣一元論的解釋，是與『理』分不開的。理是氣的條理，也不妨說是它的屬性。」〈心靈秩序與歷史意識〉，《思想與時代》（上海：上海文藝出版社，2002），頁62。

位」或否定理的「氣的確立」爲其志向，而是以氣的比重擴大，或
氣的浸透而造成理的內在本質的變革爲其志向〔註24〕。

氣本論學者並不否定理的存在性及價值意義，只是認爲氣的重要性是必須被
強調的，因此，他們將氣的比重逐漸擴大開來。換而言之，他們的學說因爲
將氣不斷浸透到理，因而也造成理的內在本質產生改變。對他們而言，理產
生這樣的「質變」，是必須也是必要的。而這「質變」的現象，在他們的眼中
看來，反而是一種對聖人經典詮釋的「還原」。

　　明代中期的羅欽順、王廷相、吳廷翰是屬於明清氣學的開端，在學界中
單獨分別探討羅、王、吳的思想之文章很多，但是將羅欽順、王廷相、吳廷
翰這三人的思想相提並列，並且作出比較，目前的中文論著只有袁爾鉅的〈吳
廷翰與羅欽順、王廷相哲學思想之比較〉〔註25〕，以及李存山的〈羅、王、
吳心性思想合說〉〔註26〕等二文。但筆者認爲唯有將這三人的思想並列來看
且做出比較，才能看出氣學的開端是如何辛苦的建立起來。他們三人思想的
異同如何，與及對後來的氣學學者產生何種影響，也才能使我們更清楚明白
看出初期的氣學思想中何種觀念被後來氣學學者繼承了，何種觀念卻是被排
除了。因爲，我們將來不但要將氣學系譜明確地建立出來而已，更要從明清
氣學的一路發展下來，觀察出其中的思想理路之變化。而關於羅欽順、王廷
相、吳廷翰三人並提的說法，王煜在〈明清哲學八題中〉說道：

　　現代學者習慣並提羅欽順（1465～1547）、王廷相（1474～1544）、
　　吳廷翰（1491～1559），例如密西根大學博士 Samuel Hideo Yamashita
　　在《荻生徂徠著作中的自然與技巧》（"Nature and Artifice in the
　　writings of Ogyu Sorai," in Peter Nosco ,ed《Confucianusm and
　　okugawa Culture》Princeton Univerity Press，1984）三次指出這三個
　　明代思想家同樣比程朱學派重視經驗、物理、情欲及實用政策，而
　　哥倫比亞大學漢學家狄百瑞（Wm・Theodore de Bary）最先察覺羅
　　欽順、王廷相、吳廷翰三人啓導德川時代三位日儒──山鹿素行、
　　伊藤仁齋、荻生徂徠。不論按照生年或卒年，吳廷翰（1490～1559）

〔註24〕（日）溝口雄三《中國前近代思想之曲折與展開》（上海：上海人民出版社，
　　　　1997），頁37。
〔註25〕袁爾鉅〈吳廷翰與羅欽順、王廷相哲學思想之比較〉，《吳廷翰哲學思想》中
　　　　第九章，（北京：人民出版社，1988年），頁147～164。
〔註26〕李存山，〈羅、王、吳心性思想合說〉，（《哲學研究》，1993、3），頁41～47。

都應該排在羅王兩賢之後。日本學者 Yamashita 竟不知吳氏卒年。
漢學家葛立治 L・Garrington Goodrich 主編、房兆楹助編的《明代名
人傳》（1976 年哥倫比亞大學出版社）刊載羅王二氏傳記而欠吳氏。
須知羅王吳三哲的唯氣論與經驗論，可補救王陽明事上磨煉良知說
的偏向。平衡的文化不能單獨講究良知德行，而要突破主體性去探
討客觀物理。他們在中國哲學史上的啓蒙地位，堪比西方哲學史上
的培根和霍布斯。〔註27〕

羅欽順、王廷相、吳廷翰此三人的學說是具有相當程度上的一致性，不妨說，
「『氣』的思想由張載而葉適，經明中葉王廷相、羅欽順、吳廷翰的發揮〔註28〕」
最後由戴震總其成。羅、王、吳所處的時代相同且學說相近，但是因於自然氣
本論學者大多是孤軍奮戰〔註29〕，他們之間似乎沒有一條清晰明顯的傳承脈
絡，雖然思想傳承如此隱而未顯，但是他們的思想卻是無法被歷史所磨滅的。
自然氣本論學者之間的交流，有時會囿於地理環境或其它的因素，而造成彼
此間沒有互動與交流，就算處在同一時期、年代中，兩人的思想是如此的相
近，但是卻沒有相互往來〔註30〕，這是一件非常可惜的事情。

　　雖然氣本論學者無法在同時期中匯集成一股強大的力量，但他們卻秉持
著相同的理念，而一個一個先後的出現，默默傳承那火光，雖然火光斷斷續
續地出現，但是終究使得氣本論思想獲得延續，也使得我們了解在當時，他
們一方面承受來自學術界中的程朱理學傳統背景，以及要面對陽明學派新興
學說的流行，在這二種的學說壓力下，他們如何辛苦的走出第三條路，建立
起完全不同前二者的思想體系。而當我們對他們的思想有更深入的研究時，

〔註27〕王煜〈明清哲學八題〉，（《中國文化月刊》，東海大學主編，1988、5），頁29。
　　　　張崑將老師認爲羅、王、吳的思想並無影響到山鹿素行，此處應是貝原益軒。
〔註28〕張立文《宋明理學研究》（北京：人民出版社，2002），頁633。
〔註29〕如錢穆説道：「羅欽順則學無師承，生前既少朋徒之講習，卒後亦無從學之傳
　　　　述。困心衡慮，爲獨得之學，而剖析發明，堪與王、湛相鼎足。」，《宋明理
　　　　學概述》（台北：學生書局，1992），頁265。
〔註30〕如：羅欽順大王廷相九歲，羅欽順雖然有讀到王廷相的作品，並對王廷相的
　　　　《慎言》有相當高的評價，對於此點，蒙培元説道：「羅欽順説：『近世諸儒
　　　　著述不動聲色，而眞得受用者，無如王氏《慎言》。』聞王氏家藏集偶書》，《整
　　　　菴續稿》卷七」，（《理學的演變──從朱熹到王夫之戴震》，頁335。）但羅、
　　　　王二人彼此卻好像沒有直接的往來（無法找到直接的材料來證明），並且在之
　　　　後的吳廷翰也只提及王廷相而已。因此，王廷相和吳廷翰有可能都沒有讀過
　　　　羅欽順的《困知記》。

我們也才能更完整的拼貼出宋明理學的原貌。

在明代中期時，自然氣本論者與陽明心學者之間的論戰情形是如何呢？首先就是羅欽順和王陽明相互辯論〔註31〕，羅欽順在王陽明的心學思想剛崛起時，就和他展開激烈的論戰，羅欽順對王陽明「致良知」、「知行合一」……等的學說，都感到相當的質疑，而羅欽順接著和陽明後學歐陽德，也有書信往來相互論學，這書信往返的論學過程，在羅欽順的《困知記》中，都有保留下來。此往來書信，可以讓我們對氣學及心學的學說都有更進一步的認識。而根據《吳廷翰傳》的記載，吳廷翰「嘗上書王陽明公，又與歐陽南野、余玉崖諸公往復辯論」，可惜，這些文章還未找到，但是，在吳廷翰的《吉齋漫錄》中，可看見他對王陽明學說的不同意見之看法。

基本上，明代中期的自然氣本論者的影響力是不容被忽視的，因爲它們不但影響國內後來的學者，也影響到國外的學者，尤其是日本的學者，如：羅欽順（1465～1547）對日本學者貝原益軒（1630～1714）有諸多的影響，不管是理氣論或是人性論，貝原益軒的觀點均得之於的羅欽順，再加以擴充發揮。貝原益軒並且讚揚羅欽順，認爲「明王陽明是天下之英才，一時之人迷溺于彼學者，滔滔皆是，比之晉人之清談，其害太過。羅整菴與王陽明同時之人，以陽明爲非，而與彼論辯，可謂聰明英俊之人。羅欽順之學，其說不阿于宋儒。〔註32〕」而日本古學派的創始者伊藤仁齋（1627～1705）則受到吳廷翰（1491～1559）思想的影響。太宰春台《聖學答問》卷下說：「吳廷翰著《吉齋漫錄》、《甕記》、《櫝記》等書，闢程朱之道，豪傑也。聞日本伊藤仁齋讀吳廷翰書而開悟。〔註33〕」

在明代中期與羅欽順、王廷相、吳廷翰個別相互問學的學者有：王陽明、

〔註31〕 羅欽順與王陽明的交情友好，只是兩人的哲學立場並不相同。羅欽順在《整菴存稿》〈卷7·鳳臺別意序〉中提到：「陽明才雄而學邃，志高而識遠」（頁26、A面），東谿公也說：「……子（羅欽順）素與陽明善」（頁27、A面）。《整菴存稿》（四庫全書珍本·欽定四庫全書·集部六），（台北：台灣商務書局，1973）。關於《整菴存稿》方面，它是羅欽順的詩文集，而四庫全書的編校者對此書的案語是：「然集中所作，雖境地稍平，而典雅醇正，猶未失成弘以來舊格，詩意不腐不率，絕無擊壞打油之習，蓋由其學問純粹心胸高曠，故能說理明透，無往不流露性情，在講學諸人中，固可稱卓然質有其文者也。」（序言，頁5、B面）。

〔註32〕 朱之謙《日本的朱子學》（北京：人民出版社，2000），頁253。

〔註33〕 朱之謙《日本的古學及陽明學》（北京：人民出版社，2000），頁9。

歐陽南野〔註 34〕、汪俊〔註 35〕、楊慎、許誥、何瑭〔註 36〕、崔銑〔註 37〕、薛蕙〔註 38〕、李經綸〔註 39〕、黃綰〔註 40〕……等。而明代學者在自己的著作中提到對此三人的相關評論，則有：馮從吾《關學編》〔註 41〕、呂柟《涇野子內篇》〔註

〔註 34〕 歐陽德，《明儒學案》〈江右王門學案二〉，有〈辯整菴困知說〉。

〔註 35〕 汪俊，《明儒學案》〈諸儒學案中二〉，「學宗程朱，曾與王陽明交好，後批評王陽明『言性不分理氣』，王陽明遂與之絕交。」

〔註 36〕 何瑭，《明儒學案》〈諸儒學案中三〉，「蓋力主在心爲知覺，在物爲理之說，固無足怪，獨是以本原性命非當務之急，若無與乎修齊之事者，則與清談何異？修齊之事，無乃專靠言語威儀禮樂刑政歟，眞可謂本末倒置矣。先生與王浚川、許函谷辯論陰陽數千言，爲浚川所破者不一，其大旨之差，在以神爲無，以形爲有，有無豈能相合？則神形已離二，神形既二，又豈待人死而後無知哉！」，王廷相《內臺集》中有〈答何柏齋造化論〉。

〔註 37〕 崔銑，《明儒學案》〈諸儒學案中二〉，「先生之學以程朱爲的，然於程子之言心學者，則又刪之，以爲涉及高虛，是門人之附會，無乃固歟。至其言理氣無縫合處，先生自有眞得，不隨朱子腳下轉是也，其詆陽明不遺餘力，稱之爲霸儒。」

〔註 38〕 薛蕙，《明儒學案》〈諸儒學案下一〉，「先生又曰，陽明言致良知，大抵是就事物上說，乃得末而遺本。夫良知者，孟子之言也。孟子曰『所以不慮而知者，其良知也』。夫不慮者，一無所知之本體也。不慮而知，可專以爲事物而非體乎。宜乎以爲人倫之外，更有妙道。孔氏門中，難著此語。」，王廷相《家藏集》中有〈答薛君采論性書〉。而在薛蕙《西原先生遺書》卷上，也有〈答王浚川書〉。薛蕙是王廷相的學生，在張鹵〈少保王肅敏公傳〉中提到，「戊辰，謫亳州判。識薛蕙於稠人中，親授以成其學。」

〔註 39〕 李經綸，《明儒學案》〈諸儒學案中六〉，「聞羅整菴著《困知記》，辨心性之異，以闢王湛，大喜。上書以質所書，整菴方自貴重，懲兩家之聚生徒各立門戶，故少有容接。而先生之辭又過侈，遂沮抑之，先生乃大失望。」，羅欽順《困知記》中有〈復南豐李經綸秀才〉書。

〔註 40〕 黃綰，《明儒學案》〈浙中王門學案三〉，王廷相《家藏集》中有〈石龍書院辯〉，「石龍書院者，久菴黃子與其徒講學之所也，浚川子乃爲學辯遺之。」，黃綰生平前期學宗陽明，後期則與王廷相交好。

〔註 41〕 馮從吾在《關學編》中提到：「少司馬王浚川薦其（指呂柟）性行淳篤，學問淵粹，遷南尚寶卿。」（頁 44）、「（馬理）既如京，益與海內諸名公講學，其意見最合者，則陳雲逵、呂仲木、崔仲鳧、何粹夫、羅整菴諸君子。」（頁 47），（北京：中華書局，1987）。

〔註 42〕 呂柟《涇野子內篇》中對羅欽順的評價甚高。卷之 25 提到：「老先生說：『羅整菴甚好。』彭用遷曰：『固有源流。乃羅老先生先好也，是以三子皆賢且貴宦也。有一子畜鹿，欲賣與官丁祭，多得錢爾；羅老先生知其意，稱疾不起；三子跪稟，欲請醫，良久乃曰：『欲得鹿肉則疾好也。』有一子應曰：『男某有鹿』即殺之，未用而疾瘳。其子愧悟。」「先生曰：『用遷學問大進，乃一至此乎！』旁坐有二生驚問其故，答曰：『非平日用心力行，體認天理者，焉能記得此事！』」（頁 261）。卷之 15 提到：「康恕問：『羅整菴譏象山只論心不

42〕、鄭曉《今言》〔註43〕、李詡《戒庵老人漫筆》〔註44〕、楊慎《升庵全集》〔註45〕……等。清代學者則有：李顒《二曲集》〔註46〕、魏象樞《寒松堂全集》〔註47〕……等。不管當時的學者是對自然氣本論學說是贊成的或是反對的，或是對他們本人抱持著何種評價，我們都可以透過他們彼此論學的過程，使我們從不同的觀看角度來更認識自然氣本論學者，從中也可以更了解明代中期學術發展的概況，也對氣本論學說的發展方面，有一個整體脈絡性的掌握。對自然氣本論的研究，不但只是使我們補上了原先思想史上的缺角，更讓我們對宋明理學〔註48〕、明清氣學的思想有了更進一步不同的詮釋空間。

及性。」先生曰：「只論心論性，不論行亦未是，須著自家行去方好。象山謂『六經皆我註腳』，如這等議論儘是高明的，但卻未曾如此行耳。如與諸子爭辯，便忿恨不平，甚至罵詈，躬行君子豈是如此！恐所謂論心者亦亡矣。」（頁145），（北京：中華書局，1992）。

〔註43〕 鄭曉在〈卷之三‧第二百六十二條〉中提到：「王廷相，字子衡，少勵名節，博學能文，揚歷中外，著有聲績，皆近時名臣。」，《今言》（北京：中華書局，1984），頁144。

〔註44〕 李詡在〈卷4‧改奉聖像〉中引用到「王浚川廷相撰尚書靈寶許莊敏公誥志」的意見（頁144～145）、在〈卷6‧居喪所守〉中則全引用王廷相「論居喪見人、弔人、食人、遺人」的見解（頁228～229）。在〈卷6‧闢世俗釋道〉中則是引用羅欽順批評佛老的言論，李詡評論說：「又二條乃整菴羅公欽順困知記中者，大足以闢邪扶世，真格論也。」（頁240～242）。《戒庵老人漫筆》（北京：中華書局，1997）。

〔註45〕 此說是轉引自余英時在〈從宋明儒學的發展論清代思想史〉的看法，他說：「楊慎（1488～1559）雖不喜白沙、陽明一派廢書不觀的態度，卻並未因此而否定理學本身的價值，且頗推重羅整菴之學。（見升菴全集，萬有文庫本，卷45，冊四，頁453～454）」，《歷史與思想》（台北：聯經出版，2001），頁108。

〔註46〕 李顒在〈卷7‧體用全學〉中提到：「（羅欽順）辨吾儒異端，真似是非之分，不遺餘力。衛道之嚴，足見良工苦心。」（頁51）、「當嘉隆間，天下言學者，不歸王，則歸湛。其末流之弊，高者言『無知』，慧者言『歸寂』。守程朱之說，卓然不變者，在南惟整菴，在北惟先生（指呂柟）而已。先生生平不爲宏闊高遠之論，其言布帛菽粟，其文藹若穆若，有德者之言，風味自別。」（頁51），《二曲集》（北京：中華書局，1996）。

〔註47〕 魏象樞說：「湛甘泉有楊子折衷一卷，辨慈湖爲禪詳矣，不獨整菴也。余觀慈湖云，『言即不言，不言即言；知即不知，不知即知』。又云，『動即靜，靜即動』。又云『大學分身心爲流毒，孟子分志氣心性爲多疵，老子致虛守靜爲入道』。噫，余已知慈湖之爲慈湖矣。整菴詆曰『猖狂』，甘泉辨其茅草，可謂有功於聖人也夫。」《寒松堂全集》（北京：中華書局，1996），頁667～668。

〔註48〕 如丁爲祥認爲：「由於羅欽順的『困知記』問世於陽明去世的當年，其思想也發展於與陽明後學的激盪之中，因而這正構成了對陽明心學的一種補救或

第二節　前人研究成果

一、相關研究文獻的探討

對於羅欽順、王廷相、吳廷翰的研究狀況，即目前學界的相關研究成果，筆者依照羅、王、吳的個別研究情形，做一簡單的介紹，如下：

（一）羅欽順

關於羅欽順的相關研究是在數量上是多於王廷相及吳廷翰的，而羅欽順的定位問題也是最為複雜的，目前在學術上還尚未有一個定見。總之，關於羅欽順的哲學思想定位，目前學術上大致有三方意見：

（1）認為羅欽順是朱學後勁，是程朱學派的修正者

古清美、鄧克銘〔註 49〕、楊儒賓〔註 50〕等，皆持此論。古清美在〈明代朱子理學的演變——從薛敬軒、羅整菴到高景逸〉中說到：

> 明代談到理氣論的學者並不多，從明初的曹端、薛瑄到羅整菴都是崇揚朱學，並認為朱學美中不足而為後人所質疑的部分，即是具理氣二者分裂傾向的理氣論（朱子云『理氣決是二物』），因而多從修正其說的用意出發，而對理氣關係多所辨明；然回到其心性論和修養工夫時，依然循著朱學的徑路闡揚『性即理』、『格物』，構成他們學說的主要部分；整體來說，其理氣論往往不能與心性論合成一貫

糾偏」。〈羅欽順的理氣、心性與佛儒之辨〉《中國哲學史》（2002、3），頁 52。

〔註 49〕 鄧克銘〈明中葉羅欽順之禪學批評的時代意義〉《中國文哲研究集刊》（第 16 期，2000、3）、〈明儒羅欽順心性論之形成與意義〉《國立編譯館館刊》（第 29 卷第 1 期，2000、6）、〈明中葉羅欽順格物說之特色及其效果〉《鵝湖學誌》（第 26 期，2001、6）、〈羅欽順「理氣為一物」說之理論效果〉《漢學研究》（第 19 卷第 2 期，2001、12）。

〔註 50〕 楊儒賓說：「嚴格說來，程朱學派與陸王學派亦無不重視氣，它們也都有各自的『氣學』。如果只因見到學者特別重視氣，即視此輩學者為氣學大家，這種詮釋免不了會攪擾義理的脈絡。晚近論張載、羅整菴、劉宗周為氣論哲學家，其理論率不免有此毛病。」（頁 130）及「明清典型的反朱學的元氣論思想家如下：王廷相、吳廷翰、顏元、戴震」（頁 131），〈人倫與天理——伊藤仁齋與朱子的求道歷程〉收錄於黃俊傑主編《儒學思想在現代東亞：日本篇》（台北：中央研究院中國文哲研究所籌備處，1999）。楊儒賓並提出：「他（指羅欽順）的思想其實介於朱熹、王廷相與劉宗周的邊緣地帶」（頁 382）、「總而言之，羅欽順雖然重視氣，但他和後代所謂的氣論哲學家其實貌合神離。」（頁 389），《儒家身體觀》（台北：中央研究院中國文哲研究所，2003）。

的系統，甚而有矛盾處；且份量亦顯單薄，故爲其心性論所掩蓋而不被注意。〔註51〕

近代學者主張羅欽順是「朱學後勁」的說法，大多也會提及到羅欽順理氣論與心性論兩者呈現出矛盾的狀態，而學者質疑羅欽順的哲學理路中呈現出不一致的觀點，此一看法主要是依據黃宗羲《明儒學案‧諸儒學案中一‧文莊羅整菴先生欽順》：

> 先生之言理氣，不同於朱子。而言心性則於朱子同，故不能自一其說耳〔註52〕。

但筆者認爲一個成熟的思想家，他的哲學理路應是一貫的，其中應無矛盾之處。如果羅欽順的思想有如此明顯的錯誤的話，那麼當時與他展開激烈論辯的學者，應該不會放過此處，應會與他相互的討論其中的矛盾處才對。但當時與羅欽順辯論的學者如王陽明，也都沒有指出此處的錯誤。並且黃宗羲在《南雷文定前集‧移史館論不宜立理學傳書》也提到：「整菴之論理氣，專攻朱子理氣，乃學之主腦，則非其派下明矣。〔註53〕」總之，羅欽順的思想雖仍殘有朱學的影子，但其影響是多大呢？其心性論與理氣論眞的不能合成一貫嗎？理氣論的份量眞的是較單薄而被心性論所掩蓋嗎？這些問題都是我們要加以探討的。

（2）主張羅欽順是理學與氣學的折衷型態

持此觀點的學者是山下龍二與鍾彩鈞。山下龍二認爲「羅欽順主張理氣渾一，其思想類型是在『理的哲學』與『氣的哲學』之間〔註54〕」。筆者認爲山下龍二的此一見解可能影響到鍾彩鈞對羅欽順地位之評價。鍾彩鈞也主張「整菴的理氣渾一說是『理的哲學』與『氣的哲學』的折衷型態〔註55〕。

〔註51〕古清美〈明代朱子學的演變——從薛敬軒、羅整菴到高景逸〉，《國際朱子學會議論文集》（台北：中央研究院中國文哲研究所籌備處出版，1993），頁 4～5。

〔註52〕黃宗羲《明儒學案》（台北：世界書局出版，1961 年），頁 486。

〔註53〕轉引自朱伯崑《易學哲學史》（第三卷）（北京：華夏出版社，1995 年），頁 137。

〔註54〕山下龍二〈第三章羅欽順と氣の哲學〉，《陽明學の研究：展開篇》（東京：現代情報社，1971），頁 77～78。

〔註55〕鍾彩鈞〈羅整菴的理氣論〉《中國文哲研究集刊》（第 6 期，1995、3），頁 216，此文章註釋 3 即列有山下龍二《陽明學の研究：展開篇》此一說法。鍾彩鈞有關羅欽順方面的文章還有：〈上海復旦大學藏《整菴續稿》及其價值〉《中

（3）認為羅欽順是明代氣學的開端，是氣本論的學者

　　如國外學者：Irene Bloom〔註56〕、山井湧〔註57〕；大陸學者：葛榮晉〔註58〕、袁爾鉅〔註59〕、李存山〔註60〕、胡發貴〔註61〕、陳來、丁為祥〔註62〕；

國文哲研究通訊》（第 5 卷、第 3 期），頁 137～141。〈羅整菴的經世思想與其政治社會背景〉《中國文哲研究集刊》（第 8 期，1996、3），頁 197～226。〈羅整菴的心性論與工夫論〉《鵝湖學誌》（第 17 期，1996、12）。

〔註56〕Irene Bloom 在 1979 年時即發表了羅欽順義理思想的文章，並在 1987 年時，出版了羅欽順《困知記》的英文譯本，關於 Irene Bloom 對羅欽順的研究成果如下：

　　'On the Abstraction Of Ming Thought : Some Concrete Evidence from the Philosophy of Lo Chin- shun', in De Bary W.T. and Irene Bloom , *Principle and Practicality : Essays In Neo-Confucian ism and Practical Learning* , （New York : Columbia University Press）, 1979, p69～125. *Knowledge Painfully Acquired:The Kun-chin chi by Lo chin-shun* , （New York : Columbia University Press）, 1987.

　　'Luo Qinshun and the philosophy of Qi', in De Bary W.T. and Irene Bloom , Sources of Chinese Tradition , （New York : Columbia University Press）,1999, p874～884. 在此 Irene Bloom 指出：「羅欽順拒絕宋代理氣二元論的觀點並朝向氣一元論來發展」，頁 874～875。

　　（美）艾琳・布洛姆〈《困知記》與明代學術論戰〉，《湖南大學學報》（第 18 卷第 6 期、1991），頁 22～26。在文章的摘要中提到：「羅欽順在理和氣、本性和物質之性、心和性、天理和人欲、德性之知和聞見之知等問題上與佛學和程朱、陽明學派展開的論戰中，成功地運用理一分殊的原理，提出了『氣一元論』。」，頁 22。

〔註57〕山井湧：「我在《明清哲學時代氣的思想》此一書中提到，氣的哲學從羅欽順開始到清代的戴震為止，從此中可看出氣的哲學之流便概況。」〈程廷祚の氣の哲學──戴震との比較において〉，山井湧《明清哲學史の研究》（東京：東京大學出版會，1980），頁 199。

〔註58〕葛榮晉在〈元氣實體論哲學思潮的產生和發展〉中說到：「明代由理本論轉向氣本論的轉化，開啟於薛瑄、曹端，完成於羅欽順、王廷相、崔銑、韓邦奇、吳廷翰、高拱等人」（頁 16），「羅欽順是明代第一個從朱學思想體系中分化出來的氣本論者」（頁 19），《中國實學思想史》（中卷）（北京：首都師範大學出版社，1994）。

〔註59〕袁爾鉅〈羅欽順開端明代氣學〉《哲學研究》（1988 年第 8 期），頁 70～72。〈羅欽順的氣一元論〉《甘肅社會科學》（1995 年第 6 期），頁 10～12、16。〈羅欽順的氣一元論──兼談其在日本朱子學派中的影響〉《東方論壇》（2001、1）。

〔註60〕李存山〈羅欽順的儒釋之辨──兼論其與關學和洛學的關係〉《中州學刊》（1993、3）。〈羅、王、吳心性思想合說〉《哲學研究》（1993、3）。

〔註61〕胡發貴說：「顯然，欽順是意在銷『理』入氣，堅持世界一元論的氣本說。」〈江右大儒宋學中堅──試論羅欽順的學術思想〉《南昌大學學報（人社版）》（第 32 卷第 2 期，2002、4），頁 62。胡發貴《羅欽順評傳》（南京：南京大

台灣的：劉又銘〔註63〕、王俊彥〔註64〕、張麗珠〔註65〕等皆持此論。關於羅欽順是屬於氣本論的學者，對此，劉又銘先生說：

> 羅欽順的確是從朱學傳統探頭出來建立自然氣本論的第一人，他能在王陽明那個年代開展自然氣本論的理路，這點值得強調；也就是說，所謂『明清之際儒學的典範轉移』其實更早地從明代中葉就開始了〔註66〕。

羅欽順在理氣關係上已經和傳統的程朱學已呈現出差異了，並且這差異是及具有革命性的〔註67〕。李存山說：「傳統的學術觀點認爲，羅欽順是明代中期朱學的代表，實際上這是很成問題的。羅欽順論理氣與小程和朱熹頗不相合，他所篤信的是大程。〔註68〕」、陳來也認爲：「明代朱學發展到羅欽順，成爲一個重要的里程碑，也發生了較之朱學原來的理論有較大的差異，明顯地從

　　學出版社，2001）是第一本關於羅欽順研究的中文專著，但此書較偏向學術史的書寫方式，對於羅欽順深部的義理探究是稍顯不足的。

〔註62〕 丁爲祥〈羅欽順的理氣、心性與佛儒之辨〉《中國哲學史》（2002、3），頁45～53。

〔註63〕 劉又銘〈羅欽順的氣本論〉，《理在氣中》（台北：五南出版社，2000），頁21～52。〈宋明清氣本論研究芻議〉《反理學的理學：近世東亞異議的思潮》（政大哲學系「從宋明理學到東亞儒學綜合座談會」）引言稿，2004年3月23日，頁1～6。

〔註64〕 王俊彥說：「理學由宋初以來，皆以道德之天理心性爲論學主旨。進路則主要有朱子主道問學之理本論，與陸九淵主尊德性之心本論二路，實則尚有由張載開始，已至湛若水、羅欽順、王廷相、吳廷翰，末至王船山等，以氣爲本體之氣本論一路。」〈王廷相的元氣無息論〉，善同文教基金會編《章太炎與近代中國學術研討會論文集》（台北：里仁書局，1999），頁503。

〔註65〕 張麗珠說：「兩千多年來儒學的發展多偏重在『形上義理』一面，……明清以前的義理發展階段，可以稱之爲『理』的哲學；從羅欽順（1645～1547）、劉宗周（1578～1645）、顧炎武（1613～1682）、王夫之（1619～1692到戴震（1724～1777）等一系儒者所強調，可以稱之爲『氣』的哲學。」《清代新義理學——傳統與現代的交會》（台北：里仁書局，2003），頁13。

〔註66〕 劉又銘〈宋明清氣本論研究芻議〉《反理學的理學：近世東亞異議的思潮》，頁5。

〔註67〕 （日）阿部吉雄也指出羅欽順的氣論思想是極具有革命性的，參見 Irene Bloom 'On the " Abstraction"of Ming Thought : Some Concrete Evidence from the Philosophy of Lo Chin-shun', in Wm.T.de Bary and Irene Bloom , *Principle and Practicality : Essays in Neo-Confucianism and Practical Learning* , （New York : Columbia University Press , 1979）, p77.

〔註68〕 李存山〈羅欽順的釋儒之辨——兼論其與關學和洛學的關係〉，此文也收錄在宗志罡編《明代思想與中國文化》（合肥：安徽人民出版社，1994），頁136。

『理學』向『氣學』發展。〔註69〕」。筆者也是站在羅欽順是氣本論者的立場來書寫此論文，但是對於大陸學者將氣本論學者視爲唯物主義的信徒，而過度地加以吹捧抬高，對於此作法，筆者則是不能認同的。

（二）王廷相

　　王廷相是屬氣本論學者，此點在台灣、大陸、日本都是有此一致性的觀點。而目前研究王廷相的相關研究成果方面，在台灣的學者有：劉又銘〔註70〕、王俊彥〔註71〕；在大陸的學者有：葛榮晉〔註72〕、曾振宇〔註73〕、袁爾鉅〔註74〕、李存山〔註75〕；在日本的學者有：松川健二〔註76〕、溝口雄三〔註77〕、湯淺幸

〔註69〕陳來《宋明理學》（台北：洪葉出版社，1994），頁278。

〔註70〕劉又銘〈王廷相的氣本論〉《理在氣中》，頁55～85。

〔註71〕王俊彥〈王廷相的元氣無息論〉，善同文教基金會編《章太炎與近代中國學術研討會論文集》（台北：里仁書局，1999），頁503～524。〈王廷相的「性者、氣之生理」論〉《中國文化大學中文學報》（第9期，2004、3），頁41～64。

〔註72〕葛榮晉〈明嘉靖初年哲學上的一場辯論〉《中國哲學研究》（1982、4），頁88～95、105。〈王廷相的元氣論〉《中國哲學史研究》（1983、4），頁88～94。〈王廷相年譜〉《文獻》（1987、10），頁145～161。《王廷相和明代氣學》（北京：中華書局，1990）。〈王廷相在中國哲學史上的地位〉《中州學刊》（1991、5），頁115～120。

〔註73〕曾振宇〈王廷相氣論哲學新探——兼論中國古典氣論哲學的一般性質〉，《煙台大學學報（哲學社會科學版）》（第14卷第1期，2001、1）。曾振宇在《中國氣論哲學研究》（濟南：山東大學出版社，2003）一書中提到〈繼承與回復：王廷相的氣論思想〉，但有些觀點是筆者所不能認同的。例如：在王廷相的人性論方面，曾振宇認爲「王廷相繼承了張載的觀點，而且在致思路向上也趨於相同，都是從氣本論與氣化角度論證人性之起源，都認爲氣本原自身存在著至善至純之『氣性』」（頁230）、「那麼何以解釋人之性有善有惡呢？王廷相認爲，『氣性』至善至純，『氣質之性』善惡交混」（頁230）。筆者認爲曾振宇在此對王廷相的思想解讀上可能有誤，因爲王廷相是從「元氣有善有惡」的立場上認爲人性也是「有善有惡」，並且王廷相的「氣質之性」即是「天地之性」，並無像曾振宇所說有「氣性」與「氣質之性」之區別與差異。

〔註74〕袁爾鉅〈論王廷相的哲學貢獻及其歷史地位〉，《中國哲學史研究》（1984、2），頁101～109。〈王廷相和何瑭關於形神問題的一場辯論〉，《河南師大學報》（1987、1），頁37～45。

〔註75〕李存山〈王廷相思想中的實證科學因素〉，《人文雜誌》（大陸）（1993、6），頁35～40。

〔註76〕松川健二〈王廷相の思想〉《中國哲學》（北海道中國哲學會編，第3號，1965），頁11～25。〈王廷相の「人心」觀〉《中國哲學》（北海道中國哲學會編，第16號，1987），頁15～20。

〔註77〕溝口雄三在〈明清期的人性論〉中論述到「王廷相的『氣質變化論』（明代中

孫〔註78〕、荒木見悟〔註79〕、馬淵昌也〔註80〕……等。

　　對於王廷相的思想，多數學者都持肯定的立場，但荒木見悟卻有不同的見解。荒木見悟在〈對氣學解釋的質疑——以王廷相爲中心〉一文中，批評大陸學者將氣學看成唯物論的觀點，而大加撻伐。他說：「規定氣學即唯物論，故遠超乎心學之上的論點，其方法論可說是完全錯誤。〔註81〕」換而言之，他認爲如果將氣學等同於唯物論時，思想家的哲學會產生矛盾與衝突的地方，並且大陸學者太過推崇氣學家的自然科學成果，並又將此一自然成果全盤轉換成是唯物論的成果，面對這樣的推演結果，荒木見悟是不贊成的。其實，大陸學者把氣本論等同唯物論來強加附會解釋，根本就是錯誤的詮釋觀點。因此，荒木見悟對此點的批評是很中肯的見解。但是，我們從荒木見悟的文章敘述中也可看出，他對王廷相氣學的質疑，實際上所質疑的並不是原本歷史典籍上的王廷相，而是質疑被大陸學者披上唯物論外衣的王廷相。

　　王廷相氣本論的立場是很鮮明的，但他認爲「氣有善有惡」，因此人性也是「有善有惡」的。這樣的觀點，在後來氣本論發展的軌跡脈絡下被淘汰了，後來的氣本論學者幾乎都是主張性善論的。因此，將「性有善有惡」看成是氣本論者的人性通例，這也是有問題的，因爲此看法在氣本論傳統中是「異例」，而非是「通則」的。

（三）吳廷翰

　　關於學界對吳廷翰的相關研究方面其數量上是羅、王、吳三人中最少的，台灣學者有：劉又銘〔註82〕、王俊彥〔註83〕、楊儒賓〔註84〕；大陸學者有：

　　葉的性一元論之發展）」，《中國前近代思想的演變》（台北：國立編譯館出版，1994），頁 395～400。

〔註78〕湯淺幸孫〈思想家としての王廷相——張載と王廷相〉，《中國思想史研究》（京都大學中國哲學史研究室編，第 2 號、1978 年度論文集），頁 1～23。此篇文章另收錄於湯淺幸孫《中國倫理思想の研究》（京都：同朋舍出版，1981），頁 199～220。

〔註79〕荒木見悟〈對氣學解釋的質疑——以王廷相爲中心〉，《大陸雜誌》（台灣）（第93 卷第 6 期，1996、12）。

〔註80〕馬淵昌也〈王廷相思想における規範と人間——人性論・修養論を中心に〉，《東方學》（東方學會編，第 73 輯，1987），頁 1～15。

〔註81〕荒木見悟〈對氣學解釋的質疑——以王廷相爲中心〉，頁 11。

〔註82〕劉又銘〈吳廷翰的氣本論〉，「行政院國科會補助專題研究計畫成果報告」（計畫編號：NSC92-2411-H-004-007，2004）。

〔註83〕王俊彥〈吳廷翰的格物致知論〉，《儒學與現代管理研討會》（南臺技術學院，

葛榮晉〔註85〕、袁爾鉅〔註86〕、姜國柱〔註87〕；日本學者有：三浦藤作〔註88〕、岡田武彥〔註89〕、荒木見悟〔註90〕、山井湧〔註91〕、麓保孝〔註92〕……等。

　　劉又銘先生將吳廷翰的修養工夫論歸結於兩點，即（1）格物致知、貫上用工：戒懼以致其精的「道問學」、（2）率性篤行、養氣盡性：戒懼以致其一的「尊德性」。使吳廷翰的工夫脈絡有了更具體、清晰的呈現出來。而山井湧則將吳廷翰的思想與戴震做一比較，因為戴震的思想型態是「氣的哲學」中最具完全整合性的代表，因此，山井湧以戴震為一基準，將吳廷翰的思想來作分析與檢討〔註93〕。

1996、11），頁 35～58。〈吳廷翰「以氣即理，以性即氣」的思想〉，《華岡文科學報》（第 21 期，1997），頁 61～92。

〔註84〕 楊儒賓這一、二年來的研究重心也有轉移到氣學研究的跡象，但他對氣學所持的觀點並不是很認同氣論學者的立場，他說：「吳廷翰和王廷相兩人思想絕類似，他們既反程朱亦反陸王的姿態是很明顯的，但吳廷翰認為自己的思想和程明道頗接近，這是一個有趣的自我判斷。這個判斷顯然錯得離譜，但這個錯誤所以產生，這倒不太令人意外。因為元氣論者與體用論者對《易經》形上學所下的斷語，就語式上來講，確實極接近。魚目所以可以和珠相混，也是因為兩者表面上確有相似之處。」〈《易經》與理學的分派〉，《中國詮釋學》（第二期），（山東大學出版社，2004）。

〔註85〕 葛榮晉〈吳廷翰哲學思想初探——兼論吳廷翰和王廷相哲學之比較〉，《江淮論壇》（1996、1），頁 92～101、86。

〔註86〕 袁爾鉅〈伊藤仁齋對吳廷翰哲學思想的發展〉，《中州學刊》（1983、1），頁 57～61。〈吳廷翰及其哲學思想——對一位久被湮沒的哲學家的初探〉，《哲學研究》（1983、3），頁 63～70。《吳廷翰哲學思想》（北京：人民出版社，1988）。

〔註87〕 姜國柱〈吳廷翰的氣論及其思想影響〉，《安徽師大學報》（1988、3），頁 69～75。〈吳廷翰的無神論思想〉，《世界宗教研究》（1988、1），頁 118～126。《吳廷翰哲學思想探索》（安徽人民出版社，1990）。

〔註88〕 三浦藤作〈陽明學的反對者〉中，指出「貝原益軒的唯氣論即氣一元論的思想是受到羅整菴的影響」（頁 430），而「伊藤仁齋的學說和吳蘇原暗合。」（頁 432），參見三浦藤作《東洋倫理學史》（東京：中興館所發行，1929）。

〔註89〕 岡田武彥在〈批評派與復古派〉文章中，解析了吳蘇原的哲學理路，《王陽明與明末儒學》（上海：上海古籍出版社），頁 324～336。

〔註90〕 荒木見悟〈吳蘇原の思想〉，《中國思想史の諸相》（福岡市：中國書店，1989），頁 217～232。

〔註91〕 山井湧〈吳廷翰の人性論〉，《中國學論集：大東文化大學創立六十週年紀念》（東京：大東文化學園，1984），頁 1037～1062。

〔註92〕 麓保孝〈明の吳蘇原の傳記に就いて〉，《宋元明清近世儒學變遷史論》（東京：國書刊行會，1976），頁 115～121。

〔註93〕 山井湧〈吳廷翰の人性論〉，頁 1040～1042。

　　筆者認為我們對吳廷翰的研究，還有很多的研究空間，不僅是他本身思想脈絡的分析與釐清，他的學說在日本的流傳與影響〔註94〕，以及他與王廷相、羅欽順思想的差異處，其哲學獨特性所在為何，都是我們可以繼續加以探討的方向。

二、對羅欽順、王廷相、吳廷翰的定位

（一）理本／心本／氣本下的氣論型態分類

　　我們之前已經確立了氣本論是與理本論、心本論可稱為三足鼎立的局勢。但是，關於氣論的描述是氣本／理本／心本論三者都關心的議題，因此，氣學的型態最粗步的區別是：氣學的氣論、理學的氣論與心學的氣論。

　　持此分類方法的學者有：

山下龍二

　　羅欽順型：理氣渾一（在「理的哲學」與「氣的哲學」中間位置）

　　王陽明型：從良知上談「理即氣之條理」

　　王廷相型：同張載是屬於「氣的哲學」立場〔註95〕

馬淵昌也

　　朱子學系氣的哲學——以羅欽順、吳廷翰為代表

　　心學系的氣的哲學——以湛若水為代表

　　非本來聖人的氣的哲學——以王廷相為代表〔註96〕。

馬淵昌也將吳廷翰擺放在朱子學系統中，筆者認為這一點是很有問題的，因為吳廷翰堅持「氣外無道、氣外無理」的氣一元論立場，為何會將吳廷翰放置在朱學的位置上呢？馬淵昌也認為關於哲學家定位的問題，要從人性論來入手，而非以理氣論為判準的依歸。馬淵認為吳廷翰在人性論的立場上是同於羅欽順而非王廷相，因此，他認為吳廷翰是和王廷相的哲學型態不同。但

〔註94〕關於吳廷翰對伊藤仁齋所產生的影響為何，可參閱張崑將《日本德川時代古學派之王道政治論：以伊藤仁齋、荻生徂徠為中心》（台北：臺大出版中心，2004），頁85～93。

〔註95〕山下龍二〈羅欽順と氣の哲學〉，《陽明學の研究：展開篇》（東京：現代情報社，1971），頁57～125。

〔註96〕馬淵昌也〈明代後期における氣の哲學の三類型と陳確の新思想〉，《「儒學的氣論與工夫論」國際研討會》（台大東亞文明研究中心主辦，2004年11月27～28日）會議論文。

是此處，正如筆者之前所言，王廷相性有善有惡的觀點，在氣本論的體系脈絡下，它是一個「異例」而已。基於這點我們又可以說：自然氣本論基本上的人性觀是性善論，但此性善是不同於孟子的說法，更明確地說，自然氣本論者是「人性向善論」而非是「人性本善論」。因此，筆者認爲應將羅欽順、吳廷翰放置在氣一元論的脈絡下來談，他們的理氣論與心性論才會融合一貫。

（二）氣本論型態下的分類

在氣本論的脈絡下，又可再將氣本論學者區分出不同的型態，如方東美將唯氣論自然主義區分爲「功能派自然主義」、「實用派自然主義」、「物理派自然主義」，他認爲：

> 陽明以後，新儒學繼續發展，但是趨勢又再創新，由王廷相開始，有唯氣論與唯物論的主張，一反前面兩派，大體可以名爲自然主義。到了明末清初，自然主義大行其道，又再分爲三支：一是王夫之的功能派自然主義，顏元、李塨之實用派自然主義，及戴震之物理派自然主義〔註97〕。

王俊彥也說道：「其實氣本論，又有純粹氣本論者，如羅欽順、王廷相、吳廷翰；有以氣含攝心性者，如劉宗周、黃宗羲、呂坤；有將氣學直接轉化爲人倫治道者，如高拱、戴震、李塨等〔註98〕。」最後，筆者認爲宋明清氣本論的分類中，較爲詳盡且細密的說法是劉又銘先生所提出了的「兩類三型」說〔註99〕。「兩類三型」說，如下圖所示：

```
                        （1）氣本論加上理本論：以王夫之爲代表
    ─兩神聖本體論 ↗↘
                        （2）氣本論加上心本論：以劉宗周、黃宗羲爲代表

    ─類自然本體論 ─→（3）羅欽順、王廷相、吳廷翰、顧炎武、戴震、焦循
                        爲代表
```

〔註97〕方東美《中國哲學之精神及其發展》（英文本）（台北：聯經出版社，1980），頁545。轉引自傅佩榮《儒家哲學新論》（台北：業強出版社，1993），頁44。

〔註98〕王俊彥〈呂緝熙「氣生於氣」之思想〉，《中國文化大學中文學報》（第7期，2002、3），頁61。

〔註99〕劉又銘〈宋明清氣本論研究的若干問題〉，《「儒學的氣論與工夫論」國際研討會》（台大東亞文明研究中心主辦，2004年11月27～28日）。

　　劉又銘先生對「兩類三型」的詮解如下，「兩類」是指「神聖氣本論」與「自然氣本論」；「三型」是指在「神聖本體論」下又區別出「氣本論加上理本論」的複合型態、「氣本論加上心本論」的複合型態，並加上原本的「自然氣本論」。而「兩類」中的「神聖氣本論」，它所謂的「元氣本體」是跟理本論的理本體或心本論的心本體融貫為一的。「也就是說，那做為本原、本體的元氣，必須理解為一種神聖圓滿的『全氣是理』（指理本論的理）或『全氣是心』（指心本論的心）」的神聖元氣。」而筆者論文中所指的「自然氣本論」則是與「神聖氣本論」的型態相對而言的。「自然氣本論」，它的型態較為單純，劉又銘先生認為「自然氣本論」即是「本色派氣本論」，或可認為是「自然元氣氣本論」、「自然主義氣本論」。「自然氣本論」哲學詮釋的一個起點即是「宇宙本體（元氣）暨人性實體（血氣、心氣）的作用與運行都只是生機流行、整全渾然的『自然』（但又不同於道家意義下的『自然』），然而在這渾然流行的自然軌跡當中卻又蘊涵著『必然』的律則等著人去發現去遵行。」

　　而「兩類三型」說的提出，對於我們將來要建構出明中期至清代中期的氣論體系是有極大的助益的。明中期以後的氣學學者的氣論型態，便可用此來定位氣學學者在氣論譜系上的位置，這對於明清氣學的建立是重要且必須的。

第二章 元氣本體論

　　自然氣本論者通常具有濃厚的實學色彩，強調在日常人倫上作實踐的工夫。但這實學背後是有實體爲根據的，而這實體就是指元氣本身。他們以元氣爲最高、最終極的宇宙本原，即萬物所生（物質的形成、存在之理）都是來自元氣。羅欽順、王廷相、吳廷翰的自然氣本論主張是有受到張載的影響的，但是卻和張載所呈現出的氣本論型態是有所差異的〔註1〕。元氣本體論是氣本論學者哲學思想的基礎，經由元氣本體的思維出發一路貫穿心性及修養工夫論。因此，我們先釐清他們對元氣的見解與定位，便大致可掌握住他們理論的特點爲何，及他們在觀看事物時所持的角度。

第一節　元氣本體之特質

一、「元氣爲天地萬物之祖」：元氣之終極性

　　氣本論學者宣稱「元氣之上無物、無道、無理」，這樣的主張，代表著明

〔註 1〕關於張載思想型態的定位，筆者傾向於將張載定位爲氣一元論者，如島田虔次所言：「張橫渠的思想是『氣』的哲學」（《朱子學與陽明學》陝西師範大學出版，1986 年，頁 43。），及前林清和説：「張載是氣一元論的大成者」（頁138），因爲「太虛是氣的本來存在樣態」（頁 138～139）、「太虛與氣二者是同一的事態之呈顯，兩者並沒有價值理論高低先後的區別。」（頁 139），參見前林清和、佐藤貢悦、小林寬《「氣」の比較文化——中國、韓國、日本》（京都：昭和堂出版，2000 年）。而張載的氣本論型態與明代中期羅欽順、王廷相、吳廷翰之間的差異，誠如劉又銘認爲，氣本論學說是有兩類三型的型態，而張載應屬於神聖氣本論的型態，但是羅欽順、王廷相、吳廷翰則是屬於自然氣本論型態的學者。兩者型態的具體差異，筆者在此無法細說，但從羅欽順、王廷相、吳廷翰對張載氣論的某些主張，持批評的態度。從這點可看出張載的立論和他們之間是有所差別的。

代中期的理學即將開啓學術上另一頁的新紀元，代表著不同典範的天道觀之產生：元氣是宇宙終極的實體。對於程朱理學以理爲本的思考體系，他們是有異議的。當然，自然氣本論者在面對朱子學巨大的學術典範及地位時，其內心是充滿著掙扎與焦慮的，雖然如此，他們仍然決心從朱子陣營出走，邁出另一條屬於自己的路〔註2〕。不要忘了，程朱學仍是當時明代的學術主流，它仍具有相當強大的學術上之權威性。但是，羅欽順、王廷相、吳廷翰認爲除了學貴自得之外，更要回歸經典的原意（躍過宋儒的解釋），這樣才是眞正傳承孔孟聖人之道。當然，他們在提出這樣的論點時，也遭受到阻力，面對其他學者的誤解與質疑。羅欽順、王廷相、吳廷翰只好紛紛提出說明，他們的立論是有其前賢言論爲根據的〔註3〕，並非只是自己憑空想像。

但是因他們三人仍處在一個新的理論之建立與開拓中，還尚未覺察到自己其實是走到另一個新的理論建構方向，並且這是異於他們所推崇的前人之路的。而我們站在他們的時代之後，回顧過去的歷史發展，我們是可以比當事人更瞭解他們的學說與立場的。關於此現象，卡西勒（Ernst Cassirer）提到：

> 康德在其《純粹理性批判》中說到柏拉圖時指出了這個事實。他說：「……在對照一個作者關於他的論題所表達的思想時，……發現我們理解他，勝過他理解他自己，這是絲毫沒有什麼可奇怪的。因爲他還沒有充分地規定他的概念，所以他有時在言語時或甚至在思考

〔註2〕 但筆者在此，無法處理到氣本論學者內在心理轉變的過程爲何，因無法得知是何種關鍵事件或時刻，促使他們思想的轉向。不過，學者本身的內在人格特質，會起某種決定性的作用，因爲會成爲程朱學者或陸王心學家或氣本論學家，通常是認爲那樣的學術理路較合乎自己性格上的脾性。表面上，好像是經由理性的分析與判斷而下的決定；但實際上，是由自己內在感性經驗而決定的。所以，筆者認爲羅欽順、王廷相、吳廷翰會走到氣學一路，表面上是因反對朱學（他們對陽明心學，也覺得不以爲然），但實際上，是他們對「元氣本體」產生了內在生命情境的呼應及共鳴所致。

〔註3〕 羅欽順：「其認理氣爲一物，蓋有得乎明道先生之言，非臆決也。」（《困知記》附錄·〈答林次崖僉憲〉（壬寅冬），頁394）。王廷相：「伊川吾黨之先師」（《王廷相集》·答薛君采論性書，頁517）。吳廷翰：「而愚敢斷然以氣爲理，豈有別說，亦只據『一陰一陽謂道』之言思而得之也。」（吉齋漫錄·卷上，頁8）。
筆者在論文中所用之此三人著述的文集版本爲：
羅欽順：《困知記》，閻韜譯注，巴蜀書社發行，2000年。
王廷相：《王廷相集》，中華書局出版，1989年。
吳廷翰：《吳廷翰集》，中華書局出版，1984年。

時，就與他自己的意願相違」哲學的歷史非常清晰地告訴我們，一個概念的充分規定極少是第一個引進該概念的思想家的工作。因為一個哲學的概念，一般説來更多地是一個問題，而不是對一個問題的解決——而這個問題只要還處在它最初的潛在狀態中時，它的全部意義就不可能被理解。為了使人們理解它的真正的意義，它就必須成為明顯的，而這種從潛在狀態到明顯狀態的轉變，則是未來的工作〔註4〕。

他們三人已經在探索出一個新的哲學方向，雖然他們自己並不是很清楚自覺到自己哲學工作，所開創出的新局面。關於這點，我們後人反而能夠比他們更看清楚他們三人在歷史上的定位。有學者提到，從明代中期的羅欽順、王廷相、吳廷翰以氣為本體的思想，到清代戴震氣的哲學的完成，這其中確實存在著氣的哲學的譜系〔註5〕。氣本論的思想在明代的影響力，似乎還無法形成學術上的主流意見。但當氣的哲學發展到清代時，對學術上的影響力也相對提升。（美）歐文・布魯姆（Irene Bloom）在他研究「氣」在羅欽順思想中作用的文章中指出：

> 「氣」的哲學不僅反映出清代知識論走向，也代表著一種主導性趨向，可以想像沒有這種趨勢，就難以發展出清代實證主義學風〔註6〕。

「氣」的哲學理路發展是否必然會形成客觀主義或實證主義，筆者無法在此做出確定的回應。但氣本論學者多數均有重「智」的傾向，這則是不爭的事實。但這也指出，明代中期羅欽順、王廷相、吳廷翰的氣本論哲學是具有開創性的意義及價值的。

〔註4〕 恩斯特・卡西勒著、甘陽譯《人論：人類文化哲學導引》（台北：桂冠出版，1997年），頁262。

〔註5〕 山井湧在〈清代思想中氣的概念〉（此文收錄在小野澤精一、福永光司、山井湧編著《氣的思想》，上海人民出版社，1999年第4刷。）中説：「明代中期以來，確實存在著氣的哲學系譜，戴震立於其頂點，完成了此理論，這也是明顯的事實。」（頁453），作者並把氣的哲學思想與客觀主義，作了某種程度上的連結，他説：「因為氣的哲學把基於氣的客觀世界的存在作為前提，而來尋求被認為是合乎此客觀世界的理的情況是很普通的，所以可以説，成為客觀主義是合乎情理的結果。」（頁466）。但筆者認為自然氣本論學者的客觀傾向，和西方的客觀主義仍然是不同的，因為自然氣本論學者仍是用道德的角度出發，而非從絕對的知識論之立場來觀看世界。

〔註6〕 轉引自艾爾曼（Benjamin A. Elman）《從理學到樸學》（江蘇人民出版社，1997年），頁32。

不過，值得注意的是，氣本論學者強調要「以氣爲本」，而此「元氣」中即蘊含有「理」、「道」在內。所以，氣本論學者所論述的「氣」，絕非理本論學者所認爲是與「理」相對的「形而下」之氣。相反地，氣本論學者認爲理氣是渾然的，而非二分的。「理即氣之條理」、「氣即道、道即氣」、「理氣爲一物」都表示了「理在氣中」不在氣外的主張。關於元氣是宇宙中最終極性的存在，他們三人有以下的看法：

> 蓋通天地，互古今，無非一氣而已。氣本一也，而一動一靜，一往一來，一闔一闢，一升一降，循環無已〔註7〕。

> 天內外皆氣，地中亦氣，物虛實皆氣，通極上下造化之實體也。是故虛受乎氣，非能生氣也。理載於氣，非能始氣也。世儒謂理能生氣，即老氏道生天地矣〔註8〕。

> 天地之初，一氣而已矣，非有所謂道者別爲一物，以並出乎其間也。

> 氣之混淪，爲天地萬物之祖〔註9〕。

氣本論學者認爲元氣是「通天地、互古今」、「通極上下造化之實體」與「天地萬物之祖」，元氣是位於他們哲學思想中第一序的地位。那麼由氣本論的立場出發，羅欽順、王廷相、吳廷翰是如何看待理與氣的關係呢？關於這點，我們可以如此來說：他們是在「理即氣之條理」的層面上，來論述「理氣爲一物」。而「理即氣之條理」，則表示元氣在運行中，所展現的一往一來的規律，這個規律即是理，也就是「氣中之理」〔註10〕。「理氣爲一物」表明出理氣是不能二分的，但是「氣」並非就等同於「理」的。這個觀點在羅欽順、

〔註7〕 《困知記》〈卷上 11〉，頁 242。

〔註8〕 《王廷相集》〈慎言・道體〉，頁 753。自然氣本論者對理本論者所提出「理能生氣」的看法，均表示此意見是類似老子「道生天地」之說。吳廷翰在《吉齋漫錄》卷上（頁 7）也提到此意見，戴震也批評說：「不過就老、莊、釋氏所謂『眞宰』、『眞空』者轉之以言夫理，就老、莊、釋氏之言轉而爲六經、孔、孟之言。今何以剖別之，使截然不相淆惑歟？」《戴震全書》〈孟子字義疏證・卷上・理〉（黃山書社，1995 年），頁 164。但筆者認爲「理能生氣」與「道生天地」，仍是有所區別的，因爲程朱以理氣爲體用關係，其理生氣說，意謂理爲氣本，非道家的道生一說。程朱是站在本體論的立場來論述，並且，程朱的「理能生氣」是從對《易》經的思考而得來的。但是自然氣本論對此點持嚴厲評判的立場，正可看出他們是反對有一個超越精神實體爲主宰的。

〔註9〕 《吳廷翰集》〈吉齋漫錄・卷上〉，頁 5。

〔註10〕 羅欽順：「嘗竊以爲，氣之聚便是聚之理，氣之散便是散之理，惟其有聚有散，是乃所謂理也」。（《困知記》卷下 46，頁 276）。

吳廷翰的文集中表現地最明顯〔註11〕。羅欽順、王廷相、吳廷翰三人個別在對「理」的討論時，羅欽順與吳廷翰認爲「理即氣之條理」，此說法點明出「理氣爲一物」的論點，但理氣仍是有別的。在此王廷相只強調出「氣爲理之本，理乃氣之宰」，理氣不能二分，但理氣之間的區隔應如何？王廷相則並未詳說。因此，在「理」的討論中，羅欽順、吳廷翰的見解較爲細密、精確。而關於理氣之間的關係，我們究竟要用何種的態度來理解呢？在此，羅欽順爲我們提供了一個精妙的切入點。他說：

> 理須就氣上認取，然認氣爲理便不是。此處間不容髮最爲難言，要在人善觀而默識之。只「就氣認理」與「認氣爲理」，兩言明有分別，若於此看不透，多說亦無用也〔註12〕。

> 理只是氣之理，當於氣之轉折處觀之。往而來，來而往，便是轉折處也。夫往而不能不來，來而不能不往，有莫知其所以然而然，若有一物主宰間，此理之所以名也〔註13〕。

> 一氣而屈伸往來，莫非理也〔註14〕。

這裡提到氣本論學者對理氣的態度是「就氣認理」的，而非「認氣爲理」。這再一次說明了，氣本論學者主張「理氣爲一物」（因爲不可離氣言理，也不可離理言氣）。但是，氣不等同於理，理也不等同於氣（理即氣之條理，理是氣運行的規律）。所謂「理」只是氣之理，非氣之外別有理也。而此「理」是沒有「主宰義」的，它是「不宰之宰」。因爲「理」只是氣之規律，而無其主宰性。所以當元氣運行於天地之間時，會出現有得其條理、秩序之時，但也會有不得其理之時。但這兩種現象，仍然算是氣中之理、氣中之常。關於這點，吳廷翰說到：

> 氣之爲理，殊無可疑。蓋一氣之始，混沌而已。無氣之名，又安有

〔註11〕 關於王廷相對「理」的意見爲：「萬理皆出於氣，無懸空獨立之理」、「氣爲理之本，理乃氣之載」（《王氏家藏集》卷33〈太極辨〉，頁596—597）。而王廷相所認爲的「理出於氣」、「理，生於氣者也」、「理根於氣，不能獨存」，這樣的論點，反而將理與氣有二分之嫌。因此遭受到黃宗羲在《明儒學案・卷五十・諸儒學案中四》的批評。因黃宗羲秉持著「所謂理者，以氣自有條理」的立場，所以批評王廷相爲「宋儒言理能生氣，亦只誤認理爲一物。先生非之，乃仍蹈其失乎。」。

〔註12〕 《困知記》〈卷下35〉，頁271。

〔註13〕 《困知記》〈續卷上38〉，頁306。

〔註14〕 《吳廷翰集》〈吉齋漫錄・卷上〉，頁17。

理之名乎？及其分而爲兩儀、爲四象、爲五行、四時、人物、男女、古今，以至於萬變萬化，秩然井然，各有條理，所謂脈絡分明是已。此氣之所以又名爲理也。若其雜揉不齊，紛紜舛錯，爲災異，爲妖殄，爲濁亂，則誠若不得其理矣，然亦理之所有也。安得以理之所有者而疑以爲非理哉〔註15〕？

自然氣本論者認爲氣中之理（廣義地說），包含著理（狹義地說），即變化秩然井然有序，脈絡分明；也包含著特殊之理，即雜揉不齊、紛紜舛錯。因他們認爲「天道道化不齊，故數有奇耦之變，自然之則也〔註16〕」。這觀點也可說明氣本論學者的天道觀，其實是一種自然天的想法。天道只是元氣自然的運行，其中並無一種精神性的主宰。而天道之變化的齊或不齊，也都是自然之則、自然之理。

　　氣本論提出「天地之先，元氣而已矣。」、「元氣者，天地萬物之宗統」、「元氣爲天地萬物之祖」。這樣「以氣爲本」的主張，一方面是反對程朱「理氣二分」且以「理」爲首出的看法；另一方面，則是對「一本」的追求。所謂「以陰陽爲道，則太極、性命、理氣等名義，皆可一貫而無疑矣〔註17〕」。這樣的信念，才是促使他們秉持著元氣是最終極的本體，堅持「以氣爲本」的學說。

二、「元氣無息」：元氣之能動性

　　元氣是一股巨大源源不絕且蘊含著價值意義的生命能量〔註18〕，也是萬

〔註15〕《吳廷翰集》〈吉齋漫錄・卷上〉，頁 6～7。而羅欽順和王廷相也都提到此項見解。羅欽順：「象山又言『天亦有善有惡，如日月蝕、惡星之類。』是固然矣，然日月之食，慧孛之變，未有不旋復其常者，茲不謂之天理而何？」《困知記》卷下 14，頁 266。王廷相說：「道，常也。非常者，異象而干順，寡見而駭眾，故怪之；亦二氣鈞胚也，知道者亦常之。」《王廷相集》〈慎言・小宗篇〉，頁 790。

〔註16〕《王廷相集》〈慎言・五行篇〉，頁 804。

〔註17〕《吳廷翰集》〈吉齋漫錄・卷上〉，頁 6。

〔註18〕國外若干學者對氣的翻譯，也傾向將「氣」認爲是生命力或生命能量（Vital Force ; Vital Energy），而不直接將「氣」等同爲物質性的能量或作用（Material Force）。De Bary and Irene Bloom , *Sources Of Chinese Tradition*（New York : Columbia University Press , 1999），p926.
島田虔次也說：「但所謂『氣』究竟是什麼呢？我認爲將氣視之爲不是單純的物質，毋寧應是生命的原理、生命原體的觀點」，《朱子學與陽明學》（陝西師範大學出版社，1986 年），頁 43。

物生命的來源。元氣生生不息的運行，主要是來自陰陽二氣不斷的交互感應。陰陽二氣的兩端循環，即是天理流行的表現。換言之，元氣即是陰陽。在此，吳廷翰提到：

> 天理，即天之道。天道，即元亨利貞。元亨利貞，即陰陽。陰陽，即一氣。一氣，即所謂『於穆不已』者。『於穆不已，天之所以爲天也。』天之所以爲天者在此，非天理乎？〔註19〕

因此，所謂的天理，即是元氣「於穆不已」的流行。氣本論學者認爲「元氣無息，故道亦無息」，在元氣中陰陽二氣動靜的變化：循環迭至、聚散相盪、升降相求、氤氳相揉……種種運行的狀態，都是顯現出元氣無息之能動性。

　　元氣本身在不斷的運行與變動中，連帶著「氣中之理」及「氣中之道」也會有所變動，所謂「元氣即道體……氣有常有不常，則道有變有不變，一而不變，不足以該之也。〔註20〕」、「天地之間，一氣生生，而常、而變，萬有不齊，故氣一則理一，氣萬則理萬。世儒專言理一而遺萬，偏矣。〔註21〕」氣本論學者並非不重視元氣中之理一，但不會將「理」看成是完全的「定理」〔註22〕，缺乏彈性及改變的可能。但對程朱學者而言，則「萬古通行者，道也；萬古不易者，理也〔註23〕」。因此對氣本論學者來說，尋求「氣中之理」的「理一」雖然很重要，但更要緊的是要去體察「分殊之理」與「分殊之理」的貫通〔註24〕。因元氣是靈動生生之氣，所以我們要隨時用活在當下的態度，去察究「理」的新意，「理」在實際生命情境（包括現實的社會、文化）所展示出的意義爲何。這也就是，氣本論學者要提出「理只是氣之條理」，而非延續程朱學者定義下的超越萬事萬物、千古永恆不變的「理」之原因。

　　元氣即是陰陽二氣，因此「一陰一陽之謂道」，「道即氣、氣即道」，而陰

　　　最近國內學者有將元氣的概念與西方的「力」的概念相互對應來理解，參閱陳榮灼〈氣與力：「唯氣論」新詮〉，《儒學的氣論與工夫論國際研討會》（台北：台大東亞文明中心，2004 年 11 月 27、28 日）會議論文。

〔註19〕《吳廷翰集》〈吉齋漫錄・卷上〉，頁 17。

〔註20〕《王廷相集》〈雅述・上篇〉，頁 848。

〔註21〕《王廷相集》〈雅述・上篇〉，頁 848。

〔註22〕羅欽順雖然有「定理」此一詞的用法，但他說：「若看的活時，此理便活潑地，常在面前」。鄧克銘〈明中葉羅欽順格物說之特色及其效果〉說：「（此）顯示『定理』並非僵硬之教條」。《鵝湖學誌》第 26 期，2001 年 6 月，頁 95。

〔註23〕陳淳《北溪字義》〈卷下・理〉，（北京：中華書局出版，1983 年），頁 42。

〔註24〕羅欽順《困知記》卷下 59：「所謂理一者，須就分殊上見得來，方是真切。」頁 280。

陽二氣運行所產生的妙用，即是氣中之神。羅欽順說：

> 故《繫辭傳》既曰「一陰一陽之謂道」矣，然又曰「陰陽不測之謂
> 神」。由其實不同，故其名不得不異。不然，聖人何用兩言哉！然其
> 體則同一陰陽，所以難於領會也〔註25〕。

「陰陽不測之謂神」，表示「神」是陰陽變動中所產生的作用。所以不能直接把
「神」等同於陰陽本身。但「神」和「陰陽」都是緊貼著元氣本體來論述的，
所以，神與陰陽「其名不得不異」，「然其體則同一陰陽」也。王廷相也認為：

> 余嘗以為元氣之上無物，有元氣即有元神，有元神即能運行而為陰
> 陽，有陰陽則天地萬物之性理備矣；非元氣之外又有物以主宰之也。
> 今曰「所以陰陽者，道也」，夫道也，空虛無著之名也，何以能動靜
> 而為陰陽〔註26〕？

他指出「有元氣即有元神」，元氣即是陰陽二氣，陰陽二氣的運行即含有「神」
在其中。但在此他又說「有元神即能運行而為陰陽」，其實，他此處的「陰陽」
是指陰陽二氣的運動、變化、升降而言〔註27〕（並非指元氣本體）。而所有陰
陽動靜的變化都是涵攝在元氣本體之中，藉此他也批駁了「所以陰陽者，道
也」的說法。

　　總言之，「蓋氣在天地間，謂之元氣，以其生生不息，靈變莫測也〔註28〕」。
　　生生不息即是指一陰一陽往來不息；而靈變莫測則是指氣中之神的妙用
變化。所謂「陰陽，氣也；變化，機也。」這都說明了元氣是活潑潑的、是
不斷在靈妙運行的。因此，我們可知元氣運行的動力，主要是來自於本身陰
陽二氣的循環變化，並且在變化中是包含著「氣之機」、「氣之神」的妙用的。

三、「萬物之生即氣之所為」：元氣之創生性

　　程朱學者認為萬物之生是理與氣二者相合，而產生萬物。朱熹說：「天地
之間，有理有氣。理也者，形而上之道也，生物之本也；氣也者，形而下之

〔註25〕羅欽順《困知記》續卷上12，頁295。
〔註26〕《王廷相集》〈家藏集・答薛君采論性書〉，頁517。
〔註27〕王廷相陰陽的用法，不僅只指陰陽二氣本身而已。他說：「陰陽在形氣，其義
　　　　有四：以形言之，天地、男女、牝牡之類也；以氣言之，寒暑、晝夜、呼吸
　　　　之類也；總言之，凡屬氣者皆陽也，凡屬形者皆陰也；極言之，凡有形體以
　　　　至氤氳芴莽之氣可象者皆陰也，所以變化、運動、升降、飛揚之不可見者皆
　　　　陽也。」〈慎言・道體〉，頁752。
〔註28〕《吳廷翰集》〈櫝記・卷下（寒暑由日進退）〉，頁168。

器也，生物之具也。是以人物之生，必稟此理，然後有性；必稟此氣，然後有形。〔註29〕」他認爲理是生物的本根，屬形而上之道的層次，氣是生物的質料〔註30〕，屬形而下之器的層次。理決定人的意識和本性，氣構成人的形象和軀殼。程朱學者認爲在邏輯的層次上是：理 → 氣 → 萬物。氣和萬物的背後都是由理來主宰，但是萬物卻是要由氣來生成，「蓋氣則能凝結造作，理卻無情意、無計度、無造作〔註31〕」，理本身無法直接生成萬物，需藉著氣才能完成；而氣爲何能凝結造作萬物，則是理透過氣來運行的結果。理與氣之間的關係是存在著對立與矛盾，一方面「理」雖是具有終極性的，但另一方面「理」對「氣」的活動之約束是無能爲力的。

　　自然氣本論者則是認爲萬物之生是元氣直接運行的緣故，並非還另有一物超越於元氣之上來主宰之。因他們已將理納入元氣之中，理氣爲一物（但理是氣之條理）。所以萬物之生是：元氣（含有理、道） → 萬物。他們提出「萬物之生即氣之所爲」的見解：

> 「天地氤氳，萬物化醇。男女構精，萬物化生。」「一陰一陽之謂道，
> 繼之者善也，成之者性也。」述此以明萬物之生，無非二氣之所爲
> 〔註32〕。

> 二氣交感，群象顯設，天地萬物所由以生也〔註33〕。

> 氣者造化之本。有渾渾者，有生生者，皆道之體也。生則有滅，故
> 有始有終；渾然者充塞宇宙，無跡無執，不見其始，安知其終？世
> 儒止知氣化而不知氣本，皆於道遠〔註34〕。

元氣中陰陽二氣交感而化生萬物，元氣即是造化之本。而元氣創生萬物，並非如同老子所說的「道生天地」。氣本論學者認爲，老子的「道」是虛無之義〔註35〕，而元氣則是一「本有、本實」的道體。所謂「道體不可言無，生有

〔註29〕《朱子文集》卷五十八〈答黃道夫書〉。
〔註30〕勞思光《新編中國哲學史》：「（朱熹的理氣觀）基本意義上，『理』是取『形式義』，『氣』是取『質料義』。」台北：三民書局，1997年，頁272。
〔註31〕《朱子語類》卷一，沈僴錄，69歲後。
〔註32〕《困知記》〈太極述〉，頁402。
〔註33〕《王廷相集》〈慎言・道體〉，頁751。
〔註34〕《王廷相集》〈慎言・道體〉，頁755。
〔註35〕王廷相：「老氏之所謂虛，其旨本虛無也，非愚以元氣爲道之本體者，此不可以同論也。」〈內臺集・答何柏齋造化論〉，頁964。

有無。」。萬物中有形、無形之物均是由元氣產生，也是元氣從渾渾者（道之隱）到生生者（道之顯）的生化過程，這也再次說明一氣流行是貫通形上世界與形下世界的。

　　但值得注意的是，在元氣中的陰陽交感變化創生萬物時，則是會出現「賓主偏盛」的現象，即是王廷相所說的：

> 陰不離陽，陽不離陰，曰道。故陰陽之合，有賓主偏勝之義，而偏勝者恆主之，無非道之形體也〔註36〕。

> 男女牝牡專以體質言，氣爲陽而形爲陰，男女牝牡皆然也，即愚所謂陰陽有偏勝，即勝者恆主之也〔註37〕。

基本上，世上沒有純陰或純陽之物，所有的萬事萬物都是合陰陽二氣而成質的。但表現出的形質仍有差異有區別，則是因事物中陰陽二氣「賓主偏勝」所產生的結果，因爲「勝者恆主之」。而天地間陰陽二氣的偏勝狀態，也是說明爲何元氣運行不息而創生萬物的原因。所謂「眾形皆化於氣，氣純一則不化，氣偏勝則一化而盡，交勝則交化，雜揉則屢化而轉，精靈則化神矣，不得已之道也〔註38〕。」因此，氣化成形時，所生化之物，是陰陽不能相離；但因氣有偏勝，遂爲物主的緣故。除此原因，物物樣態的不同，也是因其元氣種子不同，且物種不相假借的緣故。

　　所生成之萬物，除了稟受元氣中的陰陽二氣之外，並且也稟受了氣之條理在其中。不管是「天之理」或「人之理」都是來自元氣，但「天人一理，其分不同」。換言之「統而言之，皆氣之化，大德敦厚，本始一源也；分而言之，氣有百昌，小德川流，各正性命也。〔註39〕」大德是萬殊之本，小德是全體之分。而萬物之生是同一元氣所爲，但事事物物皆呈現出不同地面貌性質，那是因爲萬物本身各正其性命〔註40〕，所顯示出「分殊之理」的差異。

　　自然氣本論者注意到，萬物同受一元氣而生（生命全體來源的同一性），但萬物是呈現出不同的特質與面向（萬物狀態的多樣性）。而這宇宙萬物多樣

〔註36〕《王廷相集》〈慎言・乾運篇〉，頁 756。
〔註37〕《王廷相集》〈內臺集・答何柏齋造化論〉，頁 965。
〔註38〕《王廷相集》〈雅述・下篇〉，頁 870。
〔註39〕《王廷相集》〈雅述・上篇〉，頁 848。
〔註40〕王廷相：「愚則以爲萬物各有稟受，各正性命，其氣雖出於天，其神則爲己有。地有地之神，人有人之神，物有物之神。」，〈內臺集・答何柏齋造化論〉，頁973～974。

性的形成，則是牽涉到物種本身即具有差異性的關係，與物本身陰陽二氣有所偏勝的影響。因此，元氣（氣中之理一）流行在萬物身上，即呈現出「分殊之理」的不同。這也是所謂「氣一則理一，氣萬則理萬」。

第二節　對「太極」的重新詮解

　　太極一詞始見於《周易・繫辭上》：「是故易有太極，是生兩儀，兩儀生四象，四象生八卦，八卦定吉凶，吉凶生大業。」宋代理學家，大多認為太極乃宇宙中之終極也。周敦頤：「無極而太極。太極動而生陽，動極而靜；靜而生陰，靜極復動。一動一靜，互為其根。〔註41〕」朱熹：「太極只是天地萬物之理〔註42〕」、「太極只是一個理字」〔註43〕、「聖人謂之太極者，所以指夫天地萬物之根〔註44〕」，朱熹即是以「太極即理」為世界的本源，並且視為是最終極的道德價值。但對氣本論學者而言，他們又是如何看待「太極」此一議題呢？因羅欽順、王廷相、吳廷翰此三人的意見之中，羅欽順異於其他二人，故筆者將太極分為兩種觀點來加以討論之。其三人的見解論述如下：

一、羅欽順的觀點：太極指向「氣中之理」的規律義

　　從羅欽順對「太極」此一議題的探討，我們可以釐清他的哲學型態為何？也可對羅欽順哲學思想有更通透的理解。羅欽順曾經提到「一陰一陽往來不息，即是道之全體〔註45〕」，據此，他批評朱子終身認理氣為二物之說，他認為：

> 凡物必兩而後可以言合，太極與陰陽果二物乎？其為物也果二，則方其未合之先各安在耶？朱子終身認理氣為二物，其源蓋出於此〔註46〕。

羅欽順批評朱子理氣有罅縫之弊，且質疑「豈有太極在本原處便能管攝，到

〔註41〕朱熹、呂祖謙《朱子近思錄》（上海古籍出版社，2000 年），頁 28。
〔註42〕朱熹、呂祖謙《朱子近思錄》（上海古籍出版社，2000 年），頁 135。
〔註43〕朱熹、呂祖謙《朱子近思錄》（上海古籍出版社，2000 年），頁 136。
〔註44〕朱熹《朱子全書》〈朱子語類・卷九十四・周子之書〉（朱傑人、嚴佐之、劉永翔主編，上海古籍出版社，2002 年），頁 3117。
〔註45〕《困知記》（卷上 11），頁 243。
　　　　羅欽順說：「一陰一陽之謂道」〈《困知記》・卷上 27〉，頁 249。
〔註46〕《困知記》（卷下 19），頁 267。

得末流處遂不能管攝邪？是何道理？〔註47〕」，在此他駁斥朱熹將太極看成是離氣的「理」來論述。並且他也將「太極與陰陽」和「理與氣」作了相互對照。假如將陰陽對照爲氣，那太極是否將對應著理？但他又提出「太極與陰陽果二物乎？」的質疑。在此，羅欽順是將太極等同於元氣，還是「理」？（注意，此理仍須看成是「氣中之理」〔註48〕）筆者認爲他是將太極看成是「氣中之理」，而非是元氣本身〔註49〕。因他說：

夫《易》乃兩儀、四象、八卦之總名，太極則眾理之總名也〔註50〕。

爲何會說「太極則眾理之總名也」，而不直接說太極即氣中之理一〔註51〕。此詮解的用語，可能是受到朱子對「太極」的用法之影響〔註52〕。若我們要明

〔註47〕 《困知記》〈答林正郎貞孚（己亥秋）〉，頁383。

〔註48〕 羅欽順在《困知記》〈續卷上38〉說道：「理只是氣之理，當於氣之轉折處觀之。……一感一應，循環無已。理無往而不存焉，在天在人一也。……夫感應者氣也；如是而感如是而應，有不容以毫髮差者理也。」，頁306～307。〈卷上11〉提到：「千條萬緒，紛紜膠輵而卒不可亂，有莫知其所以然而然，是即所謂理也。初非別有一物，依於氣而立，附於氣以行也。或者因《易》有太極』一言，乃疑陰陽之變易，類有一物主宰乎其間，是不然。」，頁242～243。與附錄〈答林正郎貞孚（己亥秋）〉：「吾夫子贊《易》，千言萬語只是發明此理，始終未嘗及氣字，非遺之也，理即氣之理也。賢友往往將理氣二字并說，左顧右盼，唯恐有失，不亦勞乎」，頁380。接著又說，「拙《記》雖無次序確有頭腦，前後都相貫穿，只要看得決洽耳」，頁381。羅欽順認爲他將「理」的定義解釋的很清楚，讀者應會明瞭他說的理即是「氣中之理」；理也是「不宰之宰」。因此，他在其文章中，有時就簡稱「理」而已，而沒有再一次地加以說明。但此舉仍會帶給讀者詮解上的模糊性，不知他所說的「理」是程朱的「理」或氣本論的「理」？其主要原因，又是來自於每個詮釋者對羅欽順的哲學型態之判定不同的緣故。但筆者認爲，他所稱的「理」即是氣中之理，因這是羅欽順自己所明白宣稱的定義。並且加以考察後，發現此定義，也符合他整個文章及思想上的脈絡性。

〔註49〕 羅欽順將太極定位爲「眾理之總名」，就此一理路的不斷發展，也是有可能出現「太極即氣」的主張。如明代學者黃佐，其論理氣，即本於羅欽順之說。黃佐：「蓋理即氣也。一氣渾淪，名爲太極。」又說：「斯論也，吾聞諸羅整菴氏而益明。」即是說明了此可能性。參看黃宗羲《明儒學案》〈諸儒學案中五·文裕黃泰泉先生佐〉（台北：世界書局出版，1961年），頁529～540。

〔註50〕 《困知記》（卷上11），頁243。

〔註51〕 《困知記》（附錄·與林次崖僉憲（辛丑秋）），頁389～390。羅欽順反對林次崖將「理一分殊」中的「理一」，分爲兩類。一是以理言，則太極，理一也：一是以氣言，則渾元一氣，理一也。他認爲「天地間亦恐不容有兩個理一，……切恐理氣終難作二物看」。此中文義即隱含著，太極即是氣中之理一也。

〔註52〕 朱熹《朱子全書》〈朱子語類·卷九十四·周子之書〉提到「總天地萬物之理，便是太極。」，（朱傑人、嚴佐之、劉永翔主編，上海古籍出版社，2002年），

確地瞭解羅欽順思想中「太極」的意涵為何，便需透過他所提的「理一分殊」之說來入手。他一再強調「僕從來認理氣為一物，故欲以『理一分殊』一言蔽之〔註53〕」。但這「理一分殊」的解釋和朱子是有所不同的。羅欽順的「理一」是指「元氣中的理一」；而「分殊」則是指元氣中的理一隨著氣化流行到萬事萬物中之不同樣態，即「分殊」是指「分殊之理」，而非是氣之分殊〔註54〕。「理一分殊」對羅欽順而言，不僅是哲學上的命題而已，更是成為他思想上的方法論〔註55〕。

　　換言之，太極是眾理之總名，而此「眾理」則是指「分殊之理」。即是元氣造化萬物，萬物同稟一元氣，但「然形質既具，則其分不能不殊〔註56〕」、「蓋其分既殊，其為道也自不容於無別〔註57〕」的緣故。那太極與理的關係應如何？筆者認為，太極就是元氣中的理一。而理既然是元氣運行時的規律，

頁3127～3128。

〔註53〕　《困知記》（附錄・與林次崖僉憲（辛丑秋）），頁389。

〔註54〕　有關羅欽順「理一分殊」的新詮解，可參看劉又銘〈羅欽順的氣本論〉收入《理在氣中：羅欽順、王廷相、顧炎武、戴震氣本論研究》（台北：五南出版社，2000年），頁25～29。對於羅欽順「理一分殊」的議題，胡發貴也說道：「欽順的『理一分殊』中的『理一』，是意指萬物本於一氣，而不是說先有一先在的『理』成為世界的根源；正因為宇宙本於一氣，氣化流行而滋生萬物，事物各有其理，故而也才有『分殊』。所以欽順的『分殊』，只是指氣化流行的具體規律，而不是模仿和映現某個超驗的主宰之『理』。總之，如果說朱子的『理一分殊』是意在突出理本論的話，那麼欽順的『理一分殊』則意在烘托『氣本』，欽順是借用朱子的成說來闡釋理氣合一、理本於氣的思想。顯然，欽順是改造了朱子的『理一分殊』之論的，這也表現了他對朱子理、氣思想的揚棄。」胡發貴《羅欽順評傳》（江蘇：南京大學出版，2001年），頁177。

〔註55〕　羅欽順：「理一分殊四字，本程子論《西銘》之言，其言至簡，而推之天下之理，無所不盡。在天固然，在人亦然，在物亦然；在一身則然，在一家亦然，在天下亦然；在一歲則然；在一日亦然，在萬古亦然。」《困知記》（卷上19），頁246～247。並且，他在討論理氣關係、心性關係，也都是用「理一分殊」為方法的角度來分析。「理一分殊」此一命題會成為宋明理學中常被討論的課題，主要是與朱熹在其哲學上的運用有關。洪漢鼎：「朱熹對『理一分殊』的發揮，其最重要的貢獻，就在於將這一本屬道德學說的命題，發展為一個形而上學的哲學本體論命題」洪漢鼎在其文章中，也把「理一分殊」從原本的道德命題到哲學本體論的課題，再一轉成為方法論上的應用，都作了詳細的說明。參看洪漢鼎〈從詮釋學看中國傳統哲學：「理一而分殊」命題的意義變遷〉，收入在黃俊傑編《中國經典詮釋傳統（一）：通論篇》（台北：喜瑪拉雅研究發展基金會，2001年），頁367～402。

〔註56〕　《困知記》（卷上6），頁240。

〔註57〕　《困知記》續卷上58，頁312。

理並無主宰義、也是「不宰之宰」。同樣地，太極也是如此。所以，在羅欽順的哲學思想中，元氣才是最終極的實體。因此，當羅欽順說：

> 安知千條萬緒，無非太極之實體，苟能灼見其精微之妙，雖毫分縷
> 析自不害其為一〔註58〕。

此中所指「太極之實體」其實只是一虛說的實體，「元氣」本身才是真正的終極實體〔註59〕。「千條萬緒」可說是氣中之理的「分殊」狀態，而這「分殊」樣態的產生，主要是因為元氣的氣化流行妙用之故。瞭解到元氣理一在萬物上的分殊，自然即可從萬物的分殊中，向上推求元氣實體（包括著氣中之理一）。當太極是氣運行的規律時，就如同理與氣的關係一般。「理是氣之條理」但「理氣又為一物」。所以，「言陰陽則太極在其中矣，言太極則陰陽在其中矣。一而二，二而一者也〔註60〕」。而羅欽順秉持太極是眾理之總名（將太極指向「理」），而不說太極是元氣，可能也與他認為要「就氣認理」而非「認氣為理」的主張有關。理氣關係是「一而二、二為一」的，理不等同於氣；但理氣又不相離也。在此也可看出，元氣本體的地位在羅欽順的思想中是很重要的。不管是「理」或「太極」，它都是元氣運行的規律義，而不能逕相等同於元氣的本體義的。

二、王廷相、吳廷翰的觀點：太極指向「元氣」的本體義

王廷相、吳廷翰不從「太極即理」此種思路入手，他們拋開理與太極的聯繫，直接認為太極就是指元氣本身。而太極就是以此表示出元氣之極至而

〔註58〕《困知記》續卷下9，頁323。
〔註59〕劉又銘認為：「其實這所謂的『主宰』只能看成是虛擬譬況，是個『不宰之宰』。」，《理在氣中》（2000年，頁24）。而陳來在〈元明理學的「去實體化」轉向及其理論後果——重回「哲學史」詮釋的一個例子〉（《中國文化研究》，2003年第2期）一文中也說道：「羅欽順認為，氣是不斷變化運動的，氣之所以往復變易，有其內在根據，正如一個物體，在阻力為零的情況下，只要給它一個力，它就會作直線運動不斷向前；如果該物體運行到某一點上又向相反的方向運動，那麼一定另有外力或內部裝置操縱它。從程頤到朱熹都認為，理對於氣的作用，正像一個作往復運動物體的操縱者，支配著氣的往而復、復而往的變化運行。羅欽順提出，從功能上看，理雖然支配著氣的運動，但理並不是神，也不是氣之中的另一個實體。更重要的是，他提出『若有一物主宰乎其間』，即程朱在這一點上總是不能擺脫以實體化的觀點看待理的傾向，是有其原因的，因為理的這種作用確實容易被理解為一物；而其實，這只是『若有一物』，並非真的有一物。在他的這種說法裏，他對以往的『主宰』說也有所不滿」，頁4。
〔註60〕《困知記》（卷上38），頁251～252。

言的。吳廷翰說道：

> 何謂道？「一陰一陽之謂道」。何謂氣？一陰一陽之謂氣。然則陰陽
> 何物乎？曰氣。然則何以謂道？曰：氣即道，道即氣。天地之初，
> 一氣而已矣，非有所謂道者別爲一物，以並出乎其間也。氣之混淪，
> 爲天地萬物之祖，至尊而無上，至極而無以加，則謂之太極。……
> 太極者，以此氣之極至而言也。陰陽者，以此氣之有動靜而言也。
> 道者，以此氣之爲天地人物所由以出而言，非有二也〔註61〕。

因此，太極已經不再是一「至理」，而是代表著元氣因「至尊而無上、至極而無
以加」的地位之指稱。太極即是意指元氣本體，並且，太極、元氣、陰陽，此
三者是一物也。〔註62〕。而太極即是元氣：這樣的宣稱，並不是在理本論系統
內的不斷修正轉化而得出來的〔註63〕；而是代表著另一個不同的思考理路、另
一個哲學典範所發出的聲音。氣本論學者賦予「太極」、「理」、「道」一個新的
哲學意涵。雖然和先前的程朱學者同樣使用著相同的語言詞彙，但卻是「同名
而異質」。因爲自然氣本論者使原有的語言得到新的概念詮釋，是將「太極」、
「理」、「道」從先前的哲學概念過渡到新的概念領域的。自然氣本論者讓舊有
的哲學概念語言，再次綻放出新的哲學生命，使舊有的固定語言因著內在意涵
實質的改變，而再次甦醒過來、重獲新生。而這種外延指稱相同但內在實質已
發生改變的現象，可稱爲「概念的隱喻性過渡」〔註64〕之說法。

〔註61〕《吳廷翰集》〈吉齋漫錄・卷上〉，頁 5~6。

〔註62〕《王廷相集》中也多次提到此見解。〈雅述・上篇〉：「太極者，道化至極之名，
　　　　無象無數，而天地萬物莫不由之以生，實混沌未判之氣也。故曰元氣。」頁
　　　　849。〈太極辨〉：「太極之説，始於『易有太極』之論。推極造化之源，不可
　　　　名言，故曰太極。求其實，即天地未判之前，大始渾沌清虛之氣是也。」頁
　　　　596。〈太極辨〉：「元氣之外無太極，陰陽之外無氣。……（太極、陰陽、元
　　　　氣）三者，一物也，亦一道也，但有先後順序耳。」頁 596~597。

〔註63〕明代中期的氣本論學者是站在後朱子學的時代，一定會對理本論的觀點産生
　　　　檢討批評以適應明代的社會，但氣本論的學說並非是改良後的朱子學，因兩
　　　　者理論的本體核心已有所不同。

〔註64〕筆者這裡使用的「概念的隱喻性過渡」之用法，主要是參照陳榮華在《葛達
　　　　瑪詮釋學與中國哲學的詮釋》中說：「在詮釋經驗中，詮釋者在故有的語言中，
　　　　瞭解著新的知識，且又在故有的語言中，找出一最類似新知識的語言，將這
　　　　個語言從以前的領域中，過渡到新的領域中，再將這個新的領域說出。……
　　　　概念的形成總是由舊有的領域過渡到新的領域中，舊有的語言因此隱喻地說
　　　　出了新的意義。語言是在過渡的隱喻中展開它的生命。」（台北：明文書局出
　　　　版，1998 年），頁 208~209。

　　而王廷相、吳廷翰對「太虛」、「太和」的見解又是如何？他們仍從元氣本體的觀點來立論。所謂：「天地未判，元氣混涵，清虛無間是天地造化之元機也。有虛即有氣，虛不離氣，氣不離虛，無所始，無所終之妙也。不可知其所至，故曰太極；不可以爲象，故曰太虛，非曰陰陽之外有極有虛也。〔註65〕」因此，太極、太虛也可說是元氣運行時，另一個面向、狀態的指稱而已。朱子喜愛用「太和」來言道，而張載偏愛用「太虛」來言氣之本體。吳廷翰對此則認爲：

　　　太虛、太和言道，未嘗不是，然終不若太極云者，以落在一邊故也。
　　　中庸以中和狀道之體用：「中也者，天下之大本；和也者，天下之達
　　　道。」必兼言之始備。太虛云者，似中；太和云者，似和。太極不
　　　言虛而虛在其中，不言和而和在其中。二字雖出於孔子，周子獨能
　　　指出爲圖，乃其灼見之妙〔註66〕。

吳廷翰認爲用「太極」一詞，即能涵蓋：「太和」指發用（落在動地一邊）、「太虛」指本體（落在靜地一邊）〔註67〕。因此，他認爲「太和」、「太虛」各有一偏，所以用「太極」爲佳（因太極不言虛而在其中，不言和而和在其中）。並且太極即是元氣，所以用此可「該虛實、動靜、神化、隱顯，舉其全體而無欠也」。總言之，王廷相、吳廷翰是將太極看成是元氣本身，並且元氣也將太極之義涵攝在其中，這樣的作法，也更顯示出元氣本體所具有的至高、無可取代之終極性地位。元氣不僅具有終極性，對氣本論學者而言，元氣也是道德價值的根源，所謂「太極一也，在天爲陰陽，在人爲仁義。〔註68〕」。這也指出，元氣是人性論中道德義的形上根源，道德的產生仍有其先天的依據。（對羅欽順、吳廷翰來說是如此，但王廷相則另有不同的見解）。

　　　羅欽順、王廷相、吳廷翰對「對物物各具一太極」的議題之討論，又是如何呢？羅欽順的太極即是氣中之理一（即眾理之總名）。因此，他說：「萬物之生，無非二氣之所爲，而一物各具一太極〔註69〕」。元氣創生萬物，萬物也稟受從元氣而來之理一，並且理一在萬物中也各自成爲分殊之理，這就是羅欽順一再強調的「理一分殊」之概念。所以，當羅欽順說「物物各具一太極」也。在此的「一物各具一太極」，仍是要配合著「理一分殊」之方法來觀看。「分殊」

〔註65〕　《王廷相集》〈慎言・道體〉，頁751。
〔註66〕　《吳廷翰集》〈吉齋漫錄・卷上〉，頁20。
〔註67〕　《吳廷翰集》〈吉齋漫錄・卷上〉，頁20。
〔註68〕　《吳廷翰集》〈吉齋漫錄・卷上〉，頁15。
〔註69〕　《困知記》〈附錄・太極述〉，頁402。

指的是分殊之理，也就是分殊的萬事萬物中即隱含著「理一」。因此，羅欽順站在「分殊之理中便是理一」的立場上，提出「一物各具一太極」。

　　而王廷相、吳廷翰站在太極即是元氣的立場上，對「一物各具一太極」之說法，又有怎樣的意見呢？王廷相：「儒者曰太極散而爲萬物，萬物各具一太極，斯言誤矣。〔註70〕」，吳廷翰也說：「『萬物體統一太極』，是也。謂『一物各具一太極』，猶未然。〔註71〕」。

　　因王廷相、吳廷翰是贊成一物各得太極之一氣，而非一物各得整體之元氣。王廷相：「元氣化爲萬物，萬物各受元氣而生，有美惡、有偏全，或人或物，或大或小，萬萬不齊，謂之各得太極一氣則可，謂之各具一太極則不可。太極，元氣混全之稱，萬物不過各具一支耳〔註72〕。」吳廷翰甚至用太陽之光來作一比喻，他說：「太極既分，生人生物，隨其大小，各有太極之理，不能無全偏多寡之異。譬則太陽在天，凡物皆其所照，然隨其大小而受光不同，謂之皆有太陽之光則可，謂之各得太陽全光則不可。〔註73〕」因此，王廷相、吳廷翰主要是反對將「物物各具一太極」，看成是物物各具有一整全的元氣。而他們二人共同認爲，一物是各得太極中之一氣。

　　所以，羅欽順的「一物各具一太極」，是指在分殊的事物中之理即是理一。而王廷相、吳廷翰則是認爲一物各具太極中的分殊之氣。二方的見解，雖然有些不同。但都是要貼近現實的經驗世界中來體察事物，分殊萬象的事物中是有其意義與價值的。而只能說，羅欽順是將太極看成是元氣流行時的規律的，太極即是氣中之理一（在這句「一物各具一太極」中，對「太極」意義之權說），將太極等同於理（理即氣之條理；太極則眾理之總名）。但王廷相、吳廷翰則是將太極等同於元氣本身，太極與元氣是「異名同質」的。

　　其中，在理與太極的區別上，只有吳廷翰在理與太極之間的層次上做出了區隔，因他認爲：理是氣之條理、而太極則是元氣，太極與理是不同的。但羅欽順認爲太極即是氣中之理一，似乎將太極與理等同。而王廷相則是將理、太極都等同於元氣。因此，我們也可看出，此羅欽順、王廷相、吳廷翰此三人在思想上的差異性。

〔註70〕《王廷相集》〈雅述・上篇〉，頁849。
〔註71〕《吳廷翰集》〈吉齋漫錄・卷上〉，頁22。
〔註72〕《王廷相集》〈雅述・上篇〉，頁849～850。
〔註73〕《吳廷翰集》〈吉齋漫錄・卷上〉，頁22～23。

第三節　世界的圖像：從元氣造化的過程談起

　　自然氣本論者認爲宇宙萬物的生成，皆是從元氣本體而來。因此氣化與氣本都是元氣源源不絕之不同型態的顯示〔註 74〕。氣本是元氣無形、是道之隱；而氣化是生氣有形、是道之顯。所謂「有形亦是氣，無形亦是氣，道寓其中矣。有形，生氣也；無形，元氣也。〔註 75〕」並且，氣化中的萬物，皆具有神之氣（氣之精）與形之氣（氣之跡）。當物亡之時（緣於「氣有翕聚，則形有萌孽，而生化顯矣。氣有盛衰，則形有壯老，而始終著也。」〔註 76〕），「神之氣終散歸於太虛，不息滅也；形之氣亦化歸於太虛，爲腐臭也〔註 77〕」。因此，氣本論學者強調要先認識氣本，才能深知氣化的過程。元氣是一氣貫通有形、無形；而天地人也是共此一氣而生。因此，他們對萬物的造化生成，都是緊貼著元氣本體的流行來立論的。

一、羅欽順、吳廷翰「易有太極，是生兩儀」的宇宙生成模式

　　羅欽順：「云『《易》有太極』，明萬殊之原於一本也，因而推其生生之序，明一本之散爲萬殊也。〔註 78〕」吳廷翰也說：「『易有太極，是生兩儀，兩儀生四象』。此雖爲易書言，天地間道理實是如此。〔註 79〕」，但羅欽順雖然贊成「《易》有太極」是推其生生之序的說法，但他並未再加以詮釋此說。因此，筆者在此用吳廷翰的說法，爲此觀點的代表。吳廷翰說道：

　　　　蓋太極始生陰陽，陽輕清而上浮爲天，陰重濁而下凝爲地，是爲兩儀，蓋一氣之所分也。陰陽既分爲天地，天地又各自爲陰陽，所以謂「立天之道，曰陰與陽；立地之道，曰柔與剛」。天以陽爲主，天之陽合地之陰，曰少陽；合地之陽，曰太陽；地以陰爲主，地之陰從天之陽，曰少陰；從天之陰，曰太陰：是謂四象，蓋二氣之所分也。四者流布，進退消長，溫涼寒暑，以漸而變，是謂四時。其類

〔註 74〕自然氣本論者所主張元氣本體論，是涵蓋著宇宙生成的氣化論及宇宙最終本原的氣本體論的。

〔註 75〕《王廷相集》〈愼言・道體〉，頁 751。

〔註 76〕《王廷相集》〈愼言・道體〉，頁 754。

〔註 77〕《王廷相集》〈內臺集・答何柏齋造化論十四首〉，頁 973。據此，王廷相不斷強調造化本體（元氣本體）爲「有」爲「實」，並接著舉例說：「氣雖無形可見，卻是實有之物，口可以吸而入，手可以搖而得，非虛寂空冥無所索取者」。

〔註 78〕《困知記》（卷上 11），頁 243。

〔註 79〕《吳廷翰集》〈吉齋漫錄・卷上〉，頁 8。

則少陽爲春，太陽爲夏，少陰爲秋，太陰爲冬，乃其自然之序。四
者變合交感，凝聚極盛，乃成其類，則少陽爲木，太陽爲火，少陰
爲金，太陰爲水，乃其自然之化。則此四物，是亦四象之所爲，而
與人物並生，同化於天地者〔註80〕。

「《易》有太極，是生兩儀」，這是說太極是一混淪元氣，及其陰陽分也，及
形成天地。這裡的兩儀即是天地（但也是陰陽二氣）。而天與地又各自有其陰
陽，如此相互混合配搭，即是四象（少陽、太陽、少陰、太陰），並且四象陰
陽的流佈即是自然之序（春夏秋冬）；四象變合交感即是自然之化（木火金
水）。而此四物（木火金水）是與人物並生，同化天地者。換言之，此元氣造
化過程，如下：

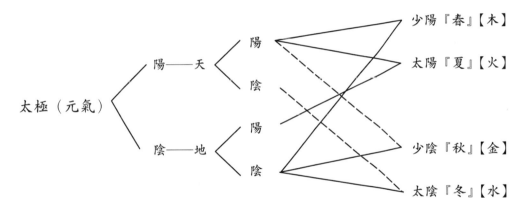

四象即是：天以陽爲主，天之陽合地之陰，曰少陽；合地之陽，曰太陽。
地以陰爲主，地之陰從天之陽，曰少陰；從天之陰，曰太陰。所以並無天之陰
與地之陽的組合。四象是少陽、太陽、少陰、太陰；也是代表著春、夏、秋、
冬；也是四物：木、火、金、水。因氣未成質，只是陰陽二氣，但氣已成質就
是四物。推至造化的源頭，即原有此元氣，以致四物化生，但其後生人生物，
亦藉此氣。所謂：「氣之混淪，爲天地萬物之祖，至尊而無上，至極而無以加，
則謂之太極。及其分也，輕清者敷施而發散，重濁者翕聚而凝結，故謂之陰陽。
陰陽既分，兩儀、四象、五行、四時、萬化、萬事皆由此出，故謂之道。〔註81〕」。
在這個過程中，元氣、陰陽、四象是氣未成質的階段，而木火金水以及動植人

〔註80〕《吳廷翰集》〈吉齋漫錄‧卷上〉，頁8～9。
〔註81〕《吳廷翰集》〈吉齋漫錄‧卷上〉，頁5～6。

物則是已成形質的階段。天地萬物形成之後，其運動變化仍受氣的陰陽變化規律支配，而寒暑交替、雷雨風雪，都是氣化流行的結果。

值得注意的是，吳廷翰說：「豈有水火金木既生之後，質具於地而氣行於天，四時乃反待之以行，人物乃始感之以生乎？無是理也。〔註82〕」。這是因為他反對〈太極圖說〉中的宇宙生成次序，即是由兩儀至五行，五行至四時的說法。對於這種「陽變陰合而生水、火、木、金、土，五氣順布，四時行焉。」的論述，吳廷翰是持反對的立場的。因他認為四時之行、人物之生不必待於五行，而四物（木火金水）即是四象所為，四物是與人物並生，所以是兩儀至四象（四時、四物），而四象中火水又先於金木，火又優先於水，因為「水火雖同出，畢竟火先於水，猶天地初生，畢竟是天先地後〔註83〕」。關於吳廷翰的兩儀四象之說，王俊彥指出：

> 陰陽是由太極生化萬物，抽繹出之特性，四象亦是由兩儀互根以生生之方式中，抽繹出來之特性。依此兩儀四象之理則，可使一氣凝聚造作成有體質之天地二者，依此四象理則，一氣亦可凝聚造作成有形質之春夏秋冬等自然之序。及有體質之金木水火等自然之化。此乃因「氣，未成質，不過陰陽二者，名以四象，猶為指氣而言。其曰水火金木則皆物已成質之名（頁九）」。於此可透露出廷翰雖以兩儀四象為氣所以能凝聚成物之方式與特性，但具體之形質仍由氣凝聚產生，故氣既有生化理則之兩儀四象，又是可凝為形物之體質，如此便可建立「一形而上下之」的氣本體論〔註84〕。

而關於五行中的「土」之安置，吳廷翰則認為地的形成是「陰重濁而下凝」，並且「夫土既是地，與天同生，所以造化水、火、金、木者，而豈四物之類乎？後人泥於五行之說，不得其理〔註85〕」，土與天同生，所以是造化水火金木之本。基本上，吳廷翰一再強調「竊謂聖人兩儀四象之說，為得造化至理，不必附以五行而後足也。」因此，他將五行中的「土」等同於「地」，用此四行來和四象、四時相互配合，而此四行即是四物。這樣一來，兩儀生四象，四象之後則萬物一起化生，而這也是他推崇「《易》有太極」，是「天地間道

〔註82〕 《吳廷翰集》〈吉齋漫錄・卷上〉，頁9。

〔註83〕 《吳廷翰集》〈吉齋漫錄・卷上〉，頁21。

〔註84〕 王俊彥〈吳廷翰「以氣即理，以性即氣」的思想〉（《華岡文科學報》第二十一期，1997年3月），頁78～79。

〔註85〕 《吳廷翰集》〈吉齋漫錄・卷上〉，頁21。

理實是如此也」的原因。

二、王廷相從「元氣種子說」來建構宇宙生成的次序

王廷相以「元氣為造化之宗樞」為生成萬物的出發點。天地造化之妙用，則是和「元氣種子」有密切的關係。所謂「天地水火本然之體，皆自太虛種子而出〔註86〕」，此「太虛種子」即是「元氣種子」，即是表明萬有皆具於元氣之始。此「元氣種子」之說，筆者將稍後再討論之。現在，先來探討王廷相對元氣造化生成萬物的看法，他說：

> 柏齋謂「天地水火，造化本體，皆非有所待而後生」，愚則以為四者皆元氣變化出來，未嘗無所待者也。天者，氣化之總物，包羅萬有而神者也。天體成，則氣化屬之天矣。故日月之精交相變化而水火生矣，觀夫燧取火於日，方諸取水於月，可測矣。土者水之浮渣，得火而結凝者，觀海中浮沫久而為石，可測矣。金石草木，水火土之化也，雖有精粗先後之殊，皆出自元氣之種。謂地與天與水火一時並生，均為造化本體，愚切以為非然矣〔註87〕。

據上所述我們可知，王廷相對天、地、草木金石的生成順序為：
天（日、月 → 水火）　→　地（水加火而成土）　→　草木金石（水火土），加上我們先前對王廷相氣論的敘述，我們大概可知，他對宇宙的生成次序之見解為：

元氣（含有「氣種」）　→　陰陽（氣之「機」、氣之「神」）　→　天（日、
月→水火）　→　地（水＋火→土）　→　萬物（水火土之化也）

而五行的先後產生的順序則是：

火　→　水　→　土　→　木　→　金

王廷相認為天地並非一時生成，地是「水之浮渣，得火而結凝者」，因此是先有「天」之後，「地」才生焉。所以他反對何瑭所說的「天地水火，造化本體」之說，他對此論點的評價是「以為非然矣」。王廷相認為金、木之質是水火土之化也，所以金、木並非最初的宇宙生成元素。他抨擊「不知天地大化惟陰與陽、水火與土，化之大用；金木二氣與人並生，緣假五行立論，遂並以附入耳。〔註88〕」、「後世以五行論造化，戾於古人之論遠矣，誕矣！〔註89〕」，

〔註86〕《王廷相集》〈內臺集‧答何柏齋造化論十四首〉，頁971。
〔註87〕《王廷相集》〈內臺集‧答何柏齋造化論十四首〉，頁972。
〔註88〕《王廷相集》〈內臺集‧答顧華玉雜論‧金木非造化之本〉，頁671。
〔註89〕《王廷相集》〈慎言‧道體〉，頁755。並且他對五行中的相生相剋之說，也深

這也是他對「五行」生成萬物之說的批評。對此論點，朱伯崑說道：

> 按宋明以來的易學家和哲學家，從劉牧開始，無論是象數學派或義理學派，大都以五行爲五種要素，解釋萬物的構成，五行獲得了元素的意涵。而王廷相透過對五行的直觀，認爲金和木，乃水火二氣和土的產物，不能爲造化之本，就是說，不具備元素的內容，這在我國易學哲學史上和古代物理學史上是一大突破〔註90〕。

除了王廷相不贊成五行生萬物之說法外，吳廷翰也對此說有所抨擊，他說：「若太極兩儀之後，必待五行，乃成四時，而生人物。厥惟妙理，則聖人作《易》，何不取象於五，而遂自四而八乎？若以四象當之，則缺其一；若以八卦當之，則餘其三。〔註91〕」。因此，自然氣本論者是用元氣爲本體的立場，來論宇宙萬物的生成，而元氣才是背後生成萬物的動能。換言之，五行只是氣已成質之物，元氣藉此質繼續來生化萬物。因此基本上，是不能將五行看成是造化萬物的根源的，並且，五行中也非五種元素都是屬於物質的第一構成要素。對此，吳廷翰只承認木火金水；而王廷相認爲只有水火土是如此，因金木是隨後而生。所以也可看出，自然氣本論學者反對五行生成萬物之說，也對五行的木火土金水，此五種概念，存著不同的詮釋角度〔註92〕。

除了反對五行之說外，王廷相也提出「元氣種子」說，來解釋元氣爲何能夠生成萬物。他說：「天地之先，氣種各具於元氣〔註93〕」、「元氣之中萬有具備〔註94〕」。這是先從「元氣種子說」的第一層意涵來論述，即是就物種來源的統一性來論。所以，元氣中萬有具備，故能生成萬物。但萬物具有其多樣性，則是「元氣種子」不相假借的緣故。接下來的物種不相假借，則是屬於「元氣種子」說的第二層意涵。王廷相提到：

> 且夫天地之間，無非氣之所爲者，其性其種，已各具於太始之先矣。金有金之種，木有木之種，人有人之種，物有物之種，各各完具，

不以爲然。他提到：「五行生剋之說，始而讖緯託經，求信其術，終而儒者援緯，以附於經，此天下之惑，固蔽而不可解矣。」〈慎言‧君子篇〉，頁814。

〔註90〕 朱伯崑《易學哲學史》（第三卷）（北京：華夏出版社，1995年），頁171。

〔註91〕 《吳廷翰集》〈吉齋漫錄‧卷上〉，頁10。

〔註92〕 羅欽順認爲五行有其氣，也有其質。《困知記》〈續卷上59〉：「五行之質」，頁312。〈三續11〉：「五行之質根于地，而其氣則運於天」，頁331。王廷相認爲五行是氣，而吳廷翰則認爲五行是氣已成質之名。

〔註93〕 《王廷相集》〈王氏家藏集‧五行辨〉，頁600。

〔註94〕 《王廷相集》〈內臺集‧答何柏齋造化論十四首〉，頁963。

不相假借〔註95〕。

萬物的多樣性是來自共同的元氣所生成，但因元氣中各個物種之種子是不相同的，所以，萬物各有其特色，這是「氣種之自然」也。並且「氣種之定性，即由此物中互有偏勝之陰陽二氣來主宰決定〔註96〕」。假如，我們不先分辨王廷相的「元氣種子說」在內容上有兩個層次之別，就很容易誤認爲此說在邏輯上是說不通的〔註97〕。萬物由元氣構成這是統一性（這是屬於第一層次上的意涵），但物物並不相同呈現出多樣性（這是屬於第二層次），因此，我們要分辨出統一性與多樣性是在兩個不同層次上的論述。

而王廷相的「元氣種子」說是一命定論嗎？對此，王俊彥先生提到：

> 廷相之元氣是無限之本體，亦即氣種原出本體，本體是一最高而不可改易之決定者，但此一本體又是一無盡之奧藏，任一物皆出自元氣，但任一物亦無法代表此無盡之奧藏，而此無盡之奧藏實也無主觀意志去主宰決定任一物。因任一物本即出自元氣，元氣本即爲任一物之主宰，所以亦可說成元氣不主觀的去主宰任一物。而由此非主觀的主宰義論之，則其氣種有定論，即不可說成爲一因果宿命論，蓋所重者是由理性上論其生化之無方所限制的自由自主也〔註98〕。

王廷相提出「元氣種子」說的見解，不但不是「命定論」，更進一步說，此理論是有其意義的，因爲：

> 氣種子說究其源，是道生萬物和太極八卦理論的發展，是中國古代生命哲學和宇宙演化論的推衍。氣種子說的提出，使氣爲萬物本源的理論，更具泛生論的色彩，也更加深刻具體。它表明，氣不僅是構成萬物的材料，而且還蘊育著萬物的屬性和演化程序。當它們潛隱著的時候，即表現爲無形的元氣，當它們展開以後，就活化爲各式各樣的事物。氣體爲宇宙的本體，深埋著展現爲無窮多樣世界的

〔註95〕《王廷相集》〈王氏家藏集·五行辨〉，頁598。

〔註96〕 王俊彥〈王廷相的元氣無息論〉《章太炎與近代中國學術研討會論文集》（台北：里仁書局，1999年），頁515。

〔註97〕 曾振宇在《中國氣論哲學研究》中提到：「『元氣種子說』內部隱匿著一個重大的邏輯悖論：若承認萬物統一性在於元氣，就不能同時承認元氣含有不同性質的種子，因爲這樣等於又否定了統一性。」（山東大學出版社，2003年第2次印刷），頁226。

〔註98〕 王俊彥〈王廷相的元氣無息論〉《章太炎與近代中國學術研討會論文集》（台北：里仁書局，1999年），頁518～519。

可能性。這種可能性的總和，可以看做是宇宙的「基因」。它們只有
曲伸、幽明、隱顯的差別，而永遠不會消失。這就是由氣種子說所
得出的必然結論〔註99〕。

「元氣種子」說也可看成是元氣「氣一分殊」的展現，因萬物都是由元氣所
生成造化，但氣已成質，物各正其性命，物物之間，其氣是同中有異。因其
所稟元氣中的氣之共通性，是萬物生命的共同來源；但物類不相同，氣在物
中，因其分殊而形成差異性。統一性中有其分殊性，這也是「元氣種子說」
所要極力表明的。

三、附論：與漢儒宇宙生成論之比較——以《淮南子》爲例

明代中期氣本論學者的宇宙生成模式與漢儒所描繪的，其中有何異同
呢？筆者欲以漢儒的《淮南子》爲例，來相互比較之。《淮南子》氣化宇宙的
生成過程，在〈天文訓〉中有一段描述：

> 天墜未形，馮馮翼翼，洞洞屬屬，故曰太始。道始于虛霩，虛霩生
> 宇宙，宇宙生元氣，元氣有涯垠，清陽者薄靡而爲天，重濁者滯凝
> 而爲地。清妙之合專易，重濁之凝竭難，故天先成而地後定。天地
> 之襲精爲陰陽，陰陽之專精爲四時，四時之散精爲萬物。積陽之熱
> 氣生火，火氣之精者爲日，積陰之寒氣者爲水，水氣之精者爲月，
> 日月之淫爲氣，精者爲星辰。天受日月星辰，地受水潦塵埃〔註100〕。

《淮南子》認爲在宇宙生成萬物之先，存在著太始、虛霩，而「道」也在其
中。而宇宙要生化萬物，即是藉著氣的運行流動來生成。天地、四時、日月
星辰的來由，一步步的加以推演，天地萬物莫不都從道之後的元氣變化而來，
這也是氣化宇宙論的表述。但《淮南子》認爲天地尚未成形的時候，存在著
一種無形無際的渾然狀態，這就是道（但「道」的內在實質意涵爲何？《淮
南子》並未明確來說明。）。道經歷了虛霩、宇宙兩個階段的變化而生成氣。
氣是有邊有際的精微物質，其中清陽之氣飄散而成爲天，重濁之氣凝聚而成
爲地。氣的精華通過天地、陰陽、四時的稟襲變化，擴散而形成世界萬物。
道是經由氣這一中間環節而產生宇宙萬物的。氣能生成萬物，是因背後「道」

〔註99〕 劉長林〈說「氣」〉，楊儒賓編《中國古代思想中的氣論及身體觀》（台北：巨
流圖書公司，1993），頁117。
〔註100〕 「新編諸子集成」《淮南子集釋》（北京：中華書局，1996年），頁79。

的關係。可見，道比氣更根本。道不僅是萬物的本體，也是氣的本體。而關於《淮南子》〈天文訓〉中道是氣的本原這點，周桂鈿也提到：

> 《天文篇》所說的這個宇宙演化過程，是從道開始的。道是虛無的，經過演化的幾個階段以後才產生物質性的氣，然後由氣化生天地陰陽四時萬物。很顯然，這個演化過程也是以道作為宇宙本原的，所以是道本原論〔註101〕。

不過，《淮南子》中的「道」之意涵為何？是類似老子所說的「道」，還是指「元氣」純然渾沌未分的狀態。周桂鈿認為此「道」是虛無的，那麼宇宙演化過程是「從無生有」，假如是如此的話，那就和老子的「道生一」之生成模式相近。假如「道」是指元氣渾沌之極的狀態，那宇宙演化過程是「從有生有」，明代中期的氣本論學者所主張即是如此，所謂「道即氣、氣即道」（道、氣是實有實存）。筆者認為《淮南子》的「道」和老子的「道」在層次上是不相同的，老子的「道」是指超越形上的本體義來言之，而《淮南子》所說的「道」是在宇宙論的模式上來敘說。張立文也提到《淮南子》「道」的特徵〔註102〕為「道無形而又實存」、「道至大無限而又運動不息」。因此，筆者認為《淮南子》中提到的道與氣表面上好像是兩物，所謂「道先氣後」，兩者似乎是有所隔閡斷裂的，但細思量之，道氣之間應有某種內在的聯繫。雖然不是王廷相、吳廷翰所認為「道即氣」那樣緊密聯繫的關係，但道氣也並非是截然二分。所以，《淮南子》中的「道」和老子所說的「道」在層次類型上是不相同的。《淮南子》中的「道」與氣是有某種程度的交涉的，「道」並非是完全的虛無，但也不是明代中期的氣本論學者所認為「道」與「氣」是等同的關係。接下來，我們把〈天文訓〉中的宇宙演化過程列為圖示表示，就是：

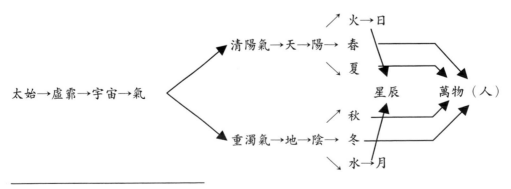

〔註101〕周桂鈿《秦漢思想史》（河北人民出版社，2000年），頁82。

〔註102〕張立文《道》（中國人民大學出版社，1989年），頁83。

　　《淮南子》認爲天先成而地後定，四時之散精爲萬物，並且，火氣之精者爲日；水氣之精者爲月，日月之淫精者爲星辰。值得注意的是，《淮南子》將萬物的生成（包括人）和星辰的產生，作了區隔。天上之物與地上之物所產生的要素是有差異的。而羅欽順、王廷相、吳廷翰認爲萬物的產生直接是元氣的作用所致，（星辰也直接包括在萬物中），並且，元氣之上是無物、無道、無理的。而此也可看出，漢儒雖然也很重視氣的造化萬物之過程，但畢竟只是將元氣的位置安頓在宇宙論的脈絡中；但對明代的氣本論學者而言，元氣是屬於本體論的層次，不僅有氣化，更有氣本。對於有「未見氣」的描述，王廷相批評道：

> 《列子》曰：「太易者，未見氣也；太初者，氣之始也；太始者，形之始也；太素者，質之始也。」此語甚有病，非知道者之見。天地未形，惟有太空，空即太虛，沖然元氣。氣不離虛，虛不離氣，天地日月萬形之種，皆備於內，一氤氳萌孽而萬有成質矣。是氣也者乃太虛固有之物，無所有而來，無所從而去者。今曰「未見氣」，是太虛有無氣之時矣。又曰「氣之始」，是氣復有所自出矣，其然，豈其然乎？元氣之上無物，不可知其所自，故曰太極；不可以象名狀，故曰太虛耳〔註103〕。

王廷相此段話不僅是批評《列子》，也是對《易緯》《乾鑿度》〔註104〕的批評。由此，也可看出明代的氣本論者和漢儒論氣的差異。基本上，「漢儒在建構了一個規律的『氣』世界。他們企圖透過掌握『氣』的運動規律，以窺探宇宙的奧秘，並藉以預知人事的規律與發展。……（這是）像機械一樣規律運動的『氣』思想〔註105〕」。但對明代氣本論學者而言，氣的造化過程並非是物與物之間緊密地環環相扣，它是元氣自然地生發，形成一個有機體的世界。並且，不管氣化中的常或不常，自然氣本論者都將它視爲常來看待，應都是屬於「自然之則」也。而他們認爲天是自然天，所以天並不具有賞善罰惡的功能（雖然「理在氣中」，但理並不具有主宰義）。因此「莫之爲而爲，莫之至而至，便是天理〔註106〕」、「善惡之報直不直者，是幸不幸也〔註107〕」，這也

<hr>

〔註103〕《王廷相集》〈雅述・上篇〉，頁849。

〔註104〕《易緯》《乾鑿度》：「有太易，有太初，有太素也。太易者，未見氣也；太初者，氣之始也；太始者，質之始也。氣形質具而未離，故曰渾淪。渾淪者，言萬物相混成而未相離，視之不見，聽之不聞，循之不得，故曰易也。」

〔註105〕鄭吉雄〈戴東原氣論與漢儒元氣論的歧異〉（《台大中文學報》第二十一期，2004、12），頁226。

〔註106〕羅欽順《困知記》（續卷57），頁312。

〔註107〕王廷相《王廷相集》〈慎言・保傅篇〉，頁802。

可以說明他們對天道所抱持的立場。

第四節 結 語

羅欽順、王廷相、吳廷翰都是明代中期自然氣本論的學者，他們三人之間並無任何傳承的關係。因此，他們是靠各自的努力，來走自己要走的路。因此，他們的元氣本體論的觀點，在同中是有異的。

在同為元氣是終極本體的立場上，他們對「理」、「太極」的看法，出現分歧。關於「理」的見解：羅欽順〔註108〕、吳廷翰認為「理即氣之條理」（在「理氣為一物」的觀點下，又注意到理氣的差異），但王廷相只說「理載於氣，非能始氣也」，並未對「理」再加以精細的定義。而關於「太極」的詮釋，羅欽順認為「太極則總眾理之總名」，但王廷相、吳廷翰則認為「太極即是元氣」。羅欽順、王廷相、吳廷翰都試圖將「太極」重新詮解、重新賦予新意。從元氣為本體的角度出發，取代先前「太極」所居的終極性地位。

而羅欽順、王廷相、吳廷翰的哲學型態和漢儒也是不相同的，雖然「氣」論的思想對他們而言，都是很重要的，但兩者仍是有所區別的。因為明代中期的氣本論哲學是兼有元氣本體論與宇宙本原論（如：王廷相所說的「氣本」與「氣化」），而漢儒的氣論思想，則是僅有宇宙本原論的層次。再來，羅、王、吳是就氣本來談氣化；漢儒是就「道」來談氣化，並不直接針對「元氣」本身的發用談宇宙生成造化。這也說明了，明儒的元氣論之思想體系比起漢儒而言，更進入了一個成熟的階段了。

〔註108〕關於羅欽順的「理氣觀」之貢獻，陳來在〈元明理學的「去實體化」轉向及其理論後果──重回「哲學史」詮釋的一個例子〉（《中國文化研究》2003年，第2期）一文中說道：「從哲學的本體論上說，羅欽順的理氣觀對於朱子學的挑戰在於，一方面理氣一物說邏輯上包含了對理在氣先說的批評。另一方面，強調理氣一物，反對認氣為二物，是反對本體論的二元論，主張一元論，而這種一元論是轉向以氣為第一性實體的一元論。」，頁6。

第三章　根於元氣的心性論

　　自然氣本論者從元氣本體論的角度出發，而有其根於元氣的心性論。底下首先從人性論談起，牟宗三認爲「以氣論性」的觀點之人性論是「順氣而言，則性爲材質之性，亦曰『氣性』〔註1〕」，並且認爲「氣性」有以下三義：

　　甲、自然義。（在實然領域內，不可學，不可事，自然而如此。）

　　乙、質樸義。（質樸、材樸、資樸通用。總之曰材質。）

　　丙、生就義。（自然生命凝結而成個體時所呈現之自然之質。）〔註2〕

此三點將「氣性」作了多面向的剖析，但筆者要指出，在氣本論者的自然人性論中，使用「材質之性」一詞並不能完全地涵蓋氣本論者的自然人性論。因爲自然人性論不僅僅是氣已成性、氣已成質而已，還包括著人稟受著「氣中之『理』」。此「理」即是「帝降之『衷』」，也是人心運行中節時的顯現〔註3〕。並且元氣中的「氣之精」、「氣之神」，人莫不具有之。因此，對於「何謂人？」的看法，氣本論者回答：「夫人也，氣成形體而具神識者也。〔註4〕」。對於氣本論者的人性論主張，不可謂無超越的及無形上的道德依據或根源，因爲元氣即是他們心中的道德價值之本源。

〔註1〕牟宗三《才性與玄理》（台北：學生書局，1997年），頁1。

〔註2〕牟宗三《才性與玄理》（台北：學生書局，1997年），頁3。

〔註3〕鄭宗義在〈論儒學中「氣性」一路的建立：以董仲舒、王廷相及戴震爲例〉（「儒學的氣論與工夫論」國際研討會，台大東亞文明研究中心，2004年11月28、28日）會議論文一文中，他試圖提出一個迥異於牟宗三在《才性與玄理》中對「對氣爲性」的論述。鄭宗義認爲「氣性一路」的開展與建立是有其內部道德上的意義與價值，也並無混淆應然與實然的毛病。

〔註4〕《王廷相集》〈王氏家藏集・答何粹夫論五行書〉，頁507。

第一節　性即氣即生

　　自然氣本論者認爲人性是由靈妙生動之元氣所賦予的，人是稟受此氣而生的。因此，人性就是氣質之性，但此氣質之性中即有著義理之性（和元氣本體論的「理在氣中」的論點相互呼應）。所以，氣本論學者認爲性只是氣質之性，並且強調無生則性不見，從已生來論性之主張。

一、「以氣釋性」：元氣爲道德價值之根源

　　自然氣本論者認爲元氣生生不息的流行，不僅只有在客觀的事物景象中呈顯，也在人心中運化流轉。人類的生命氣息及由心性產生的思維，都是從這生機不息的造化元氣而來，「蓋人之有生，一氣而已〔註5〕」、「有太虛之氣而後有天地，有天地而後有氣化，有氣化而後有牝牡，有牝牡而後有夫婦，有夫婦而後有父子，有父子而後有君臣，有君臣而後名教立焉。是故太虛者，性之本始也；天地者，性之先物也；夫婦、父子、君臣，性之後物也；禮義者，性之善也，治教之中也〔註6〕。」從元氣本體論的脈絡下貫到人性論，是氣本論者論性時的基本態度及立場。因此，羅欽順說道：

> 若吾儒所見，則凡賦形于兩間者，同一陰陽之氣以成形，同一陰陽之理以爲性，有知無知，無非出于一本。故此身雖小，萬物雖多，其血氣之流通，脈絡之聯屬，元無絲毫空闕之處，無須臾間斷之時，此其所以爲渾然也〔註7〕。

人稟受元氣而氣已成質才有形軀，承受元氣之氣中之理而爲性。是故「氣質合而凝者，生之所由得也；氣質合而靈者，性之所由得也〔註8〕」。天下的萬物也是由元氣所生成，即「有知無知，無非出于一本」。因此，人與天地是具有同質性的（就構成要素而言）；人與天地是無隔閡的，是渾然一體的。所謂「人呼吸之氣，即天地之氣。自形體而觀，若有內外之分，其實一氣之往來爾。程子云：『天人本無二，不必言合。』即氣即理皆然〔註9〕」。

　　自然氣本論者主張「性即是氣，論性即是論氣；氣即是性，論氣即是論

〔註5〕　《吳廷翰集》〈吉齋漫錄‧卷上〉，頁27。
〔註6〕　《王廷相集》〈慎言‧道體〉，頁752。
〔註7〕　《困知記》〈續卷上11〉，頁294。
〔註8〕　〈慎言‧道體〉，頁754。
〔註9〕　《困知記》〈卷下62〉，頁281。

性〔註10〕」，王廷相指出：

> 性生於氣，萬物皆然。宋儒只爲強成孟子性善之説，故離氣而論性，使性之實不明於後世，而起諸儒之紛辯，是誰之過哉？明道先生曰：「性即氣，氣即性，生之謂也。」又曰：「論性不論氣，不備；論氣不論性，不明。二之，便不是。」又曰：「惡亦不可不謂之性。」此三言者，於性極爲明盡。而後之學者，梏於朱子本然、氣質二性之説，而不致思，悲哉！〔註11〕

王廷相認爲「性生於氣，萬物皆然」，因此，絕不能離氣來論性。我們也可從氣本論者所選取的明道之言論，窺測出氣本論者的人性論主張，即：（1）「性即氣，氣即性，生之謂也。」（2）「論性不論氣，不備；論氣不論性，不明。二之，便不是。」（3）「惡亦不可不謂之性。」王廷相認爲「此三言者，於性極爲明盡。」前兩項可說是氣本論者的普遍看法。但關於「惡亦不可不謂之性。」的部分，此「惡」是指「人欲」的話，氣本論者幾乎都是贊同的。但因爲王廷相個人主張「人性有善有不善」（和其他氣本論主張「性善論」不同），所以，他也有可能是將「惡」理解成是「性不善」，但這樣的論點只屬王廷相個人的見解。而吳廷翰對二程提到的「論性不論氣」的說法，有更進一步的討論，他說：

> （或曰）「『論性不論氣』三言，此正以性爲理，以氣爲氣之説，非明道之言。蓋明道云：『性即氣，氣即性。』今謂『論性不論氣，論氣不論性』，明是兩言。而曰『二之則不是』，何也？」「若知性氣一物，則論性即是論氣，論氣即是論性矣。若謂『論性不論氣』，是謂不以氣論性也；謂『論氣不論性』，是不以性論氣，可乎？然不以氣論性，則不知所以爲性，正是不明；只以氣論性，不分人、物偏全，亦是未明處。今乃分未備、未明，則愚猶未能解也。」〔註12〕

吳廷翰的人性論之出發點是以「性氣爲一物」爲基礎的，所以「論性不論氣」的言論，是將性氣二分的說法，因此他認爲此語「非明道之言〔註13〕」。在此，

〔註10〕《吳廷翰集》〈吉齋漫錄・卷上〉，頁29。此語出於二程的言論，氣本論者均將此話中之「即」，認爲「就是」之義。並將「論性即是論氣」詮解爲，在談論人性即是在談論氣質之性。這樣的解釋與二程原意應是有所出入。

〔註11〕《王廷相集》〈雅述・上篇〉，頁837。

〔註12〕《吳廷翰集》〈吉齋漫錄・卷上〉，頁25～26。

〔註13〕吳廷翰認爲此語「非明道之言」，楠本正繼對此段話是大程之言還是小程之

他也提出「不以氣論性，則不知所以爲性，正是不明；只以氣論性，不分人物偏全，亦是未明處。」吳廷翰除了強調人與物之性均由元氣而生之外，更注意到「人、物之生，受氣不同」之差異。即人是得「天地之中」而生，但物是得「天地之非中」〔註14〕。因此，學者在主張「以氣論性」時，也必須考慮到人與物受氣偏全的問題，不能將人與物的受氣看成相同的，而一概來論之。

在「以氣釋性」、「性由氣生」的觀點下，氣本論者不僅看到「天人一理」的層面，也指出「其分不同〔註15〕」。客觀事物與主觀的感受雖可相互感通，但畢竟「其分不同」所以不能混淆爲一。對此，他們也批評陽明心學的不是之處〔註16〕。

自然氣本論者主張「氣以成性」、「稟氣成性」，因此，元氣是人性中的道德價值之根源。除了先前提到的王廷相認爲氣有善有不善之外，大多數氣本論學者贊同元氣是善的。而元氣與性善之間如何來連結，他們認爲：

> 明道先生曰：「上天之載，無聲無臭，其體則謂之易，其理則謂之道，其用則謂之神，其命於人則謂之性。率性則謂之道，修道則謂之教。孟子於中又發揮出浩然之氣，可謂盡矣。」此等語極精。蓋上天之事，只是氣。理即氣之條理，用即氣之妙用。命於人則氣之爲命。至於浩然之氣，則直指而言，亦非有出於無聲無臭之外也〔註17〕。

言，有一些想法，可供大家參考。他說：「『論性不論氣，不備；論性不論氣，不明；二之不是。』關於此處的『程子之論』究竟是程明道之語，還是程伊川之語，雖有異議，但大體應當看做伊川之語。爲什麼？這是因爲一般來說，（伊川）一方面承認荀子性惡論，而挑剔孟子性善說之不完善；另一方面又用孟子性善說攻擊荀子性惡說之不明。而要求根據高遠的理想嚴肅地面對人生，切實地求道的工夫，這正顯示了伊川二元論的思想。」詳見楠本正繼《宋明時代儒學思想の研究》（東京：廣池學園出版社，1964年），頁138。

〔註14〕《吳廷翰集》〈吉齋漫錄・卷上〉，頁41。

〔註15〕 羅欽順：「天人一理，而其分不同」（卷上18，頁246），王廷相也提到：「愚則謂天所能爲者，人不能爲；人所能爲者，天亦不能爲之。」（內臺集・答何柏齋造化十四首，頁967）。

〔註16〕《王廷相集》〈雅述・上篇〉：「若曰天乃天，吾心亦天；神乃神，吾心亦神，以之取喻可矣；即以人爲天、爲神，則小大非倫，靈明各異，徵諸實理，恐將不相類矣。」，頁848。

〔註17〕《吳廷翰集》〈吉齋漫錄〉卷上，頁8。羅欽順對程明道此段話也深表贊同，認爲「只將數字剔撥出來，何等明白！學者若於此處無所領悟，吾恐其終身亂於多說，未有歸一之期也。」《困知記》〈卷下22〉，頁268。值得注意的是，

「其命於人則謂之性」是表示「命於人則氣之為命」，而「夫人之性，仁義而已〔註 18〕」、並且「夫未發之中，即『帝降之衷』，即『所受天地之中以生』者，夫安有不善哉！〔註 19〕」。在論性即是論氣的一貫脈絡下，人之性是由元氣而來，並且，人性中也稟受了元氣之理、元氣之神。人的道德價值根源是來自於元氣，可以說是，人的形軀是從氣已成質而來，而人的心性之靈明則是秉受「氣中之理」以成性的。但此人性中的道德價值是有限的道德價值存在，和孟子式的超越強大本心所驅使道德的發用，是有一段差距的。而在明代中期除了氣本論者主張「以氣釋性」之外，呂柟（有「關中後學」之稱）（1479～1542），也提到：

> 蓋性何處尋？只在氣上，但有本體與役於氣之別耳，非謂性自性，氣自氣也。彼惻隱是性發出來的，情也；能惻隱，便是氣做出來的，使無是氣，則無是惻隱矣。先儒喻氣猶舟也，性猶人也，氣載乎性，猶舟之載乎人，則性氣二矣。試看人於今，何性不徒氣發出？〔註 20〕

可見「性氣是一」而非二，此見解並非只有羅、王、吳三人的主張而已。稍後的郝敬（1558～1639）也說：「天以元氣生人，人以元氣有生〔註 21〕」。並且，值得注意的是，氣本論者在人性論上的主張經常引用到二程相關的言論，來佐證自己的論點。但他們是從自己本身氣本論的立場來解釋二程之意見，氣本論者的解釋不一定吻合於二程本來的原意。但氣本論者是有系統地「誤讀」二程的言論，並將其論點納入自己的系統中來發揮。所以，只是借用二程之言（表面上的文義），實際上是改換成自己氣本論立場下來論述的。

氣本論學者有時會對前賢的話語做出系統性的誤讀，那是因他們尚未覺察到，他們與前賢的思考理路已有所不同。

〔註 18〕　《吳廷翰集》〈吉齋漫錄・卷上〉，頁 14。
〔註 19〕　《困知記》〈卷上 16〉，頁 246。
〔註 20〕　（明）呂柟《涇野子內篇》（北京：中華書局出版，1992 年），頁 116。
〔註 21〕　（明）郝敬《山草堂集》〈時習新知・學易枝言卷之三・附鮑子易說〉（東京：高橋情報出版社，1990 年）。值得一提的是，岡田武彥把郝敬思想定位為在王廷相、吳廷翰之後的氣一元論學者，參見其《宋明哲學序說》第八章「反宋明學的精神——唯氣的思想」（東京：文言社出版，1977 年）。筆者認為郝敬雖是氣本論者，但是和羅、王、吳自然氣本論的型態不同，郝敬應是屬於神聖氣本論中的心本論加上氣本論此複合型態的學者。因他認為「元氣即人心」、「指為元氣則人珍愛之，指為良知則人忽而迂之，而不知其同也。」後一句的論述，更可供我們思索到明代中晚期的學術面貌，氣本論與心本論彼此學術勢力的消長與融合，對此，郝敬的學術型態是值得加以注意的。

二、「無生則性不見」：從已生來論性

　　氣本論者認為「生者，人之性也。性者，人之所以生也。蓋人之有生，一氣而已。〔註22〕」並主張「以生言性，性之本旨〔註23〕」。基於此立場，羅欽順對朱子解釋「人生而靜以上」為指人物未生之時，便提出異議。羅欽順說：

> 朱子于此，似乎求之太過，卻以為「人物未生時」，恐非程子本意。蓋程子所引「人生而靜」一語，正指言本然之性，繼以「才說性時，便已不是性」二語，蓋言世所常說乃性之動，而非性之本也。此意甚明，詳味之自可見。若以「人生而靜以上」為指人物未生時說，則是說「維天之命」，「不是性」三字無著落矣〔註24〕。

氣本論者認為論性，必須是人物已生的狀態下來論性，這樣才有其意義。因為「未形之前，不可得而言矣，謂之至善，何所據而論？既形之後，方有所謂性矣，謂惡非性具，何所從而來？〔註25〕」，氣本論者強調在經驗現象之中來觀察、認識人性，這種用生來釋性的說法，在學術傳統中並不乏先例。事實上，據傅斯年考證《孟子》以前金文中「性」與「生」兩字通義，而「性」字也只有「生」義〔註26〕。徐復觀也提到說：「按照我國文字在演進情況中之通例，有時生字可用作性字，有時性字亦可用作生字，此須視其上下文之關連而始能決定其意義。並且諸子百家中，也有把性字作生字解釋的。〔註27〕」對於，性字是從心從生所構成，他更進一步說到：

> 由現在可以看到的有關性字早期的典籍加以歸納，性之原義，應指人生而有之欲望、能力等而言，有如今日所說之「本能」。其所以從心者，心字出現甚早，古人多從知覺感覺來說心；人的欲望、能力，多通過知覺感覺而始見，亦即須通過心而始見，所以性字便從心。其所以從生者，既繫標聲，同時亦即標義；此種欲望等等作用，乃生而即有，且俱備於人的生命之中；在生命之中，人自覺有此種作

〔註22〕　《吳廷翰集》〈吉齋漫錄・卷上〉，頁 27。

〔註23〕　《吳廷翰集》〈吉齋漫錄・卷上〉，頁 29。

〔註24〕　《困知記》〈卷上 65〉，頁 258。

〔註25〕　《王廷相集》〈慎言・問成性篇〉，頁 765。

〔註26〕　傅斯年〈性命古訓辯證〉《傅斯年全集》（第二冊）（台北：聯經出版社，1980年），頁 493～736。轉引自成中英《合外內之道──儒家哲學論》（北京：中國社會科學出版社，2001年），頁 91。

〔註27〕　徐復觀《中國人性論史：先秦篇》（上海：三聯書店出版，2001年），頁 5～6。

用，非由後起，於是即稱此生而即有的作用爲性；所以性字應爲形
聲兼會意字。此當爲性字之本義〔註28〕。

此種將性界定爲人生而有之欲望、能力的說法，在告子的言論中，表現最爲
明顯。告子的人性論，即以「生之謂性」爲出發點，他認爲「食色性也」，他
認爲性是無善無不善，對他而言，性是中性的色彩。但是，告子的「生之謂
性」的論點是站在人的生理上來立論，而非從德行上來立論。

　　氣本論者贊同「生之謂性」及「以生釋性」的說法，但內涵上，與告子
是有其區別的。吳廷翰便指出氣本論者與告子思想上的異同，他說：

其實，告子指生爲性，若得眞見，則與孔子相近之旨無異。孟子主
張性善，若無形色天性與口之於味二處互明，則亦豈能邃服告子乎？
曰：「『生之謂性』之說如何？」曰：「性者，人物之所以生，無生則
無性。以生言性，性之本旨。人物之生，受氣不同，則人有人之生，
物有物之生，豈皆同乎？其理本明。但告子以杞柳、湍水言性，蓋
指氣之偏且惡者言之，而此『生之謂性』，乃其誤之根本。〔註29〕」

吳廷翰一方面肯定告子「以生言性」的作法〔註30〕，認爲其能夠「若得眞見」，
即與孔子「性相近」的說法無異。但畢竟氣本論者與告子的人性之論述內容
是不相同的。告子不但忽略了人與物之生是受氣不同的差異，而言論中最大
的弊端即是：蓋指氣之偏且惡者言之，來論生之性。但是氣本論者是從氣之
善的觀點（王廷相除外），來論人性之生；人性不僅只是肉體的欲望而已，還
包含著對道德認識渴慕的種子在其中。因此，氣本論者是站在道德角度的觀
點來主張「生之謂性」。

〔註28〕徐復觀《中國人性論史：先秦篇》（上海：三聯書店出版，2001年），頁6。
〔註29〕《吳廷翰集》〈吉齋漫錄・卷上〉，頁29～30。
〔註30〕王廷相在〈愼言・成性篇〉也提到：「或問『子以生之理釋性，不亦異諸儒乎？』
曰：『諸儒避告子之說，止以理言性，使性之實不明於天下，而分辨於後世，
亦夫人啓之也。』」，頁767。
　　　　關於氣本論者與告子「生之謂性」的區別，燕國材在《明清心理思想研究》（湖
南人民出版社，1988年）中說道：「乍看起來，王廷相的『有生則有性』與告
子『生之謂性』如出一轍。其實不然。告子所謂『生之謂性』，單指食色一類
的人的生性即自然本性而言，這裡的『生』有『與生俱來』之意；而王廷相
的所謂『有生則有性』，則認爲除生性即自然本性之外，還有習性即社會本性，
這裡的『生』即含有『生後習得』之意，如他強調仁、義、禮、智這些社會
本性都是『人之知覺運動爲之而後成』。」，頁87。

王廷相說：「無生則性不見，無名教則善惡無準。〔註 31〕」氣本論者主張「以生釋性」，但此「生」只是性之初、性之開端而已。氣本論者先將人性規範在經驗現象中來論述，由此帶出聖人禮教、後天教化的重要性。後天學習、變化氣質的工夫，才是氣本論者更強調的重點。因此，只有將性放在已生，而非未生之時的脈絡下，才能透過後天的修養工夫，有「習與性成」的可能。

三、氣質之性與義理之性的合一

宋儒論性時區別出「天命之性」與「氣質之性」的差異，是從張載開其端，而後此論點經由二程、朱熹的發揚，幾乎成了宋代對人性的普遍論述之模式。二程認爲「氣有善有不善，性則無不善也。人之所以不知善者，氣昏而塞之耳。〔註 32〕」、「性無不善，而有不善者才也。性即是理，理則自堯、舜至於塗人，一也。才稟於氣，氣有清濁。稟其清者爲賢，稟其濁者爲愚。〔註 33〕」即是將天地之性（義理之性）認爲是理、全然完善的、形而上的；而將氣質之性視爲是氣、有善有不善的、形而下的。但明儒與宋儒的論性方式是有其不同的，對此，溝口雄三說：

> 相對於宋代這種性之二元論的闡釋，明代則以一元論的闡釋爲主流。……明代中葉的一元論之發展，則以「邁向氣質之性的一元化」
> 爲主軸〔註 34〕。

宋代儒者在人性二元論的架構中，將人性惡之根源，歸咎於氣質之性的駁雜所致，所有人性負面色彩均由氣質之性來概括承受的。但又安置一個超越形體之「天命之性」的存在，認爲所有人性中良善、光明的一面之所以產生的可能，都是源於「天命之性」的關係。此種論性的方式，自然氣本論者認爲是極不妥當的，他們認爲人性中的黑暗與光明都是源於氣質之性（人性也僅有氣質之性而已）。自然氣本論者的「氣質之性」之內在意涵，並非是和「天地之性」相對來說，而是將「天地之性」涵攝在其中來論述。所以，氣本論者對宋儒論性的方式，不表贊同。王廷相說道「嗟乎！人有二性，此宋儒之

〔註 31〕 《王廷相集》〈慎言・問成性篇〉，頁 765。
〔註 32〕 （宋）程顥、程頤《二程集》（台北：漢京文化事業出版社，1983 年），頁 274。
〔註 33〕 （宋）程顥、程頤《二程集》（台北：漢京文化事業出版社，1983 年），頁 204。
〔註 34〕 溝口雄三《中國前近代思想的演變》（台北：國立編譯館，1994 年），頁 395
～396。

大惑也。〔註35〕」羅欽順對宋儒人有二性之說的論點，也提出了批評，他說：

> 及宋，程、張、朱子出，始別白而言之，孰爲天命之性，孰爲氣質
> 之性，參之孔孟，驗之人情，其說于是乎大備矣。然一性而兩名，
> 雖曰「二之則不是」，而一之又未能也。學者之惑，終莫之解，則紛
> 紛之論，至今不絕于天下，亦奚怪哉！〔註36〕

氣本論者覺得宋儒「一性而兩名」的作法，是不合於孔孟論性的意旨。吳廷
翰除了認爲「孔孟無是說也〔註37〕」，並且也指出宋儒的說法是爲了將孔孟二
者之說勉強湊合而提出的。他說：

> 蓋緣孟子言『性善』，夫子言『相近』，求之不得，故以『善』爲『天
> 地之性』，『相近』爲『氣質之性』，以要其同，而不知其反異也。性
> 一而已，而有二乎？〔註38〕

氣本論者在「論性即是論氣」的脈絡下，反對宋儒「一性而兩名」的作法。
他們認爲所謂的性：即是包含著義理的「氣質之性」。而義理即在氣質之性中，
與「理在氣中」的觀點是相互呼應著。氣本論者認爲「但曰『天命之性』，固
已就氣質而言之矣；曰『氣質之性』，性非天命之謂乎？一性而兩名，且以氣
質與天命對言，語終未瑩。〔註39〕」並且宋儒離氣來言「天地之性」，這樣的
「天地之性」在氣本論者的眼中看來不存在的〔註40〕，也認爲宋儒是受到佛

〔註35〕《王廷相集》〈王氏家藏集・答薛君采論性書〉，頁518。
〔註36〕《困知記》〈卷上14〉，頁245。
〔註37〕《吳廷翰集》〈吉齋漫錄・卷上〉，頁28。筆者認爲孔孟沒有提出「天地之性」、
　　　　「氣質之性」此名稱，但並不表示沒有此內涵之可能。但吳廷翰是站在另一
　　　　個典範上要來處理此人性的問題，因此，覺得宋儒對人性問題的入手處是不
　　　　可取的。氣本論者的人性論是以孔子的「性相近、習相遠」爲其立論之根據，
　　　　對於宋儒過度抬高孟子的思想，王廷相即表示頗不以爲然。他說：「昔者仲尼
　　　　論性，固已備至而無遺矣，乃孟子則舍之而言善；宋儒參伍人性而不合，乃
　　　　復標本然之論於氣質之上，遂使孔子之言視孟子反爲疏漏，啓不畔於聖人之
　　　　中正乎？」〈王氏家藏集・答薛君采論性書〉，頁520。
〔註38〕《吳廷翰集》〈吉齋漫錄・卷上〉，頁28。
〔註39〕《困知記》〈卷上15〉，頁245。吳廷翰也提到：「耳目之類，雖曰氣質，而皆
　　　　天地所生；仁義之類，雖曰天命，而皆氣質所成。若曰仁義之類不生於氣質，
　　　　則耳目之類不生於天地，有是理乎？故凡言性也者，即是『氣質』。若說有『氣
　　　　質之性』。則性有不是『氣質』者乎？」，《吳廷翰集》〈吉齋漫錄・卷上〉，頁
　　　　28～29。
〔註40〕《王廷相集》〈慎言・君子篇〉：「離氣言性。氣外有本然之性，諸儒擬議之過
　　　　也。」，頁814。

學的影響才提出此點的〔註41〕。氣本論者強調「義理之性」僅是「氣質之性」中呈現出合於條理處,而並非是要離開「氣質之性」來論之。吳廷翰說道:

> 所論與先儒不同處,只是以氣即理,以性即氣,此其大者。先儒未嘗離氣而言理也。……若如予說,則氣之凝聚、造作,即是理;水清、水濁即是性。如布喚作布,其絲縷、經緯錯綜,則是理;如樹喚作樹,其根株、枝幹、花實,則是理。故言布則即布之性,言樹則即樹之性。若曰所以爲布,所以爲樹,乃爲理、爲性,則教人於布之外、樹之上尋理、尋性,哪裏去討?推其類,必有超然一物立於天地之先以爲理,爍然一物懸於形氣之上以爲性,終屬恍惚,終屬意見,近於異說矣〔註42〕。

自然氣本論者主張論性要在人物的實體本身來考察認識之,而不是先立一個超然於天地之先的理,用此來套用在實際的人物中,來解釋人性。並且,「是性也者,乃氣之生理,一本之道也。信如諸儒之論,則氣自爲氣,性自爲性,形、性二本,不相待而立矣。〔註43〕」因此,不論是耳目口腹之欲或是仁義天理,皆是由氣質所成,就連聖人之性也是不離乎氣質的〔註44〕。

他們認爲人只有氣質之性(但義理即在其中),並且「聖愚之性,皆天賦也。氣純者純,氣濁者濁,非天固殊之也,人自遇之也。〔註45〕」這樣,會不會造成每人之間「聖愚之性」的出發點是不平等的?但這樣的問題同樣也存在程朱學者的人性論中,因爲程朱學者雖然認爲人人有相同的「義理之性」爲保障(此義理之保障,氣本論者也有提供,只是一個在氣質之性之外,一個涵蓋在氣質之性之內),但氣之清濁、才與不才,仍是人人不相同的。基本上來說,氣本論者認爲眾人的差異是不大的,雖然有上智、下愚之別,但那畢竟是屬於少數人。先天的稟氣在眾人之間差異是不大的,氣本論者強調成性的關鍵,是在於後天的修養與成德的工夫。

〔註41〕《王廷相集》〈雅述・下篇〉:「朱子謂本然之性超乎形氣之外,其實自佛氏本性靈覺而來,謂非依傍異端,得乎?大抵性生於氣,離而二之,必不可得。佛氏養修眞氣,雖離形而不散,故其性亦離形而不滅,以有氣即有性耳。佛氏既不達此,儒者遂以性氣分而爲二,誤天下後世之學深矣哉!」,頁857。
〔註42〕《吳廷翰集》〈吉齋漫錄・卷上〉,頁33~34。
〔註43〕《王廷相集》〈家藏集・答薛君采論性書〉,頁518。
〔註44〕氣本論者認爲聖人所稟之氣只是較爲清明淳粹,而眾人之氣則是較爲駁雜。
〔註45〕《王廷相集》〈慎言・問成性篇〉,頁768。

第二節　性善惡論

　　羅欽順、吳廷翰均強調人性是善的（因稟受至善的元氣所致），但王廷相認爲性有善有不善（因他認爲氣有善有不善）。除了王廷相認爲惡是有其形上根源，即來自不善之氣（但對善惡的區別，仍是以聖人的禮敎爲其判準），因此，氣本論者是將惡歸因於後天的習〔註46〕。氣本論者將惡的產生認爲是後天「習性」的問題，而非認爲此人先天本質即是不善。此觀點更透露出氣本論者主張人皆有成聖成賢之可能，只要經由學習聖人的禮敎並且實踐之，人性是可成善的。

一、羅欽順：性善是理一，性有善不善是分殊

　　羅欽順論人性仍從元氣造化即天命流行的角度出發〔註47〕，他以「理一分殊」爲其哲學上的方法論，對於人性論紛紛擾擾的各種見解，都能夠用此原則來解決〔註48〕。他認爲性命之妙，無出於「理一分殊」，他說道：

　　　　竊以性命之妙，無出於理一分殊四字。……蓋人物之生，受氣之初，
　　　　其理惟一；成形之後，其分則殊。其分之殊莫非自然之理；其理之
　　　　一常在分殊之中，此所以爲性命之妙，語其一，故人皆可以爲堯舜；
　　　　語其殊，故上智與下愚不移。聖人復起，其必有取於吾言矣〔註49〕。

眾人皆是稟受元氣而生，也擁有相同的元氣中之理一。而成形之後，雖然每人的聰明才智不同，在外貌、資質上出現了差異性，也呈現出個人的獨特性。

〔註46〕鄭宗義批評氣本論者（如戴震）的「惡」缺乏一個形上依據、根源。參見鄭宗義《明清儒學轉型探析──從劉蕺山到戴東原》（香港：中文大學出版社，2000年），頁242。

〔註47〕《困知記》〈卷上20〉：「『天命之謂性』，自其受氣之初言也；『率性之謂道』，自其成形之後言也。蓋形質既成，人則率其人之性，而爲人之道；物則率其物之性，而爲物之道。均是人也，而道又不盡同，仁者見之則謂之仁，知者見之則謂之知，百姓則日用而不知，分之殊也于此可見。」，頁247。

〔註48〕如對天地之性與氣質之性，一性有兩名的問題上，羅欽順：「持此（理一分殊）以論性，自不須立天命、氣質之兩名，粲然其如視諸掌矣。」（《困知記》卷上19，頁247）及自古對人性諸多的見解，人性是性善或性惡或性無善無惡，均未能定於一見，羅欽順認爲使用「理一分殊」此方法，可解決此問題。（美）艾琳‧布洛姆（Irene Bloom）指出，羅欽順「理一分殊」的用法，使氣的人性一元論與「性即理」的思想保持一致，並且爲了說明宇宙的物質統一性，對「理一分殊」進行了重新解釋。參見〈《困知記》與明代學術論戰〉（《湖南大學學報》第18卷第6期，1991年），頁24。

〔註49〕《困知記》〈卷上14〉，頁245。

但是「其理之一常在分殊之中」，因此，每人心中的「理一」，仍是相同的，不因外在形質上的「分殊」，而影響到內在所稟受到氣中之「理一」有所差別。羅欽順認為「語其一，故人皆可以為堯舜；語其殊，故上智與下愚不移。」丁為祥對羅欽順「理一分殊」的用法，作了評論，他說：

> 僅從形式上看，這自然可以說是羅欽順對程朱的正面繼承，但由於理的內涵與理氣關係已經改變，因而其所謂「理一分殊」也根本不同於程朱。程朱的「理一分殊」無論是「一」還是「殊」，都是就超越陰陽二氣的天理而言，……而羅欽順的「一」與「殊」則只能是建立在氣機生化基礎上的共相與殊相之理，其出發點是物，所以其「分」的關鍵是「受氣」與「成形」。其次，對具體事物而言，朱子「理一分殊」關注的是天理的落實，所謂「分」只具有稟受、受命的意義，而羅欽順的出發點則是氣或器，所以他關注「人物之生」，在「受氣」、「成形」的基礎上，理自然隨之。這無疑是「理本」與「氣本」的不同表現〔註50〕。

丁為祥指出羅欽順在「理一分殊」的議題上，和朱子關注的焦點並不相同，一是關注「人物之生」，在「受氣」、「成形」時氣中之理亦隨之；一是關注到天理落實的層面。朱子強調人要去追求超越形上之理一，而羅欽順認為理一已存在具體的個人當中。丁為祥認為「羅欽順的『一』與『殊』則只能是建立在氣機生化基礎上的共相與殊相之理」。而筆者認為羅欽順的「一」與「殊」均是指涉相同的「一」，即是元氣中之理一。因為羅欽順提到：「山之本體則理一之譬也，種種面目則分殊之譬也〔註51〕」、「面目雖種種各別，其實只是此一山。〔註52〕」因此，「分殊」只能看成是側重「理一」不同的面向所致。羅欽順並不認為「分殊」的地位是低於「理一」，只將它視為是理一在不同具體的情境下有不同的展現而已，因此，「理一」即在「分殊」之中。羅欽順接著提出他對人性的見解，他說：

> 「性善」，理之一也，而其言未及乎分殊；「有性善，有性不善」，分之殊也，而其言未及乎理一〔註53〕。

〔註50〕 丁為祥〈羅欽順的理氣、心性與儒佛之辨〉《中國哲學史》（大陸）（2002 年第3 期）。此文章另刊於《哲學與文化》（台灣）（三十卷第四期，2003 年 4 月）。

〔註51〕 《困知記》〈續卷上37〉，頁 306。

〔註52〕 《困知記》〈續卷上37〉，頁 306。

〔註53〕 《困知記》〈卷上 15〉，頁 245。

孟子道性善，故所舉四端，主意只在善之一邊，其說終是不備〔註54〕。
羅欽順認為假如論性只講性善，那只講到「理一」的部分，如孟子道性善，
其說終是不備；但只講「有性善，有性不善」，而這只是「分殊」的部分，並
未見到性之理一的部分。他認為論性時要兼顧到「理一」與「分殊」，所以他
提出：性善是理一，有性善性不善是分殊。羅欽順將性善視為理一，可見他
仍主張性善論。但他也看到人性上分殊之一面，即人性在具體實際情境中種
種軟弱的表現。羅欽順並不鄙視或輕蔑此種現象，他認為分殊也是有其價值
與意義。羅欽順「性善是理一」的提出，是站在具體實存之人性中來說，而
非是就一個超越、理型之人來論述。分殊只是理一不同面向的呈顯，他說：「節
也者，理一之在分殊中也，中節即無失乎天命之本然，何善如之？〔註55〕」
因此，羅欽順的性善說與孟子強調絕對性、超越性型態之性善說，是有其差
異的。至於自然氣本論者這種型態的性善觀要如何定位，我們將於稍後進一
步討論之。

二、王廷相：元氣有善有惡，故人性有善有惡

王廷相「性有善有惡」的主張，就算在氣本論的學說陣營中，也是很少
見的，多數的氣本論者仍然主張性善說（如：羅欽順、吳廷翰、戴震……等）。
基本上，性善論仍是多數氣本論者共同的主張，而王廷相「性有善惡」之見
解，在明清氣學思潮中，只能算是一個特例〔註56〕。但王廷相為何會有如此
的看法，其實是從他對元氣的理解一脈相承而來的。他對元氣的理解與其他
氣本論者並不相同，因為他認為「天之氣有善有惡」，所以「性有善有惡」；
並且在「性有善有惡」的前提下，強調「善惡皆性」的主張。而這「善惡皆
性」的論點，又跟他主張的天道觀──「常與非常皆是道」〔註57〕的見解，
兩者是相互一致呼應的。

王廷相認為性有善惡，是因氣質之性的來源，即所秉受的天之氣是有善
有惡的。據此，他提出：

〔註54〕　《困知記》〈續卷下20〉，頁326。
〔註55〕　《困知記》〈卷上16〉，頁246。
〔註56〕　對於王廷相「性有善有惡」的論點，王俊彥認為「廷相表面雖反孟子性善說，
　　　　　實則深層架構仍不違孔孟以自主自覺為性之內涵的主軸」〈王廷相的「性者、
　　　　　氣之生理」論〉《中國文化大學中文學報》（第九期，2004年3月）頁60。
〔註57〕　《王廷相集》〈慎言・小宗篇〉：「道，常也。非常者，異象而干順，寡見而駭
　　　　　眾，故怪之；亦二氣鈞胚也，知道者亦常之。」，頁790。

天之氣有善有惡，觀四時風雨、霾霧、霜雹之會，與夫寒暑、毒厲、瘴疫之偏，可睹矣。況人之生本於父母精血之賅，與天地之氣又隔一層。世儒曰：「人稟天氣，故有善而無惡」，近於不知本始〔註58〕。

人有生氣則性存，無生氣則性滅矣，一貫之道，不可離而論者也。……且以聖人之性亦自形氣而出，其所發未嘗有人欲之私，但以聖人之形氣純粹，故其性無不善耳；眾人形氣駁雜，故其性多不善耳，此性之大體如此。萬世之下，有聖人生焉，亦不易此論矣〔註59〕。

因為人與萬物都是由太虛之氣所生成，並且是「隨氣之美惡大小而受化」〔註60〕；所以天之氣有善有惡，人之性也是有善有惡的。但是稟氣的善或不善，是由元氣「無心」造化的，因為「各隨氣之所稟而為生，此天地之化所以無心而為公也」〔註61〕、「氣純者純，氣濁者濁，非天固殊之也，人自遇之也。〔註62〕」。對於人先天「性稟不齊」的現象，王廷相做出客觀性的解說。他認為此現象是造化之氣流行無心為之的，「非天固殊之、人自遇之也」。雖然每人先天稟氣清明或駁雜會有差異，但此種差異在眾人身上的區別是很小的（王廷相先排除聖人與眾人稟氣清濁的差異間距，將論述重點擺在一般眾人身上）。因聖人稟氣純粹所以是性善，但一般人稟氣較為駁雜，所以會出現有性善或性不善的情形。但人要成聖成賢最終是要靠後天的努力才能實現，所以王廷相強調聖人立教的重要性，透過後天「習」的過程，使人變化其氣質，雖然先天性稟有善有惡，但透過人自我的努力，「性善是可學而至」〔註63〕的。

〔註58〕 《王廷相集》〈雅述・上篇〉，頁840。

〔註59〕 《王廷相集》〈雅述・上篇〉，頁851。

〔註60〕 《王廷相集》〈慎言・道體〉，頁754。

〔註61〕 《王廷相集》〈雅述・上篇〉：「人、物之生於造化，一而已矣。無大小、無靈蠢，無壽夭，各隨氣之所稟而為生，此天地之化所以無心而為公也，故曰『各正性命』。但人靈於物，其智力機巧足以盡萬物而制之，或敺逐而遠避，或拘係而役使，或戕殺而肉食，天之意豈欲如是哉？物勢之自然耳。故強凌弱，眾暴寡，智戕愚，通萬物而皆然，雖天亦無如之何矣！」，頁853。

〔註62〕 《王廷相集》〈慎言・問成性篇〉：「聖愚之性，皆天賦也。氣純者純，氣濁者濁，非天固殊之也，人自遇之也。聖人治天下，必欲民性至善而順治，故立教以導之，使其風俗同而好尚一，雖不盡善，而為惡者亦鮮矣。」，頁768。關於「人自遇之」此點，王俊彥提到：「人所各正之性命不同，是因氣化時人自遇之，完全由客觀機率決定的，非某一本體主觀有意之主宰或決定」，〈王廷相的「性者、氣之生理」論〉《中國文化大學中文學報》（第九期，2004年3月）頁51。

〔註63〕 《王廷相集》〈慎言・潛心篇〉：「學有變其氣質之功，則性善可學而至。」，

王廷相在「人性有善有不善」的看法上，進一步解釋「善惡皆性」的論點，他說：

> 「敢問何謂人性皆善？」曰：「善固性也，惡亦人心所出，非有二本。善者足以治世，惡者足以亂。聖人懼世紀弛而民循其惡也，乃取其性之足以治世者而定之，曰仁義禮智中正，而立教焉，使天下後世由是而行則爲善；畔於此，則爲惡。出乎心而發乎情，其道一而已矣。〔註64〕」

> 嘗試擬議，言性不得離氣，言善惡不得離道，故曰性與道合則爲善，性與道乖則爲惡，性出乎氣而主乎氣，道出於性而約乎性，此余自以爲的然之理也。或曰：「人既爲惡矣，反之而羞愧之心生焉，是人性本善而無惡也。」嗟乎！此聖人修道立教之功所致也〔註65〕。

王廷相不贊成人性本善之說，他強調「善固性也，惡亦人心所出，非有二本」、「善惡皆性〔註66〕」之主張。王廷相將「惡」或「不善」的部分，納入人的本性之中，其實即認爲人的欲望需求，是應該被重視的，而不是被壓抑與去除的。但他也不主張情欲可以過度的流蕩，所以人的行爲（包含内在與外在）應要合於聖人的禮教與禮法，不能違反社會上的制度與規範，所謂：「性與道合則爲善，性與道乖則爲惡」。

　　而對於一般人認爲人性本是生而爲善的說法，他並不認同。他提出人性善的種種行爲之呈現，是受到聖人修道立教的啓蒙所致，就算先天的稟氣是清明的，但假如沒有透過後天教化歷程之學習，也很難有所成就。他說道：「善人雖資性美好，若不循守聖人已行之跡，亦不能入聖人之室，言人當貴學也。〔註67〕」那如果是稟氣較爲偏頗之人，也不要覺得氣餒，因透過教化，同樣可以邁向成聖成德之路。王廷相：「氣之駁濁固有之，教與法行，亦可以善，非定論也。世有聰明和粹而爲不道者多矣〔註68〕」。因此，

　　王廷相認爲先天的氣稟，只是人性之開端而已，後天的修養學習，才是人性定型完成的階段。對此，湯淺幸孫說道：

　　　　頁779。

〔註64〕《王廷相集》〈王氏家藏集・性辯〉，頁609。

〔註65〕《王廷相集》〈王氏家藏集・答薛君采論性書〉，頁518～519。

〔註66〕《王廷相集》〈王氏家藏集・答薛君采論性書〉，頁518～519。

〔註67〕《王廷相集》〈雅述・上篇〉，頁842。

〔註68〕《王廷相集》〈王氏家藏集・性辯〉，頁609。

王廷相認爲人性的形成與人的知覺運動有關。所謂「靈而覺，性之始也；能而成，性之終也」便是人性形成過程之說明〔註69〕。

王廷相著重於人性形成的過程，所謂「習與性成」。並且，他也反對仁義禮智是先天即有之的論點，他認爲人會有仁義禮智的表現是透過學習所產生的〔註70〕。因此，不論眾人在原先氣稟上有性善有性不善（稟氣清明或駁雜）；或是在行爲上表現出善或惡的狀態（以合不合於聖人的禮教爲其標準〔註71〕）。但只要現在開始努力實踐聖人的道理，人性就有改變和轉化的可能。

王廷相對於宋儒所主張的復性之說，是持反對的立場的，他說：

> 儒者動以心爲至虛至明之物，此亦自其上智之人論之可也。心拘於氣，人有至死不能盡虛盡明者，不可一概論也。以是人也而責之復初，亦迂矣〔註72〕。

> 世儒論復性。夫聖人純粹靈明，性之原本未嘗汙壞，何復之有？下愚駁濁昏闇，本初之性原未虛靈，何所歸復？要諸取論中人之性差近之耳。統以復性爲學問之術，滯矣而不通於眾也〔註73〕。

王廷相反對「復其性」的觀點，後來被戴震所繼承〔註74〕。但王廷相是站在「性有善有惡」的角度來反對復性之說。戴震主張性善論，但他反對「復性」的說法，是因認爲此說是受到佛老的影響所產生的。儒者對「性」的態度，應是要追求所謂的「二度和諧」，而非是「復其初」。因爲時間是不間斷的邁向未來，儒者要在當下的每時每刻觀照自己的內心，使自己的進德修業是呈現出螺旋式的前進型態，而這並非是「復其初」的方式，唯有不斷地使自己

〔註69〕 湯淺幸孫〈思想家としての王廷相──張載と王廷相〉，原載於《中國思想史研究第二號》，1978 年。此文章另收錄於湯淺幸孫《中國倫理學の研究》（京都：同朋舍出版，1981 年），頁 199～220。

〔註70〕 《王廷相集》〈王氏家藏集・橫渠理氣辯〉：「且夫仁義禮智，儒者之所謂性也。自今論之，……皆人之知覺運動爲之而後成也。」，頁 602。

〔註71〕 《王廷相集》〈王氏家藏集・性辯〉：「仁義中正，聖人定之以立教持世，而人生善惡之性由之以準也。」，頁 610。

〔註72〕 《王廷相集》〈雅述〉上篇，頁 855。

〔註73〕 《王廷相集》〈雅述〉下篇，頁 889。

〔註74〕 戴震認爲儒者復其初的觀點，是受到佛老的影響所致。他說：「以理壞於形氣，無人欲之蔽則復其初，如彼以神受形而生，不以物欲累之則復其初也。皆改其所指神識者以指理，徒援彼例此，而實非得之於此。學者轉相傳述，適所以誣聖亂經。」，〈孟子字義疏證・卷中・天道〉《戴震全書》（第六冊）（黃山書社，1995 年），頁 179。

過去與未來相互交融、相互對話，自己的德行才可能在時間的脈絡下，繼續地往前推進。

王廷相的整個學術思想，遭受到後人極大的批評。不管是被抨擊為「仍未知性〔註75〕」或是「其說頗乖僻〔註76〕」；還是「謂孟子善是性而惡亦是性，自謂不謬於尼山，或亦自任之過也〔註77〕」。這種因見解立場的不同而表達出的評論，其實在王廷相著書的當時，此學說便已經悄悄地點燃了學術上的戰火了〔註78〕。他也自覺到自己的學說，不易被別人所接受或是有所適當地理解（畢竟孟子學是一個強大的學術傳統）。因此，他在其書〈雅述·序〉上說道：

> 人生靈明不齊，智思差別，以故見道懸殊，不能統一，況積世偏頗
> 之論，先已穢濁乎玄府，雖的視以道之真詮，亦將扞格不入矣。欲
> 人人相信，不亦艱哉！要俟諸後聖焉耳矣〔註79〕。

這表示每個學者的學術思想中，都已隱含著不同的前理解。因此，就算雙方都認為自己的論述主張已經解釋的很清楚、明白了，但對方仍會誤解其說。因為，彼此雙方是站在不同的學術脈絡及立場上來詮釋。王廷相認為其學說「欲人人相信，不亦艱哉！要俟諸後聖焉耳矣。」而這樣的感嘆，也是所有在古今中外學術上孤獨旅者之心聲。獨行者異於主流傳統的思維模式，勇往前行，只因他回應了另一種異於眾人的鼓聲罷了！

〔註75〕 黃宗羲《明儒學案》〈諸儒學案·卷中·四〉：「先生主張橫渠之論理氣，以為氣外無性，此定論也。但因此而遂言性有善有不善，並不信孟子之性善，則先生仍未知性也。」（台北：世界書局出版，1960 年），頁 524。

〔註76〕 張廷玉《明史》卷一九四：「廷相好議論，以經述稱。於星曆、輿圖、樂律、河圖、洛書及周邵程張之書，皆有所論駁，然其說頗乖僻。」，轉引自《王廷相集》〈附錄三〉，頁 1507。

〔註77〕 孫奇逢《中洲人物考》〈卷一·理學〉，轉引自《王廷相集》〈附錄三〉，頁 1509。

〔註78〕 如：薛蕙（王廷相的高徒）也難以理解其師人性論的精髓，並認為這樣的論點，違反宋儒的教導。王廷相則認為「伊川，吾黨之先師也，豈不能如他人依附餘論以取同道之譽？但反求吾心，實有一二不能強同者，故別加論列，以求吾道之是。」對此人性議題上的討論，雙方有許多書信的往返辯論，可參考《王廷相集》〈王氏家藏集·答薛君采論性書〉，頁 517～520，及薛蕙《西原先生遺書》中〈答王浚川書〉、〈寄浚川〉、〈與浚川先生〉等書信記載。薛蕙《西原先生遺書二卷》、《約言一卷》均收入於《四庫全書存目叢書》〈子部八四〉（台南：莊嚴文化事業有限公司出版，1995 年），頁 212～299。

〔註79〕 《王廷相集》〈雅述序〉，頁 831。

三、吳廷翰：「以生言性乃性之本旨」的性善說

　　吳廷翰認爲自己學說，所論與先儒不同處，是在「以氣即理，以性即氣〔註80〕」的看法上。吳廷翰的人性論是從理氣爲一物，往下推演爲性氣爲一物。因他與宋儒所站的基礎點位置不同，所以，他反對朱子「離氣言理」、「離氣言性」的論點，認爲這是將理氣「分明把作二物」、性氣「亦分明作二物」的作法。

　　吳廷翰強調「以性爲氣〔註81〕」，主張人性即是氣質之性，「性即是氣，論性即是論氣；氣即是性，論氣即是論性〔註82〕」。而此敘述也關連著「以生言性」的觀點，他說：「生者，人之性也。性者，人之所以生也。蓋人之有生，一氣而已。〔註83〕」即是：氣 → 生 → 性，在「稟氣成性」的脈絡下來言人性。而對於告子「生之謂性」的論述，吳廷翰說道：

> 曰：「『生之謂性』之說如何？」曰：「性者，人物之所以生，無生則無性。以生言性，性之本旨。人、物之生，受氣不同，則人有人之生，物有物之生，豈皆同乎？其理本明。但告子以杞柳、湍水言性，蓋指氣之偏且惡者言之，而此『生之謂性』，乃其誤之根本〔註84〕。

　　其實，告子指生爲性，若得眞見，則與孔子相近之旨無異〔註85〕。吳廷翰一方面肯定告子「以生言性」的說法，認爲「以生言性，性之本旨」。但告子的性僅停留在生理上的層面來論述，吳廷翰則反對他將性的內容是用「氣之偏且惡者言之」。並且「人、物之生，受氣不同〔註86〕」，所以人之性與物之性是有其差異的，不能一概而論之。而人與人之間會有差異的產生，則是「天地之中以生，而所同有多寡者」。因此，人與物的不同是氣之「質」的差異，而人與人的不同則是在氣之「量」上的區別。吳廷翰認爲要從「氣即是性」的性善論角度，來談「以生爲性」。因此，他的「以生言性」與告子「生之謂性」的內涵是不一樣的〔註87〕。

〔註80〕《吳廷翰集》〈吉齋漫錄・卷上〉，頁 33。
〔註81〕《吳廷翰集》〈吉齋漫錄・卷上〉，頁 29。
〔註82〕《吳廷翰集》〈吉齋漫錄・卷上〉，頁 29。
〔註83〕《吳廷翰集》〈吉齋漫錄・卷上〉，頁 27。
〔註84〕《吳廷翰集》〈吉齋漫錄・卷上〉，頁 29～30。
〔註85〕《吳廷翰集》〈吉齋漫錄・卷上〉，頁 29。
〔註86〕吳廷翰：「受天地之中以生者則爲人，即人之所以爲性者也；受天地之不中以生者則爲物，即物之所以爲性者也。」《吳廷翰集》〈吉齋漫錄・卷上〉，頁 41。
〔註87〕吳廷翰對告子「生之謂性」的評論，有其贊成與反對，其中之間的取捨，可

關於吳廷翰對人性善的看法，即人性之善是從元氣之善一脈相承而來的。吳廷翰主張元氣是善的（與王廷相氣有善有惡的看法不同），所以人性中是有仁義禮智之性的。所謂「仁義禮智即天之陰陽二氣〔註88〕」，人秉其天之氣，同樣也稟受了氣之理。因此人的氣質之性中即有仁義禮智實現之可能；但他又提到「（仁義禮智）則性之名所由起也，亦非性本有此名也，因情之發各有條理而分別之耳〔註89〕」。此表示了人雖有仁義禮智此先天的稟氣在人心中，但人要具體地在日常生活中實踐出來，才是眞正展現出人性中的仁義禮智。因爲，人之生雖有先天的仁義禮智種子在其中，但仍要靠後天的修養工夫才能使它成形，才能使其完全的顯露出其義。

　　筆者認爲吳廷翰的性善說是如同種子一般，是要後天的許多培養使它發芽成長；而非像珠寶，本身已達到完全具足的狀態，只要去其蔽即可〔註90〕。吳廷翰的性善觀是一種從氣本論出發的性善論，與孟學是有差異的。因「珠寶」代表著一種「先天預成式」人性論，而「種子」則強調後天的修養工夫。王汎森對此人性種子說的論述型態，說道：

> 如何在保留性善論的基礎上，又能擺脫先驗論的困擾，強調「學」與「知」等累積發展的成分，對擴充人性中善端的必要性。也就是說，性善論是否可能與先天預成的人性論分開。這個問題考驗著後來的思想家，而同時它也逼向對「本體」的反省，對「習」的功能之發現與闡釋，以及種種後天人性論的說法。人們逐漸得到一種看法：「性」是歷史形成的，是可變的，是發展的，必須在實踐鍛鍊中才可能自覺完善〔註91〕。

能有受到程明道的影響。吳廷翰認爲「論性之旨，唯明道先生爲至」，〈吉齋漫錄・卷上〉，頁 26。而程明道：「『生之謂性』，告子此言是，而謂犬之性猶牛之性，牛之性猶人之性，則非也。」見《二程集》〈河南程氏遺書卷第十一・明道先生語一〉（台北：漢京文化出版社，1983 年），頁 120。

〔註88〕《吳廷翰集》〈吉齋漫錄・卷上〉，頁 27。
〔註89〕《吳廷翰集》〈吉齋漫錄・卷上〉，頁 28。
〔註90〕朱熹認爲人性中的義理之性是如同珠寶一般，已具備全然的美善，人只要去除氣質之性所帶來的遮蔽即可。他說：「有是理而後有是氣，有是氣則必有是理。但稟氣之清者，爲聖爲賢，如寶珠在清冷水中；秉氣之濁者，爲愚爲不肖，如珠在濁水中。所謂『明明德』者，是就濁水中揩拭此珠也」，《朱子全書》〈朱子語類・第四卷・性理一〉（朱傑人、嚴佐之、劉永翔主編，上海古籍出版社，2002 年），頁 203。
〔註91〕王汎森〈清初思想中形上玄遠之學的沒落〉（《中央研究院歷史語言研究所集

自然氣本論者的人性觀即是認爲：「性」是歷史形成的，是可變的，是發展的，必須在實踐鍛鍊中才可能自覺完善。人性絕非已是呈現出一種理想的型態，靜靜地等候己心來體驗之。相反地，人性要趨於完善即是要在現實世界中不斷地磨練，才能有所進步。所以，氣本論的性善觀，雖有其先天性善的秉賦（來自元氣的賜予），但那只是性善之端倪，性善之種子罷了。人生來即具有的先天之善，只是有其限度的道德良知。此性善要在具體實踐中逐漸來體現之。人性之中的善之端倪才有可能來發展、成熟之，才能達到眞正的性善。王俊彥也指出：

> （吳廷翰）認爲性善本相近，惡乃習使遠而成者，只要存養盡性仍可爲善成德，如此則仍不違儒家「人皆可以爲堯舜」之性善論本旨〔註92〕。

吳廷翰「以生言性乃性之本始」的性善觀，強調人性其實是一種動態的發展，人性是隨時都在變化之中。人必須靠著後天的修養，人性才有其改變的可能。而性善之所以可能成眞的動力來源，不在於有一外在超越形體的幫助；而在於自己平日實踐的工夫、具體日常生活中的體驗。

四、綜論自然氣本論者的「人性向善論」

羅欽順、吳廷翰從氣本論的立場言性善，主張仁義禮智是性命之理，「人物之生，本同一氣，惻隱之心，無所不通〔註93〕」、「性之理，一而已矣。名其德，則有四焉。〔註94〕」、「性只是仁義禮智〔註95〕」、「性之爲氣，則仁義禮智之靈覺精純者是已〔註96〕」。王廷相雖然主張「性有善有不善」，但他強調性善是可學而至的，所謂「（仁義禮智）皆人之知覺運動爲之而後成也〔註97〕」，

刊》，1998年），頁562。

〔註92〕 王俊彥〈吳廷翰「以氣即理，以性即氣」的思想〉《華岡文科學報》第二十一期，1997年），頁87。

〔註93〕 《困知記》〈卷上43〉，頁253。

〔註94〕 《困知記》〈續卷上46〉，頁309。羅欽順認爲性之理只是仁而已，但仁又包含著仁義禮智，所以「名雖有四，其實一也」。王俊彥指出羅欽順此一說法是「即以仁義禮智皆乃形氣之生理自然應然之表現，是氣性在形氣層所成就之各各價值。」〈王廷相的「性者、氣之生理」論〉《中國文化大學中文學報》（第九期，2004年3月）頁63。

〔註95〕 《吳廷翰集》〈吉齋漫錄・卷上〉，頁22。

〔註96〕 《吳廷翰集》〈吉齋漫錄・卷上〉，頁23。

〔註97〕 《王廷相集》〈王氏家藏集・橫渠理氣辯〉，頁602。

透過後天的學習是可將人性導向性善的。因爲傳統上談性善的代表人物即是孟子，所以，氣本論者在談論性善時，會認爲自己的性善型態是與孟子的型態是相同的，如羅欽順對孟子性善的理解是：

> 孟子道性善，亦只是就發用處指出示人。觀乎「乃若其情，則可以爲善」等語分明可見。若夫本然之妙，畢竟不容說也。然孟子雖就發用處指示，正欲學者溯流窮源，以默識夫本然之妙〔註98〕。

孟子道性善是從人性的本源處，在道德「應然」的層面上來說的，而非從性善的發用處來論之。氣本論者的性善立場則是在「實然」的層次來說，所以他們誤解了孟子性善的原意，將自己的學說不自覺地投射在孟子身上。在談論性善此一議題時，傳統上認爲只有孟子的「人性本善論」此一型態而已。近年來，傅佩榮提出「人性向善論」，提供出性善論不僅只有「人性本善論」此一思維，也有「人性向善論」的面向。當然，他是欲以「人性向善論」來取代「人性本善論」的詮解模式。但筆者認爲此兩種型態是代表著性善論的兩種典範，此兩種詮釋性善的理路是不相同的，因此，「人性向善論」並不能取代「人性本善論」。而傅佩榮對此「人性向善論」的定義又是如何呢？他說道：

> 善是對人的行爲所作的一種評價，評價的標準不只是行爲的動機，也不只是行爲的結果，而必須同時考慮行爲之動機、結果與目的。……凡是行動之目的涉及另一人，亦即另一主體，才有善的問題出現。……因此，「善」的界說是：「人與人之間適當關係之實現」。……如此界說的「善」當然不可能與生具有，因此不宜說人性本善，只宜說人性向善。「向」又是何義？一、它代表人的生命是動態的，亦即不斷在行動中成長，其中只有傾向或趨勢。二、此傾向具體表現在人的自由選擇的能力上，亦即人有自由，可以順此傾向，也可以逆之。三、此傾向自由而發，具有指引作用，因此人雖有自由，卻非漫無方向，而其方向即是針對著「善」。簡單說來，爲善則心安，爲惡則心不安；心之安不安是自然的反應，也就是人性的「向」的明證〔註99〕。

〔註98〕《困知記》〈附錄・答陸黃門浚明（戊戌秋）〉，頁375。
〔註99〕傅佩榮〈人性向善論的理論與效應〉《中國人的價值觀國際研討會論文集》（台北：漢學研究中心出版，1992年）。此文另收錄於傅佩榮《儒家哲學新論》（台

傅佩榮站在日常人倫中來詮釋「人性向善論」，強調「善」是人與人互動時才有呈顯之可能，他認為孟子的性善是「人性向善論」，而非是「人性本善說」。但筆者認為傅先生所主張「人性向善論」的「善」，是一種相對性的「善」，此並不符合孟子「人性本善」說中的絕對性、超越性質的善。但傅佩榮提出「人性向善論」，此一相對性「善」的意涵，卻深深符合氣本論者的性善論型態。

因為氣本論者並不認為善是與生具有的，他們也否認有一個超越形上的「善」之理型的存在。「善」只有在具體實踐、人倫日用中才能產生。人靠著本身的修養工夫，來轉化改變人性。人性是一動態的是不斷在成長的，靠著學習聖人的禮教，使其不斷地向善趨近，而後「習與性成」。

因此，氣本論者的性善是「人性向善論」，而孟子則是「人性本善論」。此是兩種不同的性善觀。因此在談論性善時，不應只有孟子型態，也應注意到氣本論者「人性向善論」〔註100〕此一型態的論述。孟子是在人性的超越層次來論性善，而氣本論者是在實有、經驗層次來論性善。如此看來，似乎孟子是站在「較高的」層次上，而氣本論者的觀察角度是在「較低的」層次上。但是其實不然，因為層次高低、優劣是無法比較的（因為兩者是屬於不同系統下的論述，各自強調的重點也不同）。對此，成中英說道：

> 關於層次的問題，我一再肯定最高的層次不是最重要的事情，而認
> 為最高層次跟最低層次的配合才是最重要的事。而且問：是在哪種
> 情況之下，去肯定哪種層次？這才是最重要的。假如我們忘記時間

北：業強出版社，1993 年），作者認為此書的核心觀念，即是「人性向善」論，並以孔孟為其代表。筆者認為此「人性向善」論的人物代表，應是戴震此一類型的氣本論者，而非是孔孟。並可參考傅佩榮、林安梧〈「人性向善論」與「人性善向論」──關於先秦儒家人性論的辯論〉一文，此文刊載於《哲學雜誌》（第五期，1993 年 6 月）。

〔註100〕氣本論者「人性向善」的性善觀，其實已經在荀子學說的蘊謂層中潛在著，關於荀子蘊謂層的性善觀的論述，可參考劉又銘先生〈從「蘊謂」論荀子哲學潛在的性善觀〉《「孔學與二十一世紀」國際學術研討會論文集》（政治大學文學院編印，2001 年）。成中英也說：「荀子論性惡，所舉性惡之由不外耳目、口腹、情欲之貪，均自「生之謂性」立場著眼來看行為後果。但此「性」顯然與孟子所稱「心之四端」不衝突。蓋人固可以同時有善之情感以及惡之慾望，此亦見性之為性之複雜面。不過荀子允許人能思想、知道和運用理性，制定禮法以克制慾望的破壞，是在某一種意義下以性具有理之內涵，故性中也本然有善的成分。孟、荀之別也可以看成對性的內涵廣狹認識的差別。」成中英著《創造和諧》（上海藝文出版社，2002 年），頁 65～66。

> 跟空間，忘記我們在生活中的地位，忘記我們在全體生活中的各部
> 分的地位，忘記我們在周遭還有別的人別的事，忘記我們還有歷史
> 與傳統，忘記我們還有未來與未開闢的世界，忘記我們還有潛力……
> 忘掉這些事情，而只談一種最崇高的境界，最後必會得到一種抽象
> 與空洞。眞正的生命是必須關心到全體的，是要從物質文明當中，
> 開闢出精神文明，經常顯示出精神境界，再從精神境界開出更大的
> 活力，使物質文明也有安排，這點是最重要的〔註101〕。

氣本論者的論述重心並不是在於建構一個崇高但空洞的精神境界，相反地，他
們從經驗物質的現象界出發，關心個人、群體在現實的人世間之種種活動及生
活樣態。但氣本論者並非只侷限於此物質世界，他們對精神世界也同樣抱持著
關注，強調成聖成德的追求。氣本論者的「人性向善論」，即是期勉每個人只要
努力習善，就有成善的可能。雖然眾人的先天氣稟有其差異，但是此差異的影
響力是不大的。氣本論者強調人只要不斷地習善，不斷地去實踐善，人性就在
這螺旋式前進的過程中，也就能不斷地逼近「善」，最後「習與性成」而成善了。

第三節　自然氣本論下的「心」、「性」與「情」

氣本論者除了在人性善惡的問題上有所不同外；在關於心、性問題的理
解上，也是一樣有些差異。羅欽順、吳廷翰較看重「性」，而王廷相較看重「心」，
但不管是認爲「性」重要還是「心」重要，其論述的立場前提均是站在心性
爲一物而心性不相離的想法上來立論的。

氣本論者對心與性關係的論述，和理與氣關係論述的模式是一脈相承
的。理與氣的關係是理氣爲一物，但理不等同氣、氣也不等同於理。這種「一
分爲二、合二爲一」的論述型態，同樣地適用於心與性的關係〔註102〕。並且，
對心性的解釋仍從氣論的立場出發，如：「然人心之神，即陰陽不測之神，初
無二致。〔註103〕」、「人生而有心，是氣之靈覺，其靈覺而有條理處是性。仁

〔註101〕成中英《中國哲學的現代化與世界化》（台北：聯經出版事業有限公司，1985
　　　　年），頁156。
〔註102〕鍾彩鈞：「心與性是氣與理的關係。整菴曾說當就氣認理，而不可認氣爲理，
　　　　則此處將心性渾合，卻謂不可混而爲一，亦無問題。」〈羅整菴的心性論與工
　　　　夫論〉（《鵝湖學誌》第十七期，1996年12月），頁48。
〔註103〕《困知記》〈續卷上12〉，頁295。

義，皆氣之善名，故謂仁氣、義氣。〔註104〕」氣本論者一方面要區隔出心性之別，不能認心爲性、以心爲性（他們認爲禪學、陽明心學即是犯了此錯誤），但另一方面又強調不能「離心論性〔註105〕」或「離性論心〔註106〕」。心與性之間複雜的關係，似乎不能一下子就能說的很清楚很明朗的。就連窮其一生之力研究心性之學的羅欽順〔註107〕，也感慨說：

> 蓋心性至爲難明，是以多誤，謂之兩物又非兩物，謂之一物又非一物，除卻心即無性，除卻性即無心。〔註108〕。

羅欽順、吳廷翰、王廷相均在心性爲一物的前提下，來討論心與性。但這三人對心與性的偏重，是有所不同。羅欽順、吳廷翰強調「性」，而王廷相的論述重點，則擺在「心」〔註109〕。羅欽順對心性之辨的再三致意，跟他在「性即理」及「心即理」之間的抉擇有很大的關係〔註110〕。但吳廷翰、王廷相對心性的論述，則是拋開宋儒的影響，直接從其思想中以元氣爲本體的理路架構下，一路推演而得出的。

一、心性之辨：羅欽順、吳廷翰的觀點

筆者在此先論述羅欽順、吳廷翰的主張，即強調「性」是優先於「心」的此一見解。羅欽順談論心性的言論，是在一心中剖出「道心」、「人心」，而

〔註104〕《吳廷翰集》〈吉齋漫錄・卷上〉，頁25。

〔註105〕羅欽順：「既不知性之爲性，舍靈覺即無以爲道矣。」《困知記》〈卷下41〉，頁274。

〔註106〕吳廷翰：「蓋聖賢之言心，合於性而言也」〈吉齋漫錄・卷上〉，頁36。

〔註107〕羅欽順：「拙《記》累千萬言，緊要是發明心性二字，蓋勤一生窮究之力，而成於晚年者也。」《困知記》〈附錄・答蕭一誠秀才書〉，頁401。

〔註108〕《困知記》〈卷下52〉，頁278。王廷相也說道：「甚矣，性理之難言也！惟大聖上智，會人理，達天道，乃可宗而信之：餘者知思弗神，銓擇未精，影響前人，傅會成論，自漢以來，此等儒者甚多。故余惟協於仲尼之論者，乃取以爲道，否則必以論正之，雖不舉其誰何，而義則切至矣。」《王廷相集》〈王氏家藏集・答薛君采論性書〉，頁517。

〔註109〕關於此區別，李存山：「大體說來，羅欽順和吳廷翰持性先心後之說，王廷相則持心先性後之論。」〈羅、王、吳心性思想合說〉（《哲學研究》（大陸），1993年第3期），頁45。

〔註110〕羅欽順：「程子言『性即理也』，象山言『心即理也』。至當歸一，精義無二，此是則彼非，彼是則此非，安可不明辨哉！昔吾夫子贊《易》，言性屢矣，曰『乾道變化，各正性命』，曰『成之者性』，曰『聖人作《易》，以順性命之理』，曰『窮理盡性以至於命』，但詳味此數言，『性即理』明矣。」《困知記》〈卷下43〉，頁275。

以「道心」爲性，「人心」爲心，來討論的[註111]：

> 夫心者人之神明，性者人之生裡。理之所在謂之心，心之所有謂之
> 性，不可混而爲一也[註112]。

> 蓋仁義禮智皆定理，而靈覺乃其妙用。凡君子之體仁、合禮、和義、
> 幹事，靈覺之妙無往而不行乎其間，理經而覺緯也。以此觀之，可
> 以見心性之辨矣[註113]。

> 道心，「寂然不動」者也。至精之體不可見，故微。人心，「感而遂
> 通」者也，至變之用不可測，故危。……道心性也，人心情也。心
> 一也，而兩言之者，動靜之分，體用之別也[註114]。

羅欽順認爲心是人之神明，有其靈覺妙用的功能，而性則是生之理（即是氣
中之條理），也就是仁義禮智。道心是性、是體、是靜，而人心是心是用、
是動。而此「性」也就是「未發之中[註115]」，也就是心（整體的心）之節，
他說：「節也者，理一之在分殊中也，中節即無失乎天命之本然，何善如之？
[註116]」。大體來說，羅欽順的心性區別，如下：

心（整全的心）　　　性：道心，體，動亦定、靜亦定
　　　　　　　　　　心：人心，用，動靜無常

值得注意的是，羅欽順「性體心用」之說，心的作用並非是由「性」驅動之。
因爲，性對心並無強制的、直接的主宰力，以性爲「體」，只是在強調心的作
用必須要符合於「性」的規範，劉又銘先生說道：

> 羅欽順以本質上只是個「氣之理」和虛說的「節」的寂然不動的道

[註111] 劉又銘說：「羅欽順所謂的『心』固然也可以指包括他所謂的『道心』、『人心』
　　　　在內的整全的心。不過他的心、性之辨卻主要是單單以他所謂的『人心』爲
　　　　心，來跟他所謂的『道心（指性）』相對照的。」參見劉又銘著《理在氣中：
　　　　羅欽順、王廷相、顧炎武、戴震氣本論研究》，（台北：五南圖書公司出版，
　　　　2000 年），頁 39。

[註112] 《困知記》〈卷上 1〉，頁 239。

[註113] 《困知記》〈附錄・復張甫川少宰（戊戌春）〉，頁 373。

[註114] 《困知記》〈卷上 4〉，頁 240。

[註115] 羅欽順：「夫未發之中，即『帝降之衷』，即『所受天地之中以生』者，夫安
　　　　有不善哉！惟是喜怒哀樂之發，未必皆中乎節，此善惡之所以分也。」《困知
　　　　記》〈卷上 16〉，頁 246。

[註116] 《困知記》〈卷上 16〉，頁 246。

心爲體，以人心的中節不中節的變化莫測的表現爲用；也正是在這個脈絡下，他理所當然地強調「有體必有用，而用不可以爲體」。這些關於道心、人心的體與用、動與靜的區別可說是他心、性之辨的基本理念了〔註117〕。

羅欽順的性之意涵，相當於理在元氣中的地位。理是氣之條理，理並不能主宰氣，它只是「不宰之宰」；同樣地，性只是心之節，它也不能直接驅動心的發用。因此，羅欽順以性爲體以心爲用，此體用的說法也僅是「虛說」〔註118〕。因爲只有當心的發用合於中節時，此性才會呈顯。羅欽順：「『人心有覺，道體無爲』。熟味此兩言，亦可以見心性之別矣。〔註119〕」，而他的心性之別，是在「人物之生，莫不有此理，亦莫不有此覺〔註120〕」，此心性並不相離的角度來言之的。黃宗羲誤認羅欽順的「性體心用」是一「實說」，所以批評爲「明明先立一性，以爲此心之主，與理能生氣之說無異。〔註121〕」，鄧克銘對此指出：

> 羅欽順並不以心性必爲二物，其以體用區別性與心之意義，在於確立道德實踐之共通不易的基礎。……羅欽順之性爲體心爲用之說，已預先肯定性心爲一物，似無黃宗羲所說「性先心後」之不一的問題。〔註122〕。

岡田武彥也說道：

> 整菴的心性之別，是在心性爲一體的前提下來說的〔註123〕。

因此，黃宗羲對羅欽順學說「理氣之論與心性之說不能相通的」的評論，其實並非是一定論。但丁爲祥在分析羅欽順的心性之別時，似乎是延續著黃宗羲的誤解，他說：

> 羅欽順的心性之別主要有如下幾點：第一，心性存在著主客觀之別，

〔註117〕劉又銘《理在氣中：羅欽順、王廷相、顧炎武、戴震氣本論研究》（台北：五南圖書出版公司，2000年），頁40。

〔註118〕劉又銘的觀點，可參閱其著《理在氣中》（第一章 羅欽順的氣本論），頁31～41。

〔註119〕《困知記》〈卷上78〉，頁261。

〔註120〕《困知記》〈卷下38〉，頁271。

〔註121〕黃宗羲《明儒學案》〈諸儒學案・中一・文莊羅整菴先生欽順〉（台北：世界書局出版，1961年），頁486。

〔註122〕鄧克銘〈明儒羅欽順心性論之形成與意義〉，《國立編譯館館刊》（第二十九卷第一期，2000年6月），頁196～197。

〔註123〕岡田武彥〈羅整菴と陸王學〉，收入岡田武彥著《中國思想における理想と現實》（東京：木耳社出版，1983年），頁434。

心從主觀而言，所以說是人之神明、理之所在，而性則從客觀而言，因而是心之所有、人之生理，──人受氣成形於天的因素。第二，心性又存在著體用之別，性屬於人生而靜者，是人生中的本體，而心則屬於人主觀的神明發用。第三，從形成的角度看，二者又存在著先後之別，「蓋人之生也，自其稟氣之初，陽施陰受，而此理即具。主宰一定，生意日滋，纏綿周匝，遂成形質。」（《困知記・附錄》〈再答林正郎貞孚〉）所謂「稟氣之初」、「此理即具」，正是就性而言，而「生意」、「形質」，顯然是就神明發用之心而言的〔註124〕。

筆者並不否認羅欽順看重「性」甚於看重「心」，但羅欽順「性體心用」此體用只是一虛說，並不能直接由體來發動其用，無法由性來驅使心的作為。並且心性在形成時，並沒有性先於心，因爲性先於心，猶如理先於氣，這是一種理氣二分、心性二分的看法，這並不合於羅欽順心性論的脈絡及理路。羅欽順說：「人心道心，只是一個心。道心以體言，人心以用言，體用原不相離，如何分得？性命，理也，非氣無緣各正。太和，氣也，非理安能保合？亦自不容分也〔註125〕」。人心稟氣以成質，此心即有性（氣中之「理」）。羅欽順是在心性一體的立場下談心性之別，與他在理氣爲一物的前提下，區分理與氣的情況是一樣的。由此也可看出羅欽順天道與人性思想中的一貫性。

吳廷翰也和羅欽順一樣，強調「性」的地位優先於「心」，（同樣是在心性二者不相離的立場下），而對於心性之辨，他說：

> 心性之辨何如？曰：性者，生乎心而根於心者也。人之初生，得氣以爲生之之本，純粹精一，其名曰性，性爲之本，而外焉者形，內焉者心，皆從此生。是形與心皆以性生。但心之得氣爲先，其虛靈知覺，又性之所以神明，而獨爲大體，非眾形所得而比也，然與性並言，則不能無先後大小耳。但心之初生，由性而有；及其既成，性乃在焉。則心性遂若無所別矣，故曰「仁義之心」，以性之在心言耳。……天下無性外之物，心之在人，亦是一物，而不在性之外，性豈心之所能統乎？故嘗辟之：心則朝廷，性則人君。朝廷，政教號令之所自出，而君實主之。若以政教號令之所出，而謂朝廷統乎人君，可乎？要之，

〔註124〕 丁爲祥〈理氣、心性與儒佛之辨──羅欽順思想特質試析〉，《哲學與文化》（第三十卷第四期，2003 年 4 月），頁 150。
〔註125〕《困知記》〈答林次崖第二書（甲辰夏）〉，頁 396。

朝廷者，人君之所建立，而因以居之者也。非人君不知朝廷之爲尊，

非性不知心之爲大。此可以知心性之辨〔註126〕。

吳廷翰認爲「形與心皆以性生」、「心之初生，由性而有；及其既成，性乃在焉。」、「知覺運動，心之靈明，其實性所出也〔註127〕」。但其實形與心皆是從元氣所生，「心由性生」只能看成是一權說，因爲心性的差異是在於有無條理處、有無中節處，因「人生而有心，是氣之靈覺，但靈覺而有條理處是性〔註128〕」，性代表著心的發用是合於道、合於中節的。而吳廷翰對「性」的重視，主要是緣於他認爲心不是中處、不是仁處〔註129〕。所以他對於心的作用，便會很小心的加以檢視，體察之是否中節是否合於「性」。他以這樣的看法爲主張，反對禪學、陽明心學「以心爲性」的作法。岡田武彥說到：

總而言之，認爲心無性則不能發揮其本然的東西，是蘇原心性之辯的根本點。所以他認爲，聖人的心學是不以『心即性』，而以『性即道』，從而以性學爲宗的。如果以爲『心即性』，則其心學反而墮於第二義而不能看到更深一層。而且，如果據此而任於一切心之妙道靈機，那就離卻性之大本（即人倫），而失是非之別，違背所謂大本達道而難以位育裁成，其結果，必然與聖人的性學背道而馳〔註130〕。

吳廷翰認爲「心生於性，下稍已涉形氣，便有不好的在〔註131〕」，所以不能任其所發，便以爲是良心、便以爲道，所以要察識辨別之，而「性」就是其察識的標準，所謂「此正上帝所降之衷，民所受於天地之中，自有本然一定之則，而不偏不倚，無過不及〔註132〕」。因此，心的發用要合於性的規範。吳廷翰所主張的「心」與王陽明所認爲的「心」，兩者間是有其不同的，對此，荒木見悟說：

蘇原對陽明學說採取猛烈的攻擊，是因爲兩方對心性的見解太過懸殊的緣故。蘇原的哲學是『心的性化』，此是主張心與性是具有某種從屬的關係，這意味著性比心更具有其安定性與優越性〔註133〕。

〔註126〕《吳廷翰集》〈吉齋漫錄・卷上〉，頁 23。

〔註127〕《吳廷翰集》〈吉齋漫錄・卷上〉，頁 27。

〔註128〕《吳廷翰集》〈吉齋漫錄・卷上〉，頁 25。

〔註129〕吳廷翰：「心之非性，而不可便以爲中、爲仁也。」〈吉齋漫錄・卷上〉，頁 38。

〔註130〕岡田武彥《王陽明與明末儒學》（上海古籍出版社，2000 年），頁 329。

〔註131〕《吳廷翰集》〈吉齋漫錄・卷上〉，頁 35。

〔註132〕《吳廷翰集》〈吉齋漫錄・卷上〉，頁 31。

〔註133〕本段是筆者譯自荒木見悟〈吳蘇原の思想——容肇祖論文の批判によせて〉

而吳廷翰對人心、道心的見解，又是如何？他主張：

> 道之大倫，故曰道心。曰人與道，心本則一。人心道心，性亦無二。
> 人心人欲，人欲之本，即是天理，則人心亦道心也；道心天理，天
> 理之中，即是人欲，即道心亦人心也〔註134〕。

> 人心道心各有自然之中，人心失中爲易，故曰危；道心識中爲難，
> 故曰微；精一，所以擇中而守之也。明道謂「人心人欲，道心天理」。
> 不但人欲天理亦有過不及處，是未必中；苟爲不察，而以人欲爲無
> 中，天理爲已得其中，非執中之旨矣〔註135〕。

吳廷翰除了強調性優先於心之外，由心底下所區隔出的人心與道心，一樣都需
要合乎中節。他說：「人心道心各有自然之中」，並且不可認爲「人欲爲無中，
天理爲已得其中」。吳廷翰不認爲「道心」爲已經合於「自然之中」，這樣的論
述是很特別的。因他覺得人心道心，心本則一；人心道心，性亦無二。他把道
心人心之間的區別模糊化，主要是要把「人欲」（人心之所發）納入到人性之中，
在「以生爲性」的立場下，不把人欲看爲是性外之物。他說：「人欲，只是人之
所欲，亦是天理之所有者，但因其流蕩，而遂指其爲私欲耳。其實，本體即天
理也。聖人之學，因人之欲而節之，則亦莫非天理，而非去人欲以爲天理，亦
非求天理於人欲也。〔註136〕」，吳廷翰認爲人欲「其實，本體即天理也」，但他
也強調人欲要有所節制、不可過份流蕩，也並非「求天理於人欲也」。

二、心性情一貫：王廷相的觀點

王廷相對人性的主張與羅欽順、吳廷翰不同，王廷相認爲性有善有不善，
所以仁義禮智爲性之名，是透過「人之知覺運動爲之而後成也〔註137〕」。他說：
「若曰『性即是理』，則無感、無動、無應，一死局耳。〔註138〕」因此，仁義

收入《中國思想史の諸相》（福岡市：中國書店，1989 年），頁 220。荒木見
悟在此段話的注釋中，也引用岡田武彦所說的「他（蘇原）是宗性而排斥宗
心」（《王陽明と明末の儒學》，頁 369）。筆者認爲荒木見悟指吳廷翰「心的
性化」主要是因吳廷翰強調不能離性言心，且心的發用要合於性的規範。
〔註134〕《吳廷翰集》〈吉齋漫錄〉卷上，頁 32。
〔註135〕《吳廷翰集》〈吉齋漫錄〉卷上，頁 32。
〔註136〕《吳廷翰集》〈吉齋漫錄〉卷上，頁 37。
〔註137〕《王廷相集》〈王氏家藏集・橫渠理氣辯〉，頁 602。
〔註138〕《王廷相集》〈雅述・上篇〉，頁 847。

禮智（性）是透過心的學習所致。但心也有「拘於氣〔註139〕」的時候，畢竟，心是有其靈明有其閉塞的。從上可知，王廷相對「心」的觀點，其實是承繼對「氣」、「性」的看法，一脈相成而來的。也是他所提到「氣性心一貫」的思想，所謂「精神魂魄，氣也，人之生也；仁義禮智，性也，生之理也；知覺運動，靈也，性之才也。三物者，一貫之道也〔註140〕」。而這裡所指的「知覺運動，靈也，性之才」即是指「心」而言之。因此「氣」有善有惡、「性」有善有惡、「心」有靈明有閉塞，即是表明出王廷相「氣性心一貫」的思想。王廷相並且以「氣性心一貫」的基礎上，來論述「心性情一貫」的主張，他說：

> 心有以本體言者，「心之官則思」與夫「心統性情」是也；有以運用
> 言者，「出入無時，莫知其鄉」與夫「收其放心」是也。乃不可一概
> 論者，執其一義則固矣。大率心與性情，其景象定位亦自別，說心
> 便沾形體景象，說性便沾人生虛靈景象，說情便沾應物於外景象，
> 位雖不同，其實一貫之道也。學者當察其義之所主，得矣〔註141〕。

王廷相所說的「大率心與性情，其景象定位亦自別，說心便沾形體景象，說性便沾人生虛靈景象，說情便沾應物於外景象，位雖不同，其實一貫之道也。」這是說人是藉由心來思考，對於事物的見聞認識，也是由「心」來發動。因此，心是「沾形體景象」，而情是「沾應物於外景象」，情則是由心所發，因心的感物應物的結果即是情。而性「沾人生虛靈景象」、「故性有靈焉」，並且，「識靈於內，性之質，情交於物，性之象〔註142〕」，這裡王廷相將心與性也作了某種連結。因為「識靈於內」與「情交於物」都離不開「心」的發用，因此，王廷相說「心性情位雖不同，其實一貫之道也」。學者針對王廷相「心性情一貫」的論點，說道：

> 浚川是主張性氣一體的說法，並在此基礎上，強調心性、性情也是
> 一體的〔註143〕。

〔註139〕王廷相：「儒者動以心為至虛至明之物，此亦自其上智之人論之可也。心拘於氣，人有至死不能盡虛盡明者，不可一概論也。以是人也而責之復初，亦迂矣。」〈雅述·上篇〉，頁855。
〔註140〕《王廷相集》〈王氏家藏集·橫渠理氣辯〉，頁602。
〔註141〕《王廷相集》〈雅述·上篇〉，頁834。
〔註142〕《王廷相集》〈慎言·問成性篇〉，頁766。
〔註143〕岡田武彥〈反宋明學の精神──唯氣的思想〉《宋明哲學序說》（東京：文言社，1977年），頁335。

總之，心、性、情三者一貫，只不過心側重於做爲知覺思維出入收放的功能運用的器官形體之義，性側重於「虛靈」與「靈而覺」的「靈、能而生之理」以及作爲心的本然狀態之義，而情則側重於對外物的感應互動之義罷了〔註144〕。

王廷相對「心」、「性」的看法，主張「人心道心皆是性之本然」，這樣的見解是異於羅欽順所說的「從一心中剖出二物（人心、道心）」。但同樣地，其心性二者也並非是直線式的體用關係如：以心爲體而性爲用或以性爲體而心爲用的體關係。筆者認爲「依本色派氣本論而言，心是指具有辨認天理的能力狀態，而性只是心的活動（即情）當中自有的潛在的節度、分寸。〔註145〕」。這是說當心的流動發用呈現出符合中節的狀態時，而此中節的狀態之呈顯即是「性」。「心」在人身中具有強烈的活動義，但是心體在自然的發用時，會有流蕩不中節的狀態，因此，當心發用合於中節時，即是「性」。

王廷相強調「心爲體道應事之主〔註146〕」，認爲心的重要性高於性，他說：

(或問)「性之體，何如？」王子曰：「靈而覺，性之始也；能而成，性之終也，皆人心主之。形諸所見，根諸所不可見者，合內外而一之道也。〔註147〕」

雖然，王廷相認爲性之始、性之終，皆人心主之。但他也指出「未有不能養心而能合道者〔註148〕」，合道即是要合於中節，合於性的狀態。而「人心道心皆是性之本然」，因爲「二者，人性所必具者。〔註149〕」但「謂之人心者，自其情、欲之發言之也；謂之道心者，自其道德之發言之也。」因此，心的作爲要合於性（廣義），更可具體的說應是要合於道心（狹義）的規範。

三、對舊道德的鬆動：自然氣本論者對情與欲的安頓

自然氣本論者認爲情、欲在人性中是應要節制，而非去之。氣本論者也認爲慾望本身並非是「惡」的，只有當情、欲流蕩毫無節制時，才是「惡」

〔註144〕劉又銘先生《理在氣中：羅欽順、王廷相、顧炎武、戴震氣本論研究》（台北：五南圖書出版，2000年），頁76。
〔註145〕劉又銘師在課堂上所發表的論述。
〔註146〕《王廷相集》〈雅述・上篇〉，頁852。
〔註147〕《王廷相集》〈王氏家藏集・性辯〉，頁608～609。
〔註148〕《王廷相集》〈慎言・見聞篇〉，頁773。
〔註149〕《王廷相集》〈雅述・上篇〉，頁851。

的。所謂「欲未可謂之惡，其爲善爲惡，系于有節與無節爾〔註150〕」、「不可以欲爲非性，但流則有以害性耳。〔註151〕」，他們指出：

> 夫人之有欲，固出于天，蓋有必然而不容已，且有當然而不可易者。于其所不容已者而皆合乎當然之則，夫安往而非善乎？惟其恣情縱欲而不知反，斯爲惡爾。先儒多以『去人欲』、『過人欲』爲言，蓋所以防其流者不得不嚴，但語意似乎偏重。夫欲與喜怒哀樂皆性之所有者，喜怒哀樂又可去乎〔註152〕？

> 人心道心，性亦無二。人心，人欲；人欲之本，即是天理，則人心亦道心也。道心，天理；天理之中，即是人欲，則道心亦人心也〔註153〕。

自然氣本論者企圖將情與欲納入到人性之中，要在人性中來安頓情與欲的位置。而非僅用「滅」、「去」的方法來消除人性中的慾望。因爲他們認爲「義利亦只是天理，人欲不在天理外也。『飲食男女，人之大欲存焉』。日用飲食，男女居室，苟得其道，莫非天理之自然。若尋天理于人欲之外，則是異端之說，離人倫出世界而後可。然豈有此理乎！〔註154〕」。

氣本論者用一種包容性的態度來面對情與欲的問題（但「包容」並不等於「放縱」），與程朱學者對人性要求是一種高道德、高標準的價值觀是有異的。美國心理學家 Murray Stein 針對人們對情、欲安置的不同態度，提出「日性良知」與「月性良知」此兩種不同的道德典範〔註155〕。他對日性良知與月性良知的區隔如下：

> **日性良知：**（代表著「理想性」）
> 良知的日性方面的功能是迫使自我合於集體規範、理想和價值。（頁16）……日性良知的基本原則是群體優先於個人；群體的要求比個人滿足自身原欲的權利重要。（頁30）……日性良知中肯定有變化，它以認識進步和發揮出賦予價值原則和理想以精神意義的潛能爲特

〔註150〕《困知記》〈卷上17〉，頁246。
〔註151〕《吳廷翰集》〈吉齋漫錄・卷上〉，頁31。
〔註152〕《困知記》〈卷下14〉，頁266。
〔註153〕《吳廷翰集》〈吉齋漫錄・卷上〉，頁32。
〔註154〕《吳廷翰集》〈吉齋漫錄〉卷下，頁66。
〔註155〕（美）默里・斯坦因（Murray Stein）《日性良知與月性良知——論道德、合法性和正義感的心理基礎》（北京：東方出版社，1998年）。文章中的「日性良知」、「月性良知」即是出於此書，以下便不再贅述。

徵。意義和原則被從具體的風俗習慣中抽取出來，法規觀念有了進步。但是，日性良知與自我的關係仍舊生硬、壓抑，而且還具有吞滅性。任何以頑固僵化和排他性為特色的態度都洩漏了日性良知的存在。（頁 118～119）……任何一個堅持其獨一無二的權威——無論是對個體的自我或對群體的權威——的原型模式，都向外宣揚了日性良知的聲音。日性良知不僅僅是集體道德價值的代言人，它也是大眾思想意志和集體精神的創造者和執行者。（頁 119）……日性良知挖掘和優化了每一原型配置中的道德要素。（頁 136）

月性良知：（代表著包容性）

月性良知的基本意圖：保護依附於人、地和物質對象的特權。……（月性良知）它捍衛我們親密和無所不在的依附感，捍衛我們對人和物早期的生理和心理關係紐帶，也捍衛我們與我們自己的身體和心理需要的紐帶。……在月性良知中銘刻著一種接受倫理和自我接受倫理。（頁 73）……月性良知的基本運作原則：愛的原則。（頁 109）……月性良知對盛行模式的絕對價值提出了懷疑。它力求使頑固僵化的東西相對化，力求瓦解排他性。（頁 119）……月性良知的價值是盡可能多地包容。（頁 136）

傳統上程朱學者對人性的態度，較傾向於「日性良知」的道德價值觀。即是重視群體、社會性的道德規範，並且人性在實際生活中的每一個展現，都要盡量符合其「道德性」。程朱學者對道德完美性、理想性的強調，是類似「日性良知」此一道德價值型態的。而氣本論者則是傾向於「月性良知」的此一類型。氣本論者對情欲的限制，比起程朱學者的作法是較為寬鬆的，因為他們是站在以人的需求之立場來思考其慾望的定位，與程朱學者站在理想的道德型態為出發點，並用此來看待人性是不同的。氣本論者用包容性的態度來看待情與欲的問題，著重於個人的身心需求，並且在僵化的道德價值中，提出創新性。但「日性良知」、「月性良知」此兩種不同的道德型態，都是有其優缺點的，作者提到：

「過度追求盡善盡美的意圖」是日性良知的一個特色，保持完整和達到完滿的意圖則顯示了月性良知的核心價值。兩者中無論何者單獨本身都是有欠缺的，因為如榮格所講，「過度追求盡善盡美之結果，總是走入死胡同；而完滿本身則缺乏有選擇性的價值理想」。（頁 134）

作者認為要在「日性良知」與「月性良知」當中，取得某種平衡點。因日性良知其優點是趨近於道德上的完美性，而其缺點是過度權威性；而月性良知的優點是道德上的包容性，引發人對事物、道德有創新的可能，但其缺點是易造成情、欲的流蕩。

由於文化背景不同的差異，程朱學者的理論並不一定完全等同 Murray Stein 所謂的「日性良知」的學說。同樣地，氣本論者的理論也不一定完全吻合於 Murray Stein 所謂「月性良知」的定義。但西方學者提出「日性良知」與「月性良知」的不同，卻可以使我們自己在其文化學術脈絡下，能更清楚區隔出不同的道德價值觀。氣本論者對「情欲」較具包容性的論點，並不必然代表著氣本論者所主張的道德價值觀是低於程朱學者所論述的。兩種不同的道德價值觀，是代表著不同的道德型態，也提供了後來的學者對人性可以有不同的價值選擇。而人們對情欲的態度，難道只能「去除」或「丟棄」嗎？Murray Stein 說：「低劣的東西不必摒棄，它之中不只有邪惡，也有生命的力量。（頁 143）」

自然氣本論者對「情欲」採取寬容性、包容性的方式，有可能也是因為體會到人欲的存在並不是阻礙道德的前進。他們看出人欲當中也是有其可取的部分，人欲是要節之，而非去之。吳廷翰：「人欲之本，即是天理〔註156〕」，氣本論者即是認為：人欲本身的存在是有其正當性與合法性的〔註157〕。

第四節　結　語

自然氣本論者的人性主張，不論是反對宋儒「一性而兩名」的論述，或是對「情欲」採取寬容的態度，均影響到後來的學者。「從形上價值到經驗價值」的轉換，不是在明清之際才產生的，在明代中期時就已經出現了。鄭宗義提到明清之際道德形上學的轉型，其論述的內涵，與明代中期羅欽順、王廷相、吳廷翰所強調的論點相同。他說：

〔註156〕《吳廷翰集》〈吉齋漫錄・卷上〉，頁31。
〔註157〕關於此點朱子也說道：「雖是人欲，人欲中自有天理」，並未完全否定人欲的正當性。但筆者認為羅、王、吳是站在後朱子學的時代來批判朱子學，也許朱子原先對欲望的看法並非是去除或抑制它，但後來的朱子學者卻逐漸發展出對欲望嚴厲禁止的態度。而羅、王、吳對欲望採取較鬆動的立場，也是為了對此立場做出了回應。

　　明清之際宋明儒道德形上學的轉型，若綜括而言，可謂表現爲一形
上心靈的萎縮；對一切形上本體論說的厭惡。析而論之，則見於反
對義理之性與氣質之性的區分；主張性善則氣情才亦善；將惡歸罪
於經驗意義的「習」；反對天理與人欲的二分，認爲應從人欲的恰好
處求天理。這種強烈厭惡心性與天理底超越義、形上義、本體義，
轉而注重形下的氣質才情與人欲的想法，在明末清初確乎是漸漸形
成一迴異於宋明儒道德形上學的新典範。此新典範我們可稱之爲一
達情遂欲的哲學思想。〔註158〕

明代中期羅欽順、王廷相、吳廷翰的思想，即是此一道德新典範形成的開端，
到了清代戴震「達情遂欲」的主張，即是氣本論者論性的典型主張。因此，
我們將羅、王、吳三人的思想，放置於明清哲學的脈絡下來思考。便會發現
他們三人其實是作爲一個「新典範」的先行者與開拓者，而在這樣的前提下，
羅、王、吳的思想理論的價值及其貢獻，是不應被忽略的。

〔註158〕鄭宗義《明清儒學轉型探析——從劉蕺山到戴東原》，香港：中文大學出版，
　　　　2000 年，頁 172。

第四章　工夫論的實踐歷程

　　何謂「工夫」，有學者認爲「『工夫』作爲『自我對自我的工作』是指自我轉化的漫長過程，此轉化工夫使人流變爲能實踐出眞理的主體〔註1〕」。宋明理學家都很注重工夫理論的具體實踐〔註2〕，但實踐的方向會因其學說理路的不同，而呈現出差異性。氣本論學者對修養工夫的態度，是與「理在氣中」的氣本體論與「氣質之性即天命之性」的人性論相貫通一致的。氣本論者的修養工夫並不是一個對超越飽滿的先天之命的回歸與守候〔註3〕；反而是在這現實的世界中，不斷地與之熬練奮鬥，在這過程中來調整、修正自己的步伐。對於如何邁向成聖之路，他們並不完全依據自己主觀內心的想法，而是注重外在客觀聖人典籍的引導、現實人事物情境中相互應對的道理〔註4〕。

〔註1〕 何乏筆〈現代主體的系譜學：論傅柯晚期思想中的眞理與工夫〉，（「眞理與工夫：傅科研究與當代儒學之碰撞」研討會，台大東亞文明研究中心，2004年12月12日）會議論文，頁3。

〔註2〕 但是他們在實踐修養工夫時，其身心如何產生微妙的變化，我們現在很難得知。杜維明說：「儘管自我修養在儒家的學習中占中心地位，但展示隱密思想情感、深層慾望和內驅力的傳記文獻，在儒家傳統中卻極爲罕見。」（美）杜維明〈儒家論學做人〉《儒家思想新論——創造性轉換的自我》（南京：江蘇人民出版社，1996年），頁56。

〔註3〕 劉又銘說道：「就本體或者說終極實體來說，氣本論並不相信有個『價值滿全』而能自起動用的終極實體，反而主張以一個渾沌自然而蘊含著豐富意義、價值、生機、與動能並因而可以凝聚爲形質、化生爲萬物的『氣』做爲終極實體。」，《理在氣中》（台北：五南出版社，2000年），頁175。因爲自然氣本論者認爲並沒有一個所謂的「價值滿全」的終極實體的存在，所以他們修養工夫的目標是「盡性」，而非是「復性」。

〔註4〕 關於宋明理學家的修養型態，張岱年說道：「自來儒者論修爲方法的約有三種

對自然氣本論學者而言，聖與俗兩者之間並非是絕對的排斥、敵視之關係，而是相互函攝、包容。他們認為惟有透過看似卑下低微「形而下」的世俗活動中，用心去體會與感受在這其中所蘊含的理則，而這彰顯出的理則，即是聖人之道。

氣本論者修養功夫之次第，大概可說是先「涵養」而後再「察識」，然後透過知行並進的作法上，一步步到達「定性」的過程，當內在心靈與外在行為舉止都煥然一新時，就達到「習與性成」的修養工夫之目標了。

涵養 → 察識 → 習與性成似乎切割成三個不相連的工夫，但其實前一個階段的工夫都是持續貫徹到下一個階段的。因此這三個次序的劃分，只是讓我們較易論述與理解的權宜作法。羅欽順、王廷相的修養工夫可循此脈絡來理解，而吳廷翰大致上則是二個階段，因他並不特別將「涵養」的階段獨立出來〔註5〕。此點作法看似與羅欽順、王廷相不同，但由於工夫是一步步相連貫層遞的歷程，因此，吳廷翰的二階段論述是與羅、王的三個階段的工夫是一致的。筆者基於論述的方便，仍將吳廷翰的修養工夫分為三個次序來談〔註6〕。

第一節　涵養：對自我生命的初步安頓

「涵養」的工夫主要在於對自己生命型態的自覺，出於對自我的覺察、觀照〔註7〕，而看出自己生命型態的某種缺乏與不足之處，身心的收斂與沉

類型，一是程朱理學派尊德性和道問學，兼養性與求知；一是陸王學派專重尊德性，以致良知為第一工夫；一是顏李學派，不喜言內在心性修養而強調習行。」（張岱年《中國倫理思想研究》，上海人民出版社，1989年，頁216）。此段文字轉引自張壽安《以禮代理——凌廷堪與清中葉儒學思想之轉變》（河北教育出版社，2001年），頁58。

〔註5〕 參看劉又銘〈吳廷翰的氣本論〉〔2004年國科會專題研究計畫成果報告，計畫編號：NSC92～2411～ H-004～007,2004〕在氣本論進路下的修養工夫論中，他將吳廷翰的修養工夫分為兩個部分，分別是：
（一）格物致知、貫上用工：戒懼以致其精的「道問學」
（二）率性篤行、養氣盡性：戒懼以致其一的「尊德性」

〔註6〕 筆者認為將吳廷翰的修養工夫劃分為兩個階段來處理，是較為精準的論述；但用三個階段來處理，也不能說是錯誤，因只是將其涵養與察識、習與性成之間的緊密度，稍微鬆開一點。而我們由此也可看出羅欽順、王廷相、吳廷翰三人雖同為自然氣本論者，但在修養工夫論上也是同中有異的。

〔註7〕 自然氣本論者的涵養工夫，並非只是單單的靜坐等待而已，而是在事情、事件上來涵養自己的內心，在動靜之間修養自己的心性。如羅欽順：「心與理一，

靜，是涵養的主要課題〔註8〕。

一、羅欽順：以操代敬

　　「涵養」不僅是修養工夫的初步，更是「學者終身事」。但隨著時間的歷練，學者對「涵養」是有不同的體驗，羅欽順說：

> 存養是學者終身事，但知既至與知未至時，意味迥然不同。知未至時，存養非十分用意不可，安排把捉，靜定爲難，往往久而易厭。知既至，存養即不須大段著力，從容涵泳之中，生意油然，自有不可遏者，其味深且長矣。然爲學之初，非有平日存養之功，心官不曠，則知亦無由而至〔註9〕。

「知未至」的存養可以說是初步的「涵養」，而「知既至」的存養即是在「察識」過後的「習與性成」的「涵養」。但在此所談的則是針對初步的「涵養」來論述。

　　「敬」的修養工夫，在宋明理學家中是很重要的修養法門〔註10〕，但也

　　則該貫動靜，斯渾然矣。事與理一，則動中有靜，斯截然矣。截然者，不出渾然之中。」《困知記》〈續卷下 12〉，頁 324。「今乃欲於『靜中養出端倪』，既一味靜坐，事物不交，善端何緣發見？過伏之久，或者忽然有見，不過虛靈之光景耳。」〈卷下 60〉，頁 280。對於先儒主張主敬只是靜坐的工夫之說法，清初學者魏象樞亦提出批評，他說：「先儒謂靜坐便是善學。愚謂『靜坐非主敬也』，主敬則不覩不聞是靜，造次顛沛亦是靜。」《寒松堂全集》〈卷十二・雜著〉（北京：中華書局，1996 年），頁 667。

〔註 8〕有學者更提出「存養」（或「涵養」）一詞有兩大系統三條進路的不同講法。可參見鄭宗義《明清儒學轉型探析：從劉蕺山到戴東原》（香港中文大學出版，2000 年），頁 49～50。筆者將其重點摘錄如下：

　　一、逆覺體證
　　　　a. 即經驗：內在的逆覺體證
　　　　b. 離經驗：超越的逆覺體證
　　二、順取的工夫
　　朱子：涵養一實然的心氣使之常心靜理明易於如道合道。
　　而這是目前學界主流的觀點，但此論點並無包括氣本論在內。

〔註 9〕《困知記》卷上 22，頁 248。

〔註 10〕程頤說：「或問：『夫子之教，必使學者涵養而後有所得。如何其涵養也？』子曰：『莫如敬。』」（頁 1191）「或問敬。子曰：『主一之謂敬。』『何謂一？』子曰：『齊莊整敕，其心存焉；涵養純熟，其理著矣。』」（頁 1173），（宋）程顥、程頤《二程集》（台北：漢京文化事業，1973 年）。

　　朱熹也說：「『敬』字工夫，乃聖門第一義，徹頭徹尾，不可傾刻間斷。」（頁 371）「涵養此心須用敬。譬之養赤子，方血氣未壯實之時，且須時其起居飲食，養之於居室之中而謹顧守之，則有向成之期。才方乳保，卻每日暴露於風雨之中，偃然不顧，豈不致疾而害其生耶！」（頁 3228），（宋）朱熹《朱子

因常常被過度的強調而逐漸失去原意。羅欽順「以操代敬」之說，便是要改善後來學者在「敬」的涵養工夫，所呈現出來的「欲密反疏」之現象。他說：

> 操舍之爲言，猶俗云提起放下。但常常提撥此心無令放失，即此是操，操即敬也。孔子常言「敬以直內」，蓋此心常操而存，則私曲更無所容，不期其直而自直矣。先儒有以主敬、持敬爲言者，似乎欲密反疏，後學或從而疑之，又不知其實用功果何如也〔註11〕。

所以，我們要常常操存提撥此心，雖然剛開始是「安排把捉，靜定爲難」，並且容易「久而易厭」。但唯有跨出第一步，下定決心作修養功夫時，才能夠對治自己的邪情私欲；而等到後來涵養的功力逐漸深厚時，此心就能「不期其直而自直矣」，並且呈現出「從容涵泳」、「生意油然」的狀態，而這也就是所謂的「習與性成」。

羅欽順「以操代敬」說，似乎是前有所承而來，因爲關於操存的功用，朱熹也提到，他說：

> 大凡學者須先理會「敬」字，敬是立腳去處。程子謂：「涵養須用敬，進學則在致知。」此語最妙。或問：「持敬易間斷，如何？」曰：「常要自省得。才省得，便在此。」或以爲此事最難。曰：「患不省察爾。覺有間斷，便已接續，何難之有。『操則存，舍則亡』，只在操舍兩字之間。要之，只消一個『操』字。到緊要處，全不消許多文字言語。若此意成熟，雖『操』字亦不須用。〔註12〕」

羅欽順自己對此也有所說明，他認爲「況朱子嘗因論敬，直窮到底，亦以爲『要之，只消一個操字。到緊要處，全不消許多文字言語』，是誠先得我心之所同然，惜其混于多說之中，莫或知此言尤爲切要者耳。〔註13〕」雖然如此，但兩人的側重點仍是有所不同，因朱熹更強調「敬」的作用，「敬」對他而言是「聖門第一義」，而「操存」在修養工夫中只是被放於邊緣的位置上。

但羅欽順卻抬高「操存」的重要性，用操存來取代「敬」的地位。其實，羅欽順的「操存」與朱熹的「敬」，在本質上並無太大的差異，他會提出「以操代敬」說，主要是基於儒者對「敬」的修養功夫逐漸流於麻痺。因此，羅

全書》（朱傑人、嚴佐之、劉永翔主編，上海古籍出版社，2002年。）

〔註11〕《困知記》卷上30，頁250。

〔註12〕（宋）朱熹《朱子全書》（朱傑人、嚴佐之、劉永翔主編，上海古籍出版社，2002年），頁376～377。

〔註13〕羅欽順《困知記》〈附錄：又答陳靜齋都憲（丙申冬）〉，頁368。

欽順一方面指出「敬外無操，操外無敬〔註14〕」、「恐不必將敬字別作一項工夫看也〔註15〕」，另一方面又談到「操」與「敬」之間的差異，強調「操存」的重要性，他說：

> 主敬，持敬，爲初學之士言之可也，非所以論細密工夫也。何也？謂之主敬，非心其孰主之？謂之持敬，非心其孰持之？夫敬實宰乎心，而心反繫于敬，欲其周流無滯，良亦難矣。……若論細密工夫，無如操字之約而盡，更不須道主敬、持敬，敬已在其中矣，此致一之妙也〔註16〕。

> 是知操之一言，乃吾夫子吃緊爲人處，凡有志于學者，果能奉以周旋日用，工夫眞是直截，既無勞擾，亦不空疏，故特表而出之，期與同志之士共學焉，非立異也。〔註17〕

羅欽順認爲「主敬」、「持敬」的說法，並非細密的工夫，因爲此作法容易讓心反而繫於「敬」，而易產生「滯礙」與「勞擾」。因此，羅欽順的「操存」工夫不但能達到「主敬」、「持敬」的效果，此心「周流而無滯」，並且相對之下也是更爲「直截」的工夫。但是，楊儒賓先生對羅欽順「以操代敬」說與筆者的看法有些不同，他提到：

> 他（羅欽順）用「操」字代替程朱的「敬」字，但羅欽順所以要用「操」字，其目的也是要保持其心靈的湛然凝聚，它仍是具備「主一」的功能，心靈主一之後，它也會發生質變的〔註18〕。

關於「心靈主一之後，它也會發生質變的」觀點，筆者有不同的想法。因爲羅欽順主張涵養操存此心，在初步的階段中，只能使此心較不易受到世俗的干擾，並且能夠覺察到自己作爲的是與非。雖然操存此心能夠使此心靜下沈澱，假如這也是「主一」的功能的話，但羅欽順此「主一」的強度並非如同朱熹一般強烈，並且方向也有所不同。因這背後牽涉到對「理」看法的差異性，朱熹重視「理一分殊」中具有超越性格的「理一」，並對其「理一」之等候與回歸，因此心靈內在的凝聚力是相當強烈的〔註19〕；而羅欽順較重視的是「分殊之理」，是

〔註14〕 羅欽順《困知記》〈附錄：又答陳靜齋都憲（丙申冬）〉，頁367。
〔註15〕 羅欽順《困知記》〈附錄：又答陳靜齋都憲（丙申冬）〉，頁368。
〔註16〕 羅欽順《困知記》〈附錄：又答陳靜齋都憲（丙申冬）〉，頁367～368。
〔註17〕 羅欽順《困知記》〈附錄：又答陳靜齋都憲（丙申冬）〉，頁368。
〔註18〕 楊儒賓〈兩種氣論，兩種儒學〉（未刊稿）。
〔註19〕 但有學者持不同的見解，鍾彩鈞先生說：「筆者以爲，伊川朱子的靜存不僅不

要先讓心有所澄明而接下來體察萬事萬物的，因此，在初步的涵養階段中，心靈只需沈澱雜質即可，至於心靈發生「質變」，可能是後來「定性」的階段了。

二、王廷相：澄思寡欲

王廷相認爲「心乃應事體道之主〔註 20〕」、「蓋謂心性靜定而後能應事爾〔註 21〕」，所以關於內心的澄靜與淡泊寡欲的修養工夫，是先於明經術、察物理的。他說：

> 爲學不先治心養性，決無入處。性情苟不合道，則百行皆失中庸之度矣。故學當先養心性〔註 22〕。

存養心性的入手處，則是澄思與寡欲。對於「澄思」，他主張「人心當思時則思，不思時則沖靜而閒淡，故心氣可以完養〔註 23〕」。對「寡欲」的強調則是因爲「心爲道主，未有不能養心而能合道者，未有不能寡欲而心得養者。〔註 24〕」，透過澄思寡欲的工夫，使心能夠虛明靜定，因爲：

> 天下無一物能動其心，則無一物宅於心。死生大矣，順而不計；有天下不與，又不足云也。無一物宅於心，則虛、則明、則正、則公、則和，研慮處物，罔非順應矣〔註 25〕。

> 無忿懥、好樂、憂患、恐懼，此不偏之中，聖人養心之學也〔註 26〕。

所謂「聖人之心虛，故喜怒哀樂不存於中；聖人之心靈，故喜怒哀樂各中其節〔註 27〕」、「昏塞故狹小，虛明故廣大〔註 28〕」，但王廷相有時會因爲太過擔

是體認性理，甚至不是反求內心，而只是日用事爲間主敬的成果。所以會有這種差別，由於伊川以主宰（而非知覺）言心，朱子承之而注重心的實踐能力，因此他們注重日常的訓練，而不認爲體認性理是可能與必要的。但整菴強調性作爲心的規範，又以心性之辨來判分儒釋，假如心之虛靈知覺沒有性作爲對象的話，『則所養不能無差，或陷於釋氏之空寂矣。』」（〈羅整菴的心性論與工夫論〉，鵝湖學誌第十七期，1996 年 12 月，頁 54。）

〔註 20〕《王廷相集》〈雅述・上篇〉：「心乃體道應事之主，故程子曰：『古人之學，惟務養性情，其他則不學。』雖然，君子欲有爲於天下，明經術，察物理，知古今，達事變，亦不可不講習，但有先後緩急之序耳。」，頁 852。

〔註 21〕《王廷相集》〈王氏家藏集・卷二十八・雜文・答薛君采論性書〉，頁 518。

〔註 22〕《王廷相集》〈雅述・上篇〉，頁 855。

〔註 23〕《王廷相集》〈慎言・卷之六・潛心篇〉，頁 775。

〔註 24〕《王廷相集》〈慎言・卷之五・見聞篇〉，頁 773。

〔註 25〕《王廷相集》〈雅述・上篇〉，頁 841。

〔註 26〕《王廷相集》〈慎言・卷之六・潛心篇〉，頁 775。

〔註 27〕《王廷相集》〈雅述・上篇〉，頁 857。

心產生「情蕩則性昏，性昏則事迷〔註29〕」的情況，甚至提出「無欲」〔註30〕的要求，但筆者認爲「無欲」的提出，只是一時的「權說」而已〔註31〕，「寡欲」才是其論述的要點。

再者儒者的虛靜與佛老的虛靜是有所不同，因爲「異端之學無物，靜而寂，寂而滅；吾儒之學有主，靜而感，感而應。〔註32〕」並且王廷相認爲「人心如檟，虛則容，實則否。……故學者當蓄德以實其心。〔註33〕」，儒者以虛靜清沖養心，是要貼著現實的人事層面來涵養的，是要「實養」而非「虛養」的。他說：

> 儒者以虛靜清沖養心，此固不可無，若不於義理、德行、人事，著實處養之，亦徒然無益於學矣。故清心靜坐不足以至道，言不以實養也〔註34〕。

〔註28〕　《王廷相集》〈愼言‧卷之五‧見聞篇〉，頁773。
〔註29〕　《王廷相集》〈愼言‧卷之四‧問成性篇〉，頁765。
〔註30〕　《王廷相集》〈愼言‧卷之五‧見聞篇〉，：「人心澹然無欲，故外物不足以動其心，物不能動其心則事簡，事簡則心澄，心澄則神，故『感而遂通天下故』。是故無欲者，作聖之要也。」頁773。〈愼言‧卷之三‧作聖篇〉：「無我者，聖學之極致也。學之始，在克己寡欲而已矣。寡之又寡，以至於無，則能大同於人而不有己矣。雖天地之度，不過如此。」，頁764。
〔註31〕　關於王廷相對欲望的看法，日本學者有不同的意見，馬淵昌也在〈王廷相思想における規範と人間——人性論を中心に〉（《東方學》（東方學會）第73輯，1987年，頁106）。提到山下龍二與松川建二對王廷相的情與欲持不同的見解。山下龍二《陽明學の研究：展開篇》（（東京：現代情報社，1971年），〈第三章羅欽順と氣の哲學〉，頁90～91），從修養工夫論的立場，談王廷相對欲望持否定的看法。松川建二〈王廷相の思想〉（《中國哲學》（北海道中國哲學會）第3號，1965年10月），則從人性論的立場上，談王廷相對情與欲的肯定。而對於馬淵昌也的觀點，松川建二也有所回應。可參考松川建二〈王廷相の「人心」觀〉（《中國哲學》〔北海道中國哲學會〕第16號，1987年7月）。對於自然氣本論學者而言，一方面對人性種種肉體的需求，持肯定且寬容的態度，一方面在修養工夫上對欲望持嚴格的看法。兩者並不衝突，因爲必須體會瞭解且同情地看待一般人的軟弱處，但一方面又需不斷地警惕自己不爲物所累而奮發向上。
〔註32〕　《王廷相集》〈愼言‧卷之六‧潛心篇〉，頁779。〈雅述‧下篇〉也提到：「人心中不著一物，則虛明，則靜定；有物，則逐於物而心擾矣。……釋氏之虛靜亦是盜得此意思，但吾儒虛靜其心，爲應事作主，非釋氏專爲己身而然。」頁888。
〔註33〕　《王廷相集》〈愼言‧卷之六‧潛心篇〉，頁777。
〔註34〕　《王廷相集》〈雅述‧上篇〉，頁833。

並且，王廷相在存養的工夫脈絡上，對於先賢所提出的「復性」說及「未發之中」皆持反對的立場，他認爲：

> 儒者動以心爲至虛至明之物，此亦自其上智之人論之可也。心拘於氣，人有至死不能盡虛盡明者，不可一概論也。以是人也而責之復初，亦迂矣〔註35〕。

> 中庸「喜怒哀樂未發謂之中」，言君子平時有存養愼獨之功，故未發而能中爾，非通論眾人皆如是也。世儒乃謂人人未發皆能中焉，非矣〔註36〕。

總之，王廷相認爲「心拘於氣」是其通塞的，要是缺乏了平時存養之功，一般人是不可能達到「復性」或「未發之中」的狀態。而王廷相所主張的存養工夫也並不是以達到「復性」或「未發之中」爲其目標的。存養只是察識前的預備工夫，使心有其「無欲之澄靜」，並「養心之澹泊」，讓心不爲物所累而已，心先其「定」、「靜」、「安」（並非求心於玄妙地步），爾後的察識工夫則在使其能「慮」與能「得」。

三、吳廷翰：戒愼寡欲

吳廷翰的涵養工夫，一方面是「戒懼愼獨〔註37〕」（即是「敬〔註38〕」），並用「戒愼」貫穿大學八條目，強調隨時涵養隨時省察的交互修養工夫，另一方面則是主張「寡欲」。因此，「主敬」與「寡欲」可說是吳廷翰存養工夫的要點。關於「戒懼愼獨」的主張，吳廷翰說道：

> 一理也，在內而此心能操存，便是敬；在外而此心有制裁，便是義。……
> 只是一念戒愼存養處，完完全全毫髮不敢爲非，便喚作義〔註39〕。

〔註35〕《王廷相集》〈雅述・上篇〉，頁855。〈雅述・下篇〉也說道：「世儒論復性。夫聖人純粹靈明，性之原本未嘗汙壞，何復之有？下愚駁濁昏闇，本初之性原未虛靈，何所歸復？要諸取論中人之性差近之耳。統以復性爲學問之術，滯矣而不通於眾也。」，頁889。

〔註36〕《王廷相集》〈雅述・下篇〉，頁889。

〔註37〕吳廷翰說：「若愼獨，亦只在戒懼裡面的，爲幾之發動處，又爲緊要，所以提出。」〈吉齋漫錄・卷下〉，頁49。

〔註38〕曾春海指出「敬」有其積極作用與消極作用，他說：「『敬』，其積極作用在涵養人內心的道德情操及道德意志。『敬』的消極作用在杜防邪念。」〈「敬」概念在朱學之提出與涵義〉《朱熹哲學論叢》（台北：文津出版社，2001年），頁72。

〔註39〕吳廷翰《吳廷翰集》〈吉齋漫錄・卷下〉，頁67。

大學之八條目，敬蓋無一時而不在，無一時而不有也〔註40〕。

吳廷翰認為涵養的工夫是要內外合一，所以敬義並行，養性與踐形並重，他也是將戒懼慎獨的涵養工夫與察識的工夫緊密地一起同時來論述，如：「況格物致知，即是切磋之學，即是恂慄，有不必言誠而敬亦無不在者。〔註41〕」，在道問學中仍是有「敬」的工夫在內的，而戒慎的工夫一樣是要從頭貫徹到底，從「養性」到最後「盡性」的階段，即是「習與性成」。

古人常說的「涵養」、「省察」、「敬」、「靜」等的修養工夫，當代人有時很難理會與瞭解，不過，近來學者蒙培元所說的一段話，可以讓我們有些體會。他說：

「涵養」即直接體驗和培養心性本原，「省察」則是隨時隨事察識物理以發明「本心」。「靜」既是本體存在，又是修養方法，即在靜中排除一切雜念，體驗心性本原；「敬」則是貫徹動靜始終，自我專一，自我控制的重要方法〔註42〕。

但此處的「涵養」是針對理學家一般性的修養工夫而言，自然氣本論者並个看重要回歸「心性本原」（相對於朱熹或王陽明而言），「涵養」只是樸實地收斂身心狀態而已。吳廷翰說：「思慮精明而不雜，心體管攝而不放〔註43〕」，此即是涵養即是敬。並且：

居敬的心不僅有助於具意向性的認識作用，也就是心的居敬工夫亦為心格物致知的必備工夫，而且，居敬工作亦係涵養積蓄所窮得之理，以待感物應發時能促使行為循理如理〔註44〕。

吳廷翰居敬的工夫是「兼動靜內外〔註45〕」的，那是因於他認為「動靜皆性〔註46〕」的緣故。再來，關於「寡欲」的部分，吳廷翰認為：

〔註40〕吳廷翰《吳廷翰集》〈吉齋漫錄·卷下〉，頁49。

〔註41〕吳廷翰《吳廷翰集》〈吉齋漫錄·卷下〉，頁49。

〔註42〕蒙培元《理學範疇系統》（北京：人民出版社 1998年第2次印刷），頁321。

〔註43〕吳廷翰《吳廷翰集》〈吉齋漫錄·卷下〉，頁49。

〔註44〕曾春海《朱熹哲學論叢》中〈「敬」概念在朱學之提出與涵義〉（台北：文津出版社，2001年），頁77。

〔註45〕吳廷翰《吳廷翰集》〈吉齋漫錄·卷下〉，頁67。

〔註46〕吳廷翰說：「樂記：『人生而靜，天之性也。感於物而動，性之欲也。』此語未精，非孔子之言。夫性不可以動靜言，而動靜皆性也，豈可以靜為天性而動為物欲乎？若靜為天性，是性無動也。動為物欲，是性無感也。無動無感，亦空寂之物耳，豈得為性乎？」（吉齋漫錄，卷上，頁40）。關於樂記此段話，吳廷翰和王廷相持相同的見解，認為非聖人語。王廷相的意見在〈雅述·上

> 只無欲便是主靜。蓋人能無欲，則雖在蓊翳逼塞之中，而此心無物；雖在轇轕紛擾之地，而此心無事。無事無物，便是靜之貞境。然無事以有事為工夫，無物以有物為主宰。此處乃是動靜合一之學〔註47〕。
>
> 無欲二字，地步高，話頭大，人豈可輒能？下手處全在寡欲，乃主靜工夫最切當處。若敬義者，又寡欲之方也。蓋惟敬義夾持，則天理常見，雖有私欲，將漸漸磨出。程子謂：「敬以直內，義以方外，為仁。仁者，天理渾然。」蓋此時已到無欲境界矣〔註48〕。

吳廷翰雖然提出「無欲」的觀點，但他也立即指出此說法是「地步高、話頭大，人豈可輒能」，而「寡欲」乃「主靜工夫最切當處」，並且要「無事以有事為工夫，無物以有物為主宰」、「敬義夾持」，這樣才是「動靜合一」之學。吳廷翰所主的「靜」是兼動靜而言的「貞靜」，他說：

> 「聖人定之以中正仁義而主靜」，此靜字非動靜之靜，乃中正仁義之止處，正太極之全體，而聖人所以定之道也。靜字，亦是定字意。……而通書亦曰：「無欲則靜虛動直，靜虛則明，明則通，動直則公，公則溥。」是此「無欲」之字，在動靜之前，為兼動靜而言。若動直、靜虛之靜，則動靜之靜也。此足以相發明矣〔註49〕。

吳廷翰和王廷相同樣強調著藉由「寡欲」的工夫，而讓內心達到虛明靜定。吳廷翰強調「戒懼慎獨」與「寡欲」的工夫，似乎呈現出羅欽順和王廷相在涵養工夫上的綜合型態。

羅欽順、王廷相、吳廷翰雖然三人同為自然氣本論者，但仍是同中有其小異，現在就存養的工夫而言，如：

（1）關於「大本之中」、「敬」的強調：羅欽順、吳廷翰
（2）提到「復人性之本然」的說法：羅欽順、吳廷翰
（3）強調「寡欲」的工夫：王廷相、吳廷翰

但此處對「大本之中」、「復人性之本然」的提法，和程朱學派的說法是有其強弱程度上的不同的。

篇〉，頁852。不過，羅欽順卻認為此段話「義理精粹，要非聖人不能言」（〈困知記〉卷下14，頁266。）

〔註47〕《吳廷翰集》〈吉齋漫錄・卷上〉，頁16。
〔註48〕《吳廷翰集》〈吉齋漫錄・卷上〉，頁16。
〔註49〕《吳廷翰集》〈吉齋漫錄・卷上〉，頁13～14。

第二節　察識：對「氣中之理」的探求

察識的工夫，對程朱學者和自然氣本論學者同樣重要，因爲他們均認爲要認識眞理不可專用心於內，而是要將客觀的事物道理和自己內心的體悟相參合，「內外合一」才是聖人之學。而程朱學者的「內外合一」之學，「內」指的是「性即理」中的「性」，「外」指的是「事物的天理」；但自然氣本論者的「內」卻是「心活動的律則」，「外」指的是「客觀事物的律則、人心與人心互動之間所形成的律則」。因此，程朱學者是透過格物的工夫，來等候及回歸那形上超越的天理〔註50〕。而自然氣本論學者，認爲「理在事中」、「理在情中」，因爲世俗的事物中即隱含著神聖性，所以，格物的工作是要在現實情境中做工夫，由「分殊」至「理一」來「一以貫之」的。因爲，自然氣本論者認爲，實際上並沒有一個現成可得的「一」可以用來「以一貫之」的來做工夫。

一、自然氣本論者對「格物」的詮解

「格物致知」是宋明理學家談論的重要課題之一，基於不同的學術立場、思維方向，則產生不同的詮解。對此程朱理學家的看法則認爲，「格」有「至〔註51〕」或「窮〔註52〕」的意思，「物」是「事物之理」之意。而心學家的王陽明則主張「格」是「正〔註53〕」的意思，「物」則是「意之所在便是物〔註54〕」。

〔註50〕關於程朱的「格物致知」說，余敦康認爲「二程、朱熹的『格物致知』說，實質上是一種帶有宗教特色的體驗論。……這種體驗論強調的是悟，悟與迷相對，是一個明心見性的過程，而不是認識的過程」。余敦康《中國哲學論集》（遼寧大學出版社，1998 年），〈《大學》、《中庸》和宋明理學〉，頁 106～107。

〔註51〕二程說：「『致知在格物』。格，至也，窮理而至於物，則物理盡。」（宋）程顥、程頤《二程集》（台北：漢京文化事業，1973 年），頁 21。朱熹說：「格物。格，猶至也，如『舜格於文祖』之『格』，是至於文祖處。」朱熹《朱子全書》〈朱子語類・第十五卷・大學二〉（朱傑人、嚴佐之、劉永翔主編，上海古籍出版社，2002 年），頁 463。

〔註52〕程頤說：「格猶窮也，物猶理也，若曰窮其理云爾。窮理然後足以致知，不窮則不能致也。」（宋）程顥、程頤《二程集》（台北：漢京文化事業，1973 年），頁 1197。朱熹認爲：「格物者，格，盡也，須是窮盡事物之理。若是窮理三兩分，便未是格物。須是窮盡得到十分，方是格物。」朱熹《朱子全書》〈朱子語類・第十五卷・大學二〉（朱傑人、嚴佐之、劉永翔主編，上海古籍出版社，2002 年），頁 463。

〔註53〕王陽明說：「『格物』如孟子『大人格君心』之格，是去其心之不正，以全其本體之正」。王陽明《傳習錄》〈上卷〉（台北：金楓出版社，1986 年），頁 11。

〔註54〕王陽明《傳習錄》〈上卷〉（台北：金楓出版社，1986 年），頁 10。

自然氣本論學者對「格物致知」的觀點如何，我們以下來進行探討。

（一）羅欽順：「格」是「通徹無間」之意

自然氣本論學者對「格物」的解釋爲何，首先我們來看羅欽順的意見，他認爲格物之作用是「開其蔽也〔註55〕」、「誠欲識仁，須實用格物工夫乃可〔註56〕」，而格物之旨便是要「欲令學者物我兼照，內外俱融〔註57〕」，羅欽順主張：

> 格字古注或訓爲至，如『格于上下』之類，或訓爲正，如『格其非心』之類。格物之格，二程皆以至字訓之，因文生義，惟其當而已矣。……愚按『通徹無間』亦至字之義，然比之至字，其意味尤爲明白而深長。試以訓『格于上下』，曰『通徹上下而無間』，其孰曰不然？格物之格，正是通徹無間之意，蓋功夫至到，則通徹無間，物即我，我即物，渾然一致，雖合字亦不必用矣〔註58〕。

他認爲「格」是「通徹無間」之意，而物則是「萬物〔註59〕」〈且包含著「心」〉，並且格物的工夫如果做到，則物我之間是通徹無間的，呈現出「物即我、我即物，渾然一致」的境界。關於此點，鄧克銘認爲羅欽順的格物是和朱熹一致的，他說：

> 格物不是說無目的的去窮至事物之理，在窮理過程中，即進行內心之澄澈工夫，兩者的效果是一致的。羅欽順以格物之格爲「通徹無間」，事實上不離朱子本義〔註60〕。

> 羅欽順之「物格則無物」的理論基礎與朱子相同，只是在格物之關係上，凸顯格物之目的在於本體之心的朗現，完全是一種道德成就的意義，而非漫無目的的學習或有心與理分別爲二之情況〔註61〕。

〔註55〕 羅欽順《困知記》〈卷上6〉：「故大學之教必始於格物，所以開其蔽也。」，頁240。

〔註56〕 羅欽順《困知記》〈三續・卷27〉，頁337。

〔註57〕 羅欽順《困知記》〈卷上7〉，頁241。

〔註58〕 羅欽順《困知記》〈卷上10〉，頁242。

〔註59〕 羅欽順：「格物之義，程朱之訓明且盡矣，當爲萬物無疑。人之有心，固然亦是一物，然專以格物爲格此心則不可。」，《困知記》〈附錄・答允恕弟〈己丑夏〉〉，頁353。

〔註60〕 鄧克銘〈明中葉羅欽順格物說之特色及其效果〉（《鵝湖學誌》第二十六期，2001年6月），頁75。

〔註61〕 鄧克銘〈明中葉羅欽順格物說之特色及其效果〉，頁78。

羅欽順之「通徹無間」、「物格則無物」，在明代中葉陳白沙、王陽明
心學漸趨流行時，可說表現了程朱格物說之心學色彩〔註62〕。

朱熹的學說是相當多樣、複雜的，並且對後世儒者的影響也相當深遠。他的說法在一定的程度上也影響了自然氣本論者及陽明心學家。但是彼此各自內部的立論基調是不同的，我們必須從表面上相同的論述中，去釐清與把梳出背後相異的論點。

以羅欽順而言，他本身是自認爲「宗程朱學說」的，但他對朱子學所進行的改造，已經和原朱子學呈現出差異了。這一小步的岐出，後來卻和原朱子學愈走愈遠，這也是當初羅欽順所始料未及的。筆者不將羅欽順看成是改良式的朱子學者或理本與氣本相融的學者，而將他視爲自然氣本論的學者。雖然羅欽順的氣本論不像王廷相、吳廷翰那樣顯著，還夾雜著程朱理學的影子，但這樣更可看出一個新的學說要興起時，是如何從模糊到清晰，如何從舊的學術典範到開創出一個新的典範之艱困。

丁爲祥對羅欽順的「格物窮理」的工夫，說道：

> 當他顛倒理氣關係時，就使理本論轉化爲氣本論；而理的內涵的改變，又使其從超越的「存在之理」開始向實然的「形構之理」轉化。在此基礎上，所謂格物窮理也就不再僅僅指向「吾心之全體大用」，而是整個物理世界；其所培養的也就不再是一草木向天理的「貫通」精神，而是窮究物理世界的知性探索精神〔註63〕。

因爲羅欽順格物之目的並不單單是「本體之心的朗現」，或是要向一超越之理的回歸，重要的是要合內外之道〔註64〕，事物的分殊之理與內心之理是具有相同的地位與價值。因此，關於羅欽順「通徹無間」的意涵，應誠如劉又銘先生所言：

> 可見他格物的目標「一理」已經不是朱子道體義的理，而是分殊之

〔註62〕　鄧克銘〈明中葉羅欽順格物說之特色及其效果〉，頁80～81。

〔註63〕　丁爲祥〈理氣、心性與儒佛之辨──羅欽順思想特質試析〉，（《哲學與文化》（台灣），三十卷第四期，2003年4月），頁156。

〔註64〕　羅欽順說：「『格物莫若察之于身，其得之尤切。』程子有是言矣。……夫此理之在天下，由一以之萬，初匪安排之力，會萬而歸一，豈容牽合之私？是故，察之于身宜莫先于性情，即有見焉，推之于物而不通，非至理也。察之于物，固無分于鳥獸草木，即有見焉，反之心而不合，非至理也。必灼然有見，乎一致之妙，了無彼此之殊，而其分之殊者自森然其不可亂，斯爲格致之極功。然非眞積力久，何以及此！」，《困知記》〈卷上7〉，頁241。

理與分殊之理之間的貫通統會之理，也就是萬物之間各得其序通徹無間之理〔註65〕。

因為，羅欽順注重「分殊之理」與「分殊之理」之間的統貫之理，所以他更能看出個別事物本身所具有的獨特性、特殊性，形成「格物的一個實際效果是，因為理不離物，故能轉而平等客觀地對待形而下者，也就是能夠入世〔註66〕」，在其入世的思想中，更能肯定經驗世界的種種價值與意義。

（二）王廷相：「格」是「正」之意

王廷相主張為學處事必須從格物致知入手，這樣才能避免「憑虛泛妄之私〔註67〕」，並且他也強調「格物」是「大學之首事〔註68〕」。因此，「格物」的工夫對他而言是極為重要且必須的。而他對「格物」的想法如下：

> 格物之解，程、朱皆訓「至」字。程子則曰「格物而至於物」，此重疊不成文義；朱子則曰「窮至事物之理」，是「至」字上又添出一「窮」字，聖人之言直截，決不如此。不如訓以「正」字，直截明當，義亦疏通，既無屋上架屋之煩，亦無言外補添之擾〔註69〕。

王廷相認為「格物」就是「正物」，就是使物各得其當然之實，但王陽明也將「格」解釋為「正」。這樣一來，王廷相的「正物」之說與王陽明「正物」說的差異在何處呢？關於此點，蒙培元說道：

> 解格為正，豈不是同王守仁一樣嗎？其實大不一樣。王守仁所謂正，是以「良知」為出發點，為最高認識，即所謂致吾心之良知於事事物物，而不是從事物中獲得知識。……以吾心之知「正」事物之理，也就是以主觀「正」客觀。王廷相所謂正，是為了「物各得其當然之實」，即以物正物，恢復事物的真實情況，本來面目，以便更加深刻地認識事物〔註70〕。

〔註65〕劉又銘〈大學思想的歷史變遷〉，東亞四書學國際研討會（台北：台大東亞文明研究中心主辦，2005年4月9日）會議論文。

〔註66〕鍾彩鈞〈羅整菴的心性論與工夫論〉（《鵝湖學誌》17，1996年12月），頁58。

〔註67〕《王廷相集》〈慎言・潛心篇〉，頁778。

〔註68〕王廷相說：「格物，大學之首事，非通於性命之故，達於天人之化者，不可以易而窺測也。」《王廷相集》〈王廷相家藏集・卷三十・雜文・策問五〉，頁539。

〔註69〕《王廷相集》〈雅述・上篇〉，頁838。

〔註70〕蒙培元《理學的演變：從朱熹到王夫之、戴震》（福建人民出版社，1998年第2次印刷），頁384。

因此，王廷相的「正物」是貼著事物本身而言，是透過具體的實踐活動，來體會、還原萬事萬物的本質。所謂「格物者，正物也，物各得當其當然之實，則正矣。〔註71〕」，可說是因著「至物」而後才能「正物」。我們可以說：

> 王廷相所謂「格物」，是指接觸、觀察和探索外界事物的客觀規律（「物理」）而言。上至天文、下至地理，從動物到植物，從地質到物候，都存在著「物理」，只有通過人們的感官去接觸觀察客觀事物（「耳目所及」），才能「通於性命之故，達於天人之化」，獲得客觀規律的理性認識。這裏的「物理」決不是程朱所說的絕對「天理」在事物上的體現，而是客觀事物所固有的規律性。「格物窮理」，就是要探究和認識客觀事物的規律性。而要認識事物的規律（「物理」），就要以耳目等感官去接觸事物，考察事物〔註72〕。

所以，王廷相的「格物爲正物」說，我們要從具體的現象世界中來理解，因爲在主觀思維與客觀事物間的交互活動影響中，而呈現出隱藏的理則。「格物」就是要體察到這隱藏的理則及脈絡，而這理則即是「事物當然之實」。因此，我們「正物」時恢復其「事物當然之實」，這就是實現「格物」的工夫了。

（三）吳廷翰：「格」是「至」之意

吳廷翰認爲「格物乃用功之始〔註73〕」，並且格物只是「至物」，而格物的目的，是「教人必是要人循序，要人著實〔註74〕」，因此，格物絕對不能離物來言理的。他說：

> 格物只是至物，蓋吾之知若不至物，則是空知，教人知個甚？正是有一個知，須有個物。「致知在格物」者，以見致知即是至物，至物乃爲致知。吾儒之學之實如此。言知只在物，則不可求知於物之外也〔註75〕。

我們藉著「格物」來增廣見聞，體察事物本身的道理，就要「至物」而絕對不能憑空虛想。因「吾之知若不至物，則是空知」，若不至物，那麼所得到的見識也只是虛見虛聞罷了，所以「致知即是至物，至物乃爲致知，吾儒之學

〔註71〕　《王廷相集》〈慎言・潛心篇〉，頁775。
〔註72〕　萬榮晉《王廷相》（台北：東大圖書公司出版，1992年），頁176～177。
〔註73〕　吳廷翰說：「大學之教，格物乃用功之始，以次而及致知、誠意、正心、修身，其工夫都在後。」〈吉齋漫錄・卷下〉，頁50。
〔註74〕　《吳廷翰集》〈吉齋漫錄・卷下〉，頁43。
〔註75〕　《吳廷翰集》〈吉齋漫錄・卷下〉，頁47。

之實如此」。並且：

> 蓋物固是事，物必有理，所以不曰格事、格理，而必曰物者，蓋事
> 涉作爲，而物乃本體，理虛而物實，物有萬殊，而理則一而已。夫
> 格物若求一理，豈不簡易，然而萬殊則一理之變動，亦不可不察也。
> 只於作爲上求，亦不見物之本體，所以大學說格物〔註76〕。

「格物」的「物」即包含著「事」、「理」，不言「格事」、「格理」，因爲理虛
而物實，「格物」即是要貼著物之本體來做。並且「格物」的工作不單單只是
尋求出「一理」而已，更要察識、體會到「在萬殊中一理之變動」。吳廷翰強
調「格物」必須要「至物」，因爲：

> 蓋此「物」字雖只是理，然說理字便虛，便無許多條件，所以只說
> 物爲有著落，便實，便有許多條件。分明使致知者一一都於物上見
> 得理，纔方是實。蓋知已是心，致知只求於心，則是虛見虛聞，故
> 必驗之於物而得之於心，乃爲眞知。此正聖賢之學，所以內外物理
> 合一處〔註77〕。

「眞知」是要「驗之於物而得之於心」的，格物致知就是「內外物理合一處」，
格物致知不能完全只求於心，因這樣只是淪爲「虛見虛聞」而已。據此，吳
廷翰對王陽明格物說的評論爲「今人爲『格物』之說者，謂：『物理在心，不
當求之於外。求之於外，爲析心與理爲二，是支離也。』此說謬矣〔註78〕。」

關於「致知在格物，物格而後知至」，吳廷翰自己也有獨特的見解，他提出：

> 「致知在格物，物格而後知至」，言致知在至物，物至而知亦至矣。
> 文義一連，斷絕不得。……蓋「致知」之「致」，與「知至」之「至」

〔註76〕《吳廷翰集》〈吉齋漫錄・卷下〉，頁46。
〔註77〕《吳廷翰集》〈吉齋漫錄・卷下〉，頁45。
〔註78〕《吳廷翰集》〈吉齋漫錄・卷下〉，頁44～45。同爲明代中期的學者如呂柟、
黃綰對王陽明的「格物」說也有所批評。呂柟說：「故格物還只是窮理，若作
正物，我卻不能識也。」《涇野子內篇》（北京：中華書局，1992年），頁129。
黃綰說：「予昔年與海內一二君子講習，有以致知爲至極其良知，格物爲格其
非心者。又謂格者、正也，正其不正，以歸於正；致者、至也，至極其良知，
使無虧缺障蔽。……以儒與仙佛之道皆同，但有私己同物之殊。以孔子論語
之言，皆爲下學之事非直超上悟之旨。予始未之信，既而信之，又久而驗之，
方知空虛之弊，誤人非細。信乎差之毫釐，謬以千里，可不慎哉！」《明道篇》
（北京：中華書局，1959年），頁10。清初學者魏象樞對王陽明的「至良知」
也提出評論，他說：「良知，知也。良能，行也。王陽明只講良知，是教人有
始無終，有內無外。」《寒松堂全集》（北京：中華書局，1996年），頁666。

不同。「致知」是推極其知，乃用功字；「至」字則知已到極處，是
成功字。若「格」雖訓「至」，與「知至」之「至」訓「極」亦不同。
「物格」，但言知至於物，言知之有物，乃知之著實處。「知至」，則
極其知之謂也。故「格物」可覆言「物格」，「致知」，不可覆言「知
致」也〔註79〕。

吳廷翰指出「致知」與「知至」在實踐工夫的層次上，是有其差異的。近代
學者戴君仁對「致知在格物，物格而後知至」的解釋，也正好可跟吳廷翰的
意見相呼應，他說道：

格物致知和物格而後知至，有程度上的不同。格物致知是學問初步
事，而物格知至，則是到了成熟的地步〔註80〕。

大學始教的即物窮理是初下手處，故云格物致知，格致二字在前。
至於一旦豁然貫通，則是已成熟了，故云「此謂物格，此謂知之至
也」，格至二字在後，意謂已達到究竟處。用比喻說，格物致知是初
入學，物格知至則是畢業了，語意顯然不同〔註81〕

「格物致知」是踏出學問的第一步、是初入學的工夫，「物格知至」則是代表
學問到了一個成熟的地步。吳廷翰特別強調在「道問學」的工夫上，仍是有
「敬」的涵養在內，他說：「大學之八條目，敬蓋無一時而不在，無一事而不
有也。……思慮精明而不雜，心體管攝而不放，如此而致知格物，如此而誠
意、正心、修身，又何支離之有哉？〔註82〕」。「戒懼慎獨」的涵養工夫是貫
穿整個八條目的，即是：

大學自格物以至修身，乃其自然之序，順而施之，經也；若戒懼慎
獨，則格、致、誠、正自然之功，橫而貫之，緯也。豈可因中庸之
是，而疑大學之非乎？況戒懼慎獨，以為約禮雖明，以為博文則不
甚明。必通於經緯之說，然後知博約、精一之旨，與格致誠正、戒
懼慎獨之義。橫來豎去，並行而不悖矣〔註83〕。

大學、中庸只是一個學，一個工夫，自格物以至於平天下，自戒懼

〔註79〕《吳廷翰集》〈吉齋漫錄‧卷下〉，頁46～47。
〔註80〕戴君仁〈大學八條目的覆說〉，《梅園論學三集》（台北：學生書局，1979年），
頁16。
〔註81〕戴君仁〈陽明批評孟子盡心章朱注〉，《梅園論學三集》，頁31。
〔註82〕吳廷翰《吳廷翰集》〈吉齋漫錄‧卷下〉，頁49。
〔註83〕吳廷翰《吳廷翰集》〈吉齋漫錄‧卷上〉，頁37～38。

以至於致中和，一而已矣。但大學是直去的工夫，故有次序；中庸
是橫貫的工夫故無次序〔註84〕。

因此，雖然是在做格物察識的工夫，但是戒懼慎獨的涵養工夫也不能偏廢，
也可說是秉著內在戒懼持敬之心，而來窮究外在的事物條理規則，並使內外
物理合一。對於此點，王俊彥說道：

格致誠正與戒懼慎獨雖有工夫上順秩序與無秩序之差別！但經緯縱
橫只工夫方向之不同，自工夫主體自身言，仍同只是一個學，一個
工夫。亦即格致誠正若不論其先後秩序，則與戒懼便皆是著實於明
德、至善的修養工夫。故廷翰不強調格致與戒懼之秩序或方向，只
強調二者同為學者問學自修的一個工夫！二者並行不悖、互資為
用，以期達到聖人窮理盡性至命，知行是一，無內外物理之別，只
是一個明德、一個至善、一個敬的境界〔註85〕。

吳廷翰的「格物」為「至物」說，一方面反對陽明格物說的虛見虛聞，一方
面主張在格物中仍須戒懼持敬來涵養。誠如有學者認為「廷翰格物說從朱子
言格物不言窮理之說，不採明道以格物為窮理之說，更不採陽明格物者在外
之說。但由其物本體論觀之，所言格物是至物本體得物本體之理之合內外物
理為一的模式，仍與朱子由器上循理有形上下分別之說法有異〔註86〕。」由
此，更可看出吳廷翰「格物」說的價值與意義〔註87〕。

二、重智的傾向：提高「道問學」的地位

宋代學者大多主張「德性之知」的地位是優先於「聞見之知」的，並且

〔註84〕吳廷翰《吳廷翰集》〈吉齋漫錄・卷下〉，頁51。
〔註85〕王俊彥〈吳廷翰的格物致知論〉，《儒學與現代管理研討會》（南臺技術學院，
1996年），頁47。
〔註86〕王俊彥〈吳廷翰的格物致知論〉，《儒學與現代管理研討會》，頁41。
吳廷翰主張格物必須「至物」的說法，戴震也是如此認為。戴震說：「其曰：
『致知在格物』，何也？事物來乎前，雖以聖人當之，不審察，無以盡其實也，
是非善惡未易決也；『格』之云者，於物情有得而無失，思之貫通，不遺毫末，
夫然後在己則不惑，施及天下國家則無憾，此之謂『致其知』。」周兆茂整理
《戴震全書》（第六冊）（黃山書社，1995年），頁26～27。
〔註87〕關於對吳廷翰「格物」說的評價，李書增說：「總之，在認識論上，吳廷翰堅
持了『物上見理』、『物上體察』的正確路線，繼承和發揮了羅欽順、王廷相
的唯物主義格物說，全面地對程朱、陸王的格物說進行了批評，他的觀點是
明代的最高理論思維成果。」李書增、岑青、孫玉杰、任金鑒著《中國明代
哲學》（鄭州：河南人民出版社，2002年），頁976。

認為「聞見之知」對增長「德性之知」的作用是不大的，如張載說：「見聞之知，乃物交而知，非德性所知；德性所知，不萌於見聞。〔註88〕」、二程說：

> 「聞見之知，非德性之知。物交物則知之，非內也，今之所謂博物多能者是也。德性之知，不假聞見〔註89〕。」。

但是到了明代中期，自然氣本論學者對「德性之知」與「聞見之知」的關係，重新有了不同的觀點詮解，並且也提升了「聞見之知」的地位。誠如，有學者說道：「在理學的演變中，重視聞見之知和感覺經驗，是明代中後期開始出現的一種認識論思潮。這種思潮是對朱熹哲學批判改造的結果，也是對王守仁良知說進行批判的結果。〔註90〕」

（一）德性之知，必實以聞見，乃為真知

「德性之知」是上天賦予每個人的道德直覺，而在初步階段的萌芽時期，我們透過內省冥想靜坐來沈澱己心，對「德性之知」的呈顯來說，似乎是很有助益的。但是這也僅適用於「德性之知」的開端而已，想要「德性之知」有更進一步的成長以致於成熟的階段，是必須有「聞見之知」的加入。吳廷翰說道：

> 德性之知，必實以聞見，乃為真知。蓋聞見之知，自是德性所有，今以德性為真知，而云「不假聞見」，非也。嬰孩始生，以他人母之而不識，長則以他人為母，終其身不知。或閉之幽室，不令人見，不聞人語，雖天日且不識，而況於他乎？故嬰孩之知，必假聞見而始知。其呼父母與飲食，皆人教詔之也。以此可見德性之知，必由耳目始真。釋子坐枯，屏絕外物，至死而欲不能割者，蓋其心已先有耳目之知為主故耳。以此益見耳目之知為真。人而無心無知，固不得謂之人。然有心而無耳目，則心亦何寄乎？良知之說，騖言德性而小聞見，充其類則亦枯坐之僧、幽閉之嬰孩而已。乃欲以語聖人之學乎〔註91〕！

吳廷翰強調「德性之性，必實以聞見，乃為真知。」、「德性之知，必由耳目始真」，他反對有人太過推崇「德性之知」的神奇功能與妙用。他甚至說「良

〔註88〕張載《張載集》（台北：漢京文化事業出版，1983 年），頁 24。

〔註89〕程顥、程頤《二程集》（台北：漢京文化事業出版，1983 年），頁 317。

〔註90〕蒙培元《理學的演變——從朱熹到王夫之戴震》（福州：福建人民出版社，1998 年），頁 391。

〔註91〕《吳廷翰集》〈吉齋漫錄·卷下〉，頁 60。

知之說，駕言德性而小聞見，充其類則亦枯坐之僧、幽閉之嬰孩而已。〔註92〕」假如缺乏「聞見」的輔佐，「德性之知」的真實作用也很難發揮出來。對於先儒抬高「尊德性」的地位而貶低「道問學」的意義，羅欽順反駁地說：

> 「『既不知尊德性，焉有所謂道問學？』此言未爲不是，但恐差認卻德性，則問學直差到底。原所以差認之故，亦只是欠卻問學工夫。要必如孟子所言『博學詳說』『以反說約』，方爲善學。苟學之不博，說之不詳，而蔽其見于方寸之間，雖欲不差，弗可得已！〔註93〕」

羅欽順認爲假如「欠缺問學的工夫」，那麼也會產生「差認卻德性」的後果，並且「故學而不取證於經書，一切師心自用，未有不自誤者也〔註94〕。」，因爲「世之學者，既不得聖賢以爲之師，始之開發聰明，終之磨礱入細，所賴者經書而已。〔註95〕」余英時對羅欽順此點的主張，深表高度地贊同，他說：

> 儒家由「尊德性」轉入「道問學」的階段，最重要的內在線索便是羅整菴所說的義理必須取証於經典。這個趨勢在王陽明的時代已經看得見，入清代以後更是顯露無遺。每一個自覺得到了儒學真傳的人，總不免要向古經典上去求根據〔註96〕。

Irene Bloom 對羅欽順「愚嘗竊以所從入者驗之，斷非先有知識不可〔註97〕。」，

〔註92〕 吳廷翰此說可能參考王廷相的意見。王廷相說：「夫心固虛靈，而應者必藉視聽聰明，會於人事，而後靈能長焉。赤子生而幽閉之，不接習於人間壯而出之，不辨牛馬矣，而況君臣、父子、夫婦、長幼、朋友之節度乎？而況萬事萬物幾微變化，不可以常理執乎？彼徒虛靜其心者何以異此？傳經討業，致知固其先務矣，然必體察於事會而後爲知之真。」《王廷相集》〈家藏集·石龍書院學辯〉，頁 604～605。

〔註93〕 羅欽順《困知記》〈卷上71〉，頁 260。

〔註94〕 羅欽順《困知記》〈卷下43〉，頁 275。

〔註95〕 羅欽順《困知記》〈附錄·答歐陽少司成崇一（甲午秋）〉，頁 358。

〔註96〕 余英時〈清代思想史的一個新解釋〉《歷史與思想》（台北：聯經出版，2001年初版第22刷），頁 143～144。余英時也強調客觀認知在現今時代的重要性，他說：「我們必須承認，儒學的現代課題主要是如何建立一種客觀認知的精神，因爲非如此便無法抵得住西方文化的衝擊。傳統儒學以道德爲『第一義』，認知精神始終被壓抑得不能自由暢發。」〈論清代學術的新動向〉《歷史與思想》，頁 162。韋政通對此也提出：「人的生命是一個複雜的綜合體，如果只是把代表生命一部份的仁抽離出來，又加以放大，並沈溺其中，對人的問題就不能解決了。中國儒家的發展，就正是這種情形。結果使道德思想只成了主觀的構想，大部分都不能實化。對現實上人所犯的種種過惡，亦不深知其所以然。」《中國哲學思想批判》（台北：水牛出版社，1976年），頁 95。

〔註97〕 羅欽順《困知記》〈卷上67〉，頁 259。

強調知識的重要性與優先性的此項見解，也說道：

> 羅欽順有關氣的一元論的認識推論，和他對人類本性的修正了的態
> 度，還可以從他對強調感性知識和感覺經驗的重要性和可靠性的主張
> 中看到。感性知識早就被包括張載和程頤在內的一些宋代新儒者所反
> 對，他們倡導一種通過道德本性來獲取的更高價值的知識（德性之
> 知），它是一種更類似教化經驗的理解模式，而不是普遍的感覺。羅
> 欽順不接受這種認為有獨立於並更優於「見聞之知」的知識模式存在
> 的觀點，在他來說，「見聞」代表了了解世界的基本方式，唯一真正
> 的認識論的論點是集注意力和辨別力於感官的運用中〔註98〕。

自然氣本論者強調「道問學」的重要，但不表示「尊德性」是次要的工作，應該說是透過實際篤行「道問學」，才能真正的達到「尊德性」的效果。吳廷翰說：「此聖人之教所以必是格物、致知以至於誠意、正心、修身，其尊德性亦須道問學而後得也。終不道心性之學不是根本，只根本要許多培養。除了學問，決是一超徑悟之語，聖人原無此教。〔註99〕」羅欽順也提到「求放心只是初下手功夫，盡心乃其極致，中間緊要便是窮理。窮理須有漸次，至于盡心知性，則一時俱了，更無先後可言。如理有未窮，此心雖立，終不能盡〔註100〕。」所以，唯有透過「學問」的逐漸累積，才能培養心性使其成長茁壯，因為「求放心」只是此心性之學的開端，要達到「盡心」的成熟階段，是需要格物窮理、道問學的工夫。而「道問學」是如何對我們的德性產生幫助呢？成中英說道：

> 認識事物的定理有兩種作用：一種是使心中的各種迷惑或意見消
> 失，以維持本心明朗的境界；另一種作用乃是幫助心之善的發動，
> 亦即幫助心就事物之是而為是，非而為非的判斷能力。〔註101〕

〔註98〕 （美）艾琳・布洛姆（Irene Bloom）〈《困知記》與明代的學術論戰〉（湖南大學學報，第十八卷第6期，1991年），頁25。

〔註99〕 吳廷翰《吳廷翰集》〈吉齋漫錄・卷下〉，頁55。

〔註100〕 羅欽順《困知記》〈卷上68〉，頁260。

〔註101〕 成中英〈致知與致良知〉，《創造和諧》（上海文藝出版社，2002年），頁161。
他更進一步指出知識與價值是有所區別的，他說：「我們也要認識知識與價值是兩個不同的過程、兩個不同的目標、兩個不同的程序。因為知識是以理性來認識世界的真相，但都必須透過體驗以及對事物的反省與觀察而存在的。價值是以主體的絕對性和自我的肯定為主，是以辨別是非、認定目標為基礎。所以，知識與價值是兩個不同層次，雖然兩者是相關的。」《創造和諧》，頁163。

儒者要「士希賢、賢希聖」效法聖賢的樣式，必須經由「問學」此過程，才能達到。因爲「夫古人言行那復得見，亦必載之詩書，或在傳述；終不然只是一個契悟默想便能得之，亦必須誦詩讀書，多識前言往行，以我之心求古人之心，以古人之心感我之心，如此方纔有得〔註102〕」，王廷相更對崇尚虛靜的儒者提出評論，他說：「世儒崇尚虛靜，而無明物察倫之學；刻意文詞，而後輔世和民之績，則於仲尼門逕荒哉逴矣，謂達諸道，何啻霄壤？〔註103〕」，人必須藉由學習經驗知識，而後充實自己的德性，雖然經驗知識與德性價值是不同的層面，但兩者是息息相關的。但知識經驗的功用卻是不能被抹殺的，杜維明認爲：

> 事實上，經驗知識在儒家傳統中具有一種受到珍視的價值，以致儒家爲學做人之道規定了一個相當廣泛的教育綱領，除了其他學習內容外，它把花草樹木、飛禽走獸的自然界也包括在內。還應當指出，有教養的人所必備的儒家「六藝」既涉及算術，也涉及禮、樂、射、御、書。並且，儒家的五經是研究天文、地理、政治、歷史、詩歌和文學的豐富材料。這就不難理解，《大學》這篇非常簡潔地論及儒家修養的文章，爲何以「格物」的訓條開始它的教誨。當然，儒家意義上的知識擴展，總被認爲是整體文化方式的組成部分。但是，知識的價值在儒家的人道主義中是絕對不能降低的；一個人不經學習做人的自覺過程就能成爲完人，是不可思議的〔註104〕。

明代中期自然氣本論者主張「德性之知必實以聞見，乃爲眞知」、「尊德性亦須道問學而後得也」，同時期的學者呂柟也說：「殊不知德性與聞見相通，元無許多等第也。〔註105〕」，這也說明了「道問學」地位之提升，並重視知識經

〔註102〕吳廷翰《吳廷翰集》〈吉齋漫錄・卷下〉，頁 55。
〔註103〕王廷相《王廷相集》〈內臺集・粟應宏道甫字説〉，頁 983。
〔註104〕杜維明〈傳統儒家思想中的人的價值〉，《儒家思想新論——創造性轉換的自我》（南京：江蘇人民出版社，1996 年），頁 75。
〔註105〕〈涇野子內篇・卷之八〉：「南昌裘汝中問：『聞見之知，非德性之知？』先生曰：『大舜聞一善言，見一善行，沛然莫之能禦，豈不是聞見，豈不是德性！』『然則張子何以言不桍於聞見？』曰：『吾之知固本是良的，然被私欲迷蔽了必賴見聞開拓，師友夾持而後可。雖生知如伏羲，亦必仰觀府察。』汝中曰：『多聞，擇善而從之，多見而識之，乃是知之次也。是以聖人將德性之知不肯自居，止謙爲第二等工夫』。曰：『聖人且做第二等工夫，吾輩工夫只做第二等的也罷。殊不知德性與聞見相通，元無許多等第也。』」，（明）呂柟《涇野子內篇》（北京：中華書局，1992 年），頁 65。

驗的價值與意義〔註106〕。

（二）由分殊至理一：在貫上用功

　　自然氣本論者認爲並無一先驗的天理可供把捉，所以必須在日常人倫處用功，才能認識天理，因爲理就在事中，理就在情中。吳廷翰說：

> 所以謂學者當于「貫」上用工者，此自有説。蓋天下之理具于吾心而散在萬事，凡做事皆是此心，所以心上工夫必于事上得之。如有愛親之心，必做出愛親實事；有敬長之心，必做出敬長實事，方有下落。若只説我有愛敬之心，而無其事，則只是個空虛。所以予嘗説：「無貫做不成一。」若于一上做得成，聖人何故不以此立教？何故遺此一個頓悟超脱之妙，易簡之方，使異教得之，而反出其下也〔註107〕？

〔註106〕有學者認爲這也表示了儒家智識主義的興起，如 Irene Bloom 提到「氣學思想與中國傳統智識主義的關連性（連續性）關係」，參見 Irene Bloom〈On the ˝Abstraction˝ of Ming thought：Some Concrete Evidence from the Philosophy of Lo chin-shun〉收錄在 Wm.T.de Bary and Irene Bloom *Principleand Practicality：Essays in Neo-Confucianism and Practical Learning*，（Columbia University Press,1979),p77. 海外學者余英時也主張此代表了儒家智識主義的興起，他認爲「陽明死在 1528 年，10 年之後（1538 年）王廷相寫『雅述』便特別指出見聞的重要，強烈地反對所謂『德性之知』。他說：人的知識是由內外兩方面造成的。内在的是『神』，即是認知的能力；外在的是見聞，即是感官材料。如果不見不聞，縱使是聖人也無法知道物理。……明末的劉宗周是宋明理學的最後大師；在哲學立場上，他接近陸、王一派。但是在知識問題上，他也十分反對『德性』、『見聞』的二分法。他在論語學案裏注釋『多聞擇善、多見而識』一章，便肯定地説人的聰明智慧雖是性分中所固有，可是這種聰明智慧也要靠聞見來啓發。所謂德性之知也不能不由聞見而來。王學末流好講現成良知，認爲應該排斥聞見以成就德性，劉宗周便老實不客氣地指出這是『墮性於空』，是『禪學之談柄』。王廷相、劉宗周的觀點可以代表十六、七世紀時，儒家知識論發展的新方向。這個發展是和儒家『文』的傳統的重新受到重視分不開的。換句話説，這一發展是爲儒家的經典研究或文獻考訂提供了一個重要的理論基礎，清代考證學在思想史上的根源正可以從這裏看出來。……戴東原雖然未必讀過王廷相的著作，但是戴的知識論卻正走的是王廷相的路數，而且比王廷相走的更遠、更徹底。而劉宗周的論語學案那一條注釋也特別受到四庫全書提要編者的重視。這些思想史上的重要事實，雖然相隔一兩百年，但決不是孤立的、偶然的。它們是儒家智識主義的興起的清楚指標。」〈清代思想史的一個新解釋〉，《歷史與思想》（台北：聯經出版，2001 年初版第 22 刷），頁 135～136。

〔註107〕《吳廷翰集》〈吉齋漫錄・卷下〉，頁 68。

因此，儒者當於「貫」上用功，於日常一言一行中來體會天理，所謂「無貫做不成一」。要在此經驗的世界上來從事修養的工夫，假如離此經驗世界而去追求一個超脫頓悟之妙，並以此為「理一」的話，那麼，那也只是一個「虛理」而已。王廷相也提到：

> 聖人之道，貫徹上下。自灑掃應對，以至均平天下，其事理一也。自格物致知，以至精義入神，其學問一也。自悅親信友，以至過化存神，其感應一也。故得其門者，會而極之；異其塗者，由之而不知也。古之人寧學聖人而未至，不欲以一善成名，予竊有慕焉耳〔註108〕。

因為「聖人之道，貫徹上下」，所以我們雖從事看似是形而下且卑微的灑掃應對的工作，但在其中是有形而上的天理在內的。不管是日常卑賤的瑣事、或是從事問學、或是與人之間的應對進退，我們都能夠從中學習到聖人之道的。明初的葉子奇說道：「離物而言性，此佛氏所以淪為空寂；捨器而言道，此老氏所以溺於虛無。故大學之始教，所以不出於民生日用彝倫之外也。〔註109〕」，對於這種要在具體的人生脈絡中，來實踐聖人之道的作法，李澤厚講述到：

> 真實的存在既在人間的「此在」，難道「此在」只能在空虛的內省之中？難道中國哲學傳統止於倫理本體的理學、心學？否！要回到艱難的現實和奮鬥的人生，回到具體的歷史和心理。只有追求和把握擁有具體歷史性的心靈才可能有真正深刻的「此在」〔註110〕。

基本上唯有在具體的實踐中才能深刻體會到「此在」，所以羅欽順認為「謂理一者，須就分殊上見得來，方是真切。〔註111〕」，那也是因於「然分之殊者易見，而理之一也難明。〔註112〕」的緣故。若不從可見有形之迹來求之「理一」，是會「茫然無下手處〔註113〕」。並且羅欽順也說道：「以『發育萬物』、

〔註108〕《王廷相集》〈慎言‧作聖篇〉，頁760～761。
〔註109〕葉子奇《草木子》（北京：中華書局，1997年），頁30。
〔註110〕李澤厚《中國古代思想史論》（台北：漢京文化事業出版，1987年），頁254～255。
〔註111〕羅欽順《困知記》〈卷下59〉，頁280。
〔註112〕羅欽順《困知記》〈附錄‧答林次崖僉憲（壬寅冬）〉：「書末所云：『如不用格物致知之功，而徒守理一分殊之說，切恐只為無星之稱，無寸之尺，非可與議精義入神之妙也。』此言卻甚當，近時學術多是如此。區區拙學，于鳶魚花竹亦嘗用心理會，頗見其所以然者，而況于仁敬孝慈之類人道大倫，安敢忽也！然分之殊者易見，而理之一也難明。」，頁395。
〔註113〕羅欽順《困知記》〈附錄‧答陳靜齋都憲（丙申冬）〉說：「但觀《中庸》之論中和，亦先舉喜怒哀樂四者，似皆欲人據其可見之迹而求之，則無聲無臭之

『禮儀三百，威儀三千』爲『道之所生』，不是就把此當道。如此是器外有道矣，是子思語下而遺上矣。豈其然乎？……抑未聞天地之外別有所謂太極也〔註114〕。」自然氣本論者之所以主張要在人事上體驗用功，也是爲了矯正當時學術界上所流行虛華不實的學風。王廷相說：

> 諸生多從講學，此儒者第一事。但近世學者之弊有二：一則徒爲泛然講說，一則務爲虛靜以守其心，皆不於實踐處用功，人事上體驗。往往遇事之來，徒講說者，多失時措之宜，蓋事變無窮，講論不能盡故也；徒守心者，茫無作用之妙，蓋虛寂寡實，事機不能熟故也〔註115〕。

只有在「實踐處用功，人事上體驗」，才不會流於「虛寂」，因此「必從格物致知始，則無憑虛泛妄之私；必從灑掃應對始，則無高蹈等之病。上達則存乎熟矣。〔註116〕」，這樣的看法也似乎是針對王陽明心學所產生的弊端而發。呂柟也對王陽明所講述的「良知」之學不以爲然，他說：

> 詔問：「講良知者如何？」先生曰：「聖人教人，每因人變化。如顏淵問仁，夫子告以『克己復禮』；仲弓，則告以敬、恕；樊遲，則告以『居處恭，執事敬，與人忠』。蓋隨人之資質學力所到而進之，未嘗規規於一方也。世之儒者誨人，往往不論其資稟造詣，刻數字以必人之徒，不亦偏乎〔註117〕！

吳廷翰也對王陽明講學的內容提出嚴厲的批評，他說：

> 今人好說大本、一貫，也只是個糊塗不明白的學問，何曾知那大本、一貫？有一纔有貫，然無貫不成一。有本纔有末，然無末不成本。所以聖門之學只在逐事逐物、一言一行上用功。蓋以事物言行，不離乎貫而爲一，不離乎末而得其本也。爲何只懸空討個大本一貫？不知大本一貫，從何便得？此聖人事，須是聖人纔能立天下之大本，纔說得「一以貫之」。而今說得太易了，使人疑惑不信，故反求之高遠，茫茫蕩蕩的全無實地。不如且只低頭理會「博學而篤志，切問

妙，庶乎可以默識。不然，即恐茫然無處下手，求之愈遠而反失之矣。」，頁367。

〔註114〕羅欽順《困知記》〈附錄・答林次崖僉憲（壬寅冬）〉，頁395。
〔註115〕王廷相《王廷相集》〈家藏集・與薛君采〉，頁478。
〔註116〕王廷相《王廷相集》〈慎言・潛心篇〉，頁778。
〔註117〕呂柟《涇野子內篇》（北京：中華書局，1992年），頁88。

而近思」,「言忠信,行篤敬」,久而成熟,徹上徹下,大本一貫,不出乎此矣〔註118〕。

因爲「聖人之學只在逐事逐物、一言一行上用功」,假如不去具體的實踐,將會「茫茫蕩蕩的全無實地」,況且「不知天理不在人事之外,外人事而求天理,空焉爾矣。〔註119〕」。羅欽順說:「蓋通天地人物,其理本一,而其分則殊。必有以察乎其分之殊,然後理之一者可見,既有見矣,必從而固守之,然後應酬之際無或差謬。此博約所以爲吾儒之實學也〔註120〕。」所以,唯有透過具體地逐事逐項去實踐此下學之事,才有可能上達;察乎萬事萬物的「其分之殊」,然後才能「理之一者可見」。對此,杜維明說:

> 因爲人是依靠做、實踐以及行動,而成爲他應該成爲的人。人永遠不能藉靜坐冥思而眞正發展他自己。儒者必須因此變化他自己,由一偏頗、消極以及無用之人(man of words)的抽象狀態變成一個完全、積極以及有用的行爲人(man of deeds)的具體實在。如果儒者希望恢復他的使命感(sense of mission),以及事實上他的生存權利,他必須在可被稱做是「實踐過的具體性」方面全力以赴〔註121〕。

吳廷翰提到:「孔門弟子尋常用工,多是隨處隨事,腳踏實地,使之積累以俟貫通。〔註122〕」而這也就是在「實踐過的具體性」方面全力以赴的作法。我們雖然在貫上逐事逐項用功,但積累久了,就能夠「一以貫之〔註123〕」了。吳廷翰論述到:

> 聖人之一,以一統乎貫也。異端守一而已,曾何貫之有?儒釋之分,正在于此。不知一而泛求諸貫,非聖人之學也。舍貫而徑求諸一,亦非聖人之學也。故聖人之學必「一以貫之」,蓋合內外之道。愚所以必欲說學當于貫上用工者,豈不知一理貫通,而心上工夫易簡也。顧一工夫,要在貫上做乃可得,蓋即貫是一,則一始可貫耳〔註124〕。

〔註118〕《吳廷翰集》〈吉齋漫錄・卷下〉,頁53。
〔註119〕呂柟《涇野子內篇》(北京:中華書局,1992年),頁195。
〔註120〕羅欽順《困知記》〈續卷下10〉,頁323。
〔註121〕杜維明〈顏元:從內在體驗到實踐的具體性〉,《人性與自我修養》(台北:聯經出版社,1992年),頁283。
〔註122〕《吳廷翰集》〈吉齋漫錄・卷下〉,頁68。
〔註123〕自然氣本論者主張「一以貫之」而非「以一貫之」。因爲並無此先驗性的「一」可先把捉來貫通萬殊之事物。
〔註124〕《吳廷翰集》〈吉齋漫錄・卷下〉,頁68~69。

自然氣本論者認為「分殊之理」即是「理一」的種種不同面貌的呈現，也可說「分殊之理」也即是「理一」。因此當學者於貫上用功時，其不知不覺中也就是在做通貫一理的工夫。當實踐的工夫不斷地去實行時，時間久了自然「一以貫之」，並且也達到「物格而知至也」的地步了。

（三）以「博學、審問、慎思、明辨、篤行」為論學的方法

自然氣本論者強調閱讀古籍的重要，因為聖人的言行舉止是記載於典籍中的，唯有透過閱讀詩書典章制度，才能效法聖賢的樣式。王廷相說：

> 四書、五經、性理大全、通鑑綱目及孝經、小學、近思錄等書，天地人物之道，修齊治平之理，無不該備，學者必須講明玩索，以究其義理；體驗擴充，以達諸人事；則知行並進，體用兼舉，有用之學，無過於此。此外更有力兼通廣覽，博極群書，以資藉識見者，亦聽其行。但不可舍本務末，讀無益之書，廢有用之學〔註125〕。

學者對經典（如：四書、五經、性理大全、孝經、近思錄……等）必須「講明玩索，以究其義理」，並且要運用其義理而來「達諸人事」。我們藉著將聖人言行來熟讀精思，不斷地去思索與體察，才能明白自己的言行是否合乎中道，並在閱讀典籍時，是有其為學方法的。對此，羅欽順提到：

> 此理誠至易，誠至簡，然『易簡而天下之理得』乃成德之事，若夫學者之事，則博學、審問、慎思、明辨、篤行，廢一不可。循此五者以進，所以求至于易簡也。苟厭夫問學之煩，而欲徑達于易簡之域，是豈所謂易簡者哉！大抵好高欲速，學者之通患，為此說者，適有以投其所好，中其所欲。人之靡然從之，無怪乎其然也。然其為斯道之害甚矣，可懼也夫〔註126〕！

學者要經由「博學、審問、慎思、明辨、篤行」此五種論學方法，才能將外在客觀的知識，內化為己用。而此五種方法可視為一種直線往前推進的為學

〔註125〕王廷相《王廷相集》〈浚川公移集・卷之三・督學四川條約〉，頁1169。

〔註126〕羅欽順《困知記》〈卷上9〉，頁242。《整菴存稿》也提到：「夫學所以為學、為人也；人之所以為人，仁而已矣。四端五典萬事萬物無一不統於仁，故孔門教人，以求仁為第一義。凡古聖賢經傳，其言累千萬計，無非所以發明是理，博學而慎擇之，審問而精思之，明諸心體之身積之厚而推之，善其仁至於不可勝用，然後為學之成，不此之求，而徒事空言以徼利達，則其志亦陋矣，安能為有無於斯世哉！」〈卷一・韶州府重修廟學記〉（欽定四庫全書・集部六）（台北：台灣商務書局，1973年），頁8（B面）、頁9（A面）。

歷程，但也可將此五種論學名稱，看成僅僅只是一種爲學的工夫。也就是每一項目都涵攝在其他項目之中，在論學時不能截斷眾流地只單單做博學的工夫或只做慎思的工夫而已。必須同時並進的實施，才能明瞭及體驗到聖賢言語中的精義。王廷相說：

> 君子之學，博文強記，以爲資藉也；審問明辨，以求會同也；精思研究，以致自得也，三者盡而致知之道得矣。深省密察，以審善惡之幾也；篤行實踐，以守義理之中也；改過徙義，以極道德之實也，三者盡而力行之道得矣。由是而理有未明，道有未極，非其才之罪也，鹵莽邪僻害之也。是故君子主敬以養心，精義以體道〔註127〕。

「博文強記」、「審問明辨」、「精思研究」此三者盡則可得「致知之道」。但仍必須篤行實踐此道，才能「極道德之實」。而關於我們要認識此現象世界，「博學、審問、慎思、明辨」的工夫是不可缺少的，成中英認爲：

> 知識就是一個能知與所知的關係，就是肯定一個眞實的世界是要經過仔細的求知過程而獲得認知的。這種求知的過程影響了我們的心理上的認知活動，幫助我們認識世界眞相。我相信《中庸》提到的：「博學、審問、慎思、明辨」四項要目，顯然包含了一個認知的過程，使我們對世界的認識合乎事實眞相〔註128〕。

自然氣本論者不單只是把聖人的經書當作純粹的客觀知識來閱讀，不單只是將它視爲頭腦的推理活動而已，他們是把整個身心並用、融入此典籍當中，並且具體地去實踐它。羅欽順：

> 聖賢千言萬語，無非發明此理。有志于學者，必須熟讀精思，將一個身心入在聖賢言語中，翻來覆去體認窮究，方尋得道理出。從上諸儒先君子，皆是如此用工。其所得之淺深，則由其資秉有高下爾〔註129〕。

因此，當我們從事經典的閱讀活動時，除了要將身心融會其中之外，還必須「翻來覆去」地去「體認窮究」。在這體認的過程中，經典的意義再次甦醒過來，它可以超越時間的侷限，而活在閱讀者當下的心裏。黃俊傑對此現象說道：

> 這種「互爲主體性」的解經方法，一方面使經典中的「道」由於獲

〔註127〕《王廷相集》〈慎言‧潛心篇〉，頁778。
〔註128〕成中英《創造和諧》（上海文藝出版社，2002年），頁159。
〔註129〕羅欽順《困知記》〈續卷上51〉，頁310。

得異代解經者主體性的照映，而不斷更新其內容，在「時間性」之中使經典獲得「超時間性」；另一方面則使讀經行動成爲「尋求意義」的活動，讀經者的生命不斷受經典中之「道」的洗禮而日益豐盈，「問渠那得清如許，爲有源頭活水來」（朱子〈觀書有感詩〉），正是這種狀況的寫照〔註130〕。

自然氣本論者在閱讀古籍經典時，除了抱持著「以我之心求古人之心，以古人之心感我之心〔註131〕」的趨同態度外，並且也持著批判的眼光來審視前人的說法，王廷相說：「學者於道，貴精心以察之，驗諸天人，參諸事會，務得其實而行之，所謂自得也已。使不運吾之權度，逐逐焉惟前言之是信，幾於拾果核而啖之者也，能知味也乎哉〔註132〕？」。我們不必對聖賢的言語亦步亦趨、唯唯諾諾的來信守其教條，我們是因爲親自將它「驗諸天人、參諸事會」，而有所「自得」後，才來認定聖賢的話語是有道理的，而這也才能做出創造性的詮釋。但這兩種態度並非是相衝突的，有學者論述到：

> 然而，具有歷史意識絕非意味使自己像不變的實體一樣受制於過去，而是要去發展創造的能力。這種能力不是在孤立狀態之中發展的，而是藉著與偉大歷史人物的對話得以發展的，並且正是借助於這些偉大的歷史人物，個人的作品才獲得有意義的評定和適當的賞識。……這樣，追尋古代就意味著挖掘和鑽研那象徵人類過去成就中最重要標誌的歷史眞實性。個人的才智並不因爲要使自己成爲他傳統的組成部分而經歷個性消除的過程，因爲他用以體現古人思想精髓的基礎，及產生他自己創造淵源的基礎就是他的眞實自我〔註133〕。

我們與古人對話，並不是要使我們自己的思維受到限制，而是要以此爲基礎，讓自己發展出創造的能力。而這其中的過程是細微地牽涉到我們如何實際操做此聖人之「道」，因爲：

> 知「道」意即知道如何去回應，也就是知道要做什麼，包括斟酌事

〔註130〕黃俊傑〈儒家論述中的歷史敘述與普遍理則〉《東亞儒學史的新視野》（台北：喜瑪拉雅研究發展基金會，2001 年），頁 92。

〔註131〕吳廷翰《吳廷翰集》〈吉齋漫錄・卷下〉，頁 55。

〔註132〕王廷相《王廷相集》〈愼言・見聞篇〉，頁 772。王廷相說：「自得之學，可以終身用之；記聞而有得者，衰則忘之矣，不出於心悟故也。故君子之學貴於深造實養，以致其自得焉。」〈愼言・見聞篇〉，頁 776。

〔註133〕杜維明〈內在經驗：宋明儒學思想中的創造基礎〉《人性與自我修養》（台北：聯經出版社，1992 年），頁 150。

務，依據修養過後的「義」而行事，以收最有利之結果。確實，涉
及知道如何（knowing how）的德行本身要求相當程度的學習、實踐
與技巧。總結來說，智慧涉及了洞悉人類事務的幽微性、複雜性與
流動性，然後作出最因變制宜與最通時達變的反應〔註 134〕。

我們要不斷去練習、運用此知識，才能做出「最因變制宜與最通時達變的反
應」。因為「廣識未必皆當，而思之自得者真；泛講未必吻合，而習之純熟者
妙。是故君子之學，博於外而尤貴精於內，討諸理而尤貴達於事〔註 135〕」、「徒
講而不行，則遇事終有眩惑〔註 136〕」。當我們對義理從事「博學、審問、慎思、
明辨」的工夫後，最重要的是要去「篤行」。這即是：

這種源遠流長綿延不絕的儒家經典詮釋活動，其基本性質實是一種
「實踐活動」，或者更正確地說，中國詮釋學以「認知活動」為手段，
而以「實踐活動」為其目的。「認知活動」只是中國詮釋學的外部形
式，「實踐活動」才是它的實際本質〔註 137〕。

自然氣本論者認為在詮釋經典時，要預先做好「認知活動」的準備功課，然
後在「實踐活動」時才能無所偏差。「知識」不單只是讓我們去研究而已，更
要緊的是去實踐出來。而「實踐」則是要在日常生活中的具體脈絡下來實行，
吳廷翰說道：

孔門以「詩書執禮」為「雅言」，「文行忠信」為「四教」。當時學者
用工，只在博學、篤志、切問、近思、言忠信、行篤敬上，而「求

〔註 134〕Kirill O.Thompson 〈朱子對「四書」中「智」的概念的解釋〉，《東亞四書學
國際學術研討會》（台大東亞文明研究中心主辦，2005 年 4 月 9 日）會議論
文，頁 3。

〔註 135〕《王廷相集》〈慎言‧潛心篇〉，頁 776。

〔註 136〕《王廷相集》〈家藏集‧與薛君采〉，頁 478。

〔註 137〕黃俊傑〈從儒家經典詮釋史觀點論解經者的「歷史性」及其相關問題〉《東亞
儒學史的新視野》（台北：喜瑪拉雅研究發展基金會，2001 年），頁 42。黃俊
傑並且也論述到「實踐活動」內外二義，他說：「所謂『實踐活動』兼攝內外
二義：（一）作為『內在領域』（inner realm）的『實踐活動』是指經典解釋
者在企慕聖賢、優入聖域的過程中，個人困勉掙扎的修為工夫。經典解釋者
常常在註釋事業中透露他個人的精神體驗，於是經典註疏就成為迴向並落實
到個人身心之上的一種『為己之學』。（二）作為『外在領域』（outer realm）
的『實踐活動』，則是指經典解釋者努力於將他們精神或思想的體驗或信念，
落實在外在的文化世界或政治世界之中。傳統的儒家學者常強調儒學是『實
學』，就可以從這個角度加以理解。」

仁」一事，乃其先務。師弟子問答，率不出此，未嘗言及心性，故
子貢以性與天道，爲不可得聞。自曾子傳《大學》，始曰「正心」；
子思作《中庸》，始曰「盡性」，孟子又說出「存心」、「養心」、「求
放心」、「知性」、「養性」等項，而學者工夫漸求向上。蓋使人求之
心性，雖高遠而易于差失；求之學問、忠信、言行，雖若近易而自
有依據。又心性微妙，難于用工，而尋常日用之間，發見著聞，無
非心性之實，即而求之，爲力甚易也。非孔門不以心性爲教，蓋仁
即心性，學問、言行皆所以求之〔註138〕。

學者的修養工夫如果只專注於「漸求向上」，那則會有「易于差失」的缺點，
所以要「求之學問、忠信、言行」。這雖然是「近易」的工夫，一點也不高遠
玄妙，但卻是「自有依據」，可按部就班去實施。

並且學者在尋常日用之間做工夫，即可以體會到「心性之實」，因爲「仁
即心性，學問、言行皆所以求之」。所以我們在「博學」、「審問」、「慎思」、「明
辨」聖人的道理時，基本上是離不開「篤行」的，因爲「大抵孔門凡言爲學，
便有習事在內〔註139〕」，所以我們在認知知識中即涵有實踐知識在內。

自然氣本論者的問學性格濃厚，且又重視聖人所流傳的古籍經典，透
過此「道問學」的工夫，而來「尊德性」。因此，對於經典文本的本身有
字句上之脫誤時，要如何去解決呢？對此，羅欽順說：

凡經書文義有解說不通處，只宜闕之，蓋年代攸邈，編簡錯亂，字
畫差訛，勢不能免。必欲多方牽補，強解求通，則鑿矣。自昔聰明
博辨之士，多喜做此等工夫，似乎枉費心力，若真欲求道，斷不在
此〔註140〕。

我們在從事問學的工作時，一方面要盡全力去思考探索古人的精義所在，但
另一方面假如面臨資料殘缺不全時，只好先將它放置一旁，不做強解，因爲
「若真欲求道，斷不在此」。這也是我們除了尊重古人的文獻資料，以此爲問
學的基礎外，我們也不被此資料所侷限住。重要的是，要從中體驗到「自得」
之學。

〔註138〕《吳廷翰集》〈吉齋漫錄・卷下〉，頁 65。
〔註139〕《王廷相集》〈家藏集・與范師舜〉，頁 485。
〔註140〕羅欽順《困知記》〈續卷上 75〉，頁 315。

第三節　習與性成

「習與性成」即是性成於習的意思，先天秉氣不管是清或濁，都可透過後天的學習而趨於良善，就算原來所秉之氣是美好的，但缺乏後天的教養、聖人教化，仍然是有所不足的。「習與性成」也可視爲氣本論者修養工夫的最後階段，當然此階段仍是涵蓋之前「涵養」、「察識」的工夫在內。必須加以說明的是，所謂的最後階段是相較於前兩階段而言的（假如將涵養→察識→習與性成看成僅是直線推進過程的話）。

但是我們在做修養工夫時，其實不單只是一種直線往前趨近而已，應該視爲是一種「螺璇式」往前推進的過程。所以一開始的「涵養」至「習與性成」，與後來以此爲基礎再往前進階的「涵養」與「習與性成」，其意義與修養功力是不同的。因爲從事修養工夫是沒有停滯的時候，那是一輩子修練自己身心的工夫。

一、「定性」的實踐

（一）羅欽順：操存省察交致

「涵養」工夫在前面所提到的初步階段「知未至」時，是容易「安排把捉，靜定爲難，往往久而易厭〔註141〕」；而現在階段所說的「涵養」則是「知既至」，是「存養即不須大段著力，從容涵泳之中，生意油然，自有不可遏者，其味深且長矣〔註142〕」。而此時的「涵養」仍是緊貼著具體作爲來講：

> 夫吏所以治人而顧有取於安靜，非無所事事之謂，乃行其所無事之謂也，其本正其源清。事至物來順其理而應之，隨其分而處之而已，無容心焉，不違道以悅人，不飾奇以干譽，不役精於分外，以僥倖於萬有一之成功，蓋安靜之實如此〔註143〕。

羅欽順特別指出「安靜」之實在意涵，「非無所事事之謂，乃行其所無事之謂也」，在紛擾的事件當中，心是不役於物的，仍可平靜不受其干擾，而這也是常常操存、提掇此心所致的結果。他說道：

> 動亦定，靜亦定，性之本體然也。動靜之不常者，心者。聖人性之，

〔註141〕羅欽順《困知記》〈卷上22〉，頁248。
〔註142〕羅欽順《困知記》〈卷上22〉，頁248。
〔註143〕羅欽順《整菴存稿·卷六·贈太守徐侯考績赴京序》（欽定四庫全書·集部六）（台北：台灣商務書局，1973年），頁22（B面）。

　　心即理，理即心，本體常自湛然，了無動靜之別。常人所以膠膠擾
　　擾，曾無須臾之定貼者，心役於物而迷其性也。夫事物雖多，皆性
　　分中所有。苟能順其理而應之，亦自無事。然而明有未燭，誠有弗
　　存，平時既無所主，則臨事之際又惡知理之所在而順之乎！故必誠
　　明兩進，工夫純熟，然後定性可得而言，此學者之所當勉也〔註144〕。

「誠明兩進」即是說「自誠明」與「自明誠」此兩種內外工夫必須同時進行，
除了要在主觀上涵養內心之外，並對於客觀的事物、事件，仍是必須加以省
察、加以格物致知的。如此不斷地操存、省察交致工夫純熟，然後可以達到
定性的境界。劉又銘先生認為：

　　所謂「性之」與「定性」，都是心自己「見理」而後「由理」，進而
　　「存、省交致」，進而將它原本屈伸自然萬端莫測的活動依著它自己
　　內在必然卻一無形跡的「節」與「理」具體地真實地凝定的結果；
　　而所謂「心即理，理即心」也正是心的自身在歷經這樣的工夫過程
　　後所得到的結果，並無一個現成的把柄可以把捉而得〔註145〕。

因為並無一個現成的把柄可供把捉而得，所以羅欽順強調致知力行並進的重
要。並且「『知行當并進，而知常在先』，先儒有定論矣。〔註146〕」唯有先初
步地擁有對事物的認知，然後我們才能去實踐，當透過實際操作過後，我們
已經確實掌握到「事中之理」之後，再回過頭來修正原先對事物的認知。對
此現象，陳榮華認為：

　　因為，行為之是否可行和是否能達到目的，不是由道德知識決定，
　　而是由技術知識決定。另一方面，道德價值不是由人限定，而是由
　　知識限定。在實踐的過程中，道德知識不斷更新它自己，給出更新
　　的價值，而人依賴它，調整他的行為和目的。這個過程是無窮無盡
　　和不斷更新的，所以也沒有所謂最高的價值〔註147〕。

在實踐的過程中，我們是不斷去調整及修正原先的價值觀，而這個過程是無
窮無盡和不斷更新的。因此，當我們透過「操存、省察交致其功，不使有須

〔註144〕羅欽順《困知記》〈卷上70〉，頁260。
〔註145〕劉又銘先生《理在氣中：羅欽順、王廷相、顧炎武、戴震氣本論研究》（台北：
　　　　　五南出版社，2000年），頁51。
〔註146〕羅欽順《困知記》〈附錄・答黃筠谿亞卿〉，頁355。
〔註147〕陳榮華《葛達瑪詮釋學與中國哲學的詮釋》（台北：明文書局，1998年），頁
　　　　　308。

臾之間斷」時，那麼也就能夠達到「晦者以明，明者益顯〔註148〕」的地步。
而當我們從事涵養省察的工夫時，我們的性情也會逐漸平和下來，不會受到
過度的喜怒哀樂等情緒之攪擾。因此，羅欽順說：

> 蓋人之常情有多喜者，有多怒者，有多懼者，有多憂者，但一處偏
> 重，便常有此一物橫在胸中，未免礙卻正當道理，此存養省察之功，
> 所以不可須臾忽也〔註149〕。

涵養省察之體認工夫是不可須臾忽也，因它是學者修養的要務，所謂「爲己
之學，最是涵養體認工夫常要接續，記覽考索皆其次爾〔註150〕」，而一旦培養
深厚「則所見益精，言愈約而味愈長，行愈力而事愈實〔註151〕」。不但我們的
性情需要涵養，就連問學也需涵養：

> 看來說得道理分明，自是難事，見之不眞者不待論，亦有心下了了，
> 而發脫不出者，卻是口才短也。此則須要涵養，涵養得熟，終久說
> 出來亦無病痛〔註152〕。

操存省察的工夫是隨時隨處都需實踐，不論是在心性或問學上，因「格物致
知，學之始也；克己復禮，學之終也」，而當達到「定性」的階段時，也即是
「克己復禮」的完成。

（二）王廷相：動靜交養、厥道乃成

王廷相提倡儒者的修養工夫應要「動靜交相養」，這樣才不會成爲涉於一
偏之學。因爲前賢太過強調「主靜」之說，而「主靜」只是聖人之道的一部
份而已。對此，有學者推崇此說法的提出，認爲：「王廷相的『動靜交養』說，
是從周敦頤的『主靜』說到王夫之、顏元的『主動』說的重要過渡環節〔註153〕。」
王廷相對「動靜交養」的看法，如下：

> 聖人之學有養、有爲，合動靜而一之；非學顧如是，乃造化人物之
> 道會其極，詣厥成，自不能不如是爾。周子倡爲「主靜立人極」之
> 說，誤矣。夫動靜交養，厥道乃成；主於靜則道涉一偏，有陰無陽，
> 有養無施，何人極之能立？緣此，後學小生專務靜坐理會，流於禪

〔註148〕羅欽順《困知記》〈附錄・答陳侍御國祥（丁酉春）〉，頁370。
〔註149〕羅欽順《困知記》〈續卷上41〉，頁308。
〔註150〕羅欽順《困知記》〈附錄・答陸黃門浚明（戊戌秋）〉，頁374。
〔註151〕羅欽順《困知記》〈附錄・答陳侍御國祥（丁酉春）〉，頁371。
〔註152〕羅欽順《困知記》〈續卷上52〉，頁311。
〔註153〕葛榮晉《王廷相》（台北：東大圖書公司，1992年），頁238。

氏而不自知，皆先生啓之也。嗟嗟！立言者，可不慎乎哉〔註154〕！
王廷相不贊成「主靜立人極」的提法，因爲這相當於是「有陰無陽，有養無施」的，但他並不因此而否認「主靜」的重要，只是認爲「主靜當察於事會〔註155〕」，才不會流爲「枯寂無覺」。因爲：

> 儒者以虛靜清沖養心，此固不可無者，若不於義理、德行、人事，
> 著實處養之，亦徒然無益於學矣。故清心靜坐不足以至道，言不以
> 實養也〔註156〕。

如果只是單純的靜坐、冥思，而不在義理、人事上實際操作，這樣只是對眞理僅抱持著猜想、揣測，而不是眞正經驗到眞理、認識到眞理。湯淺泰雄說道：

> 眞正的道德只有通過實踐才能獲得。做出有道德的決心，通過身體實
> 踐，才能建立良好的習慣。有意識地使自己的行爲符合道德規範直至
> 成爲第二屬性（習慣成自然），從而使人形成有道德的特徵〔註157〕。

只有將對事物的認知實踐出來，並且不斷地去實踐它，以至於成爲生命中的第二屬性，這就成爲習慣成自然，也即是「習與性成」。王廷相主張：

> 其於經書史傳之中，但係聖賢講論治世之道，及古人行事得先之蹟，
> 便當以自己身心處之，參之於古而驗之於今，務求可行之具，以爲
> 後日居位治事之本。……今後諸生立心，務期以忠信誠敬爲本；言
> 一言，必在於是；行一事，必在於是。久久涵養之深，必致德性淳
> 厚；以之處己，必無過差；以之處人，無不感格。更態度之義，處
> 之公，行之恕，濟之謙和，則行無不得，而聖賢同歸矣〔註158〕。

對於聖賢的言語，是要「以自己身心處之，參之於古而驗之於今」，並且也要有其「久久涵養之深」的修養工夫。王廷相認爲所謂的君子是要「能察諸人倫，皆當其可；閑諸名教，不爽其則；德性靜定，與天爲徒〔註159〕」。

〔註154〕《王廷相集》〈雅述・上篇〉，頁 857。

〔註155〕《王廷相集》〈家藏集・答孟望之論愼言・主靜當察於事會〉提到：「動靜交
　　　　相養，至道也。今之學者篤守主靜之說，通不用察於事會，偏矣。故僕以動
　　　　而求靈爲言，實以救其偏之弊也，非謂主靜爲枯寂無覺者耳。」，頁 667。

〔註156〕《王廷相集》〈雅述・上篇〉，頁 833。

〔註157〕（日）湯淺泰雄《靈肉探微──神秘東方身心觀》（北京：中國友誼出版，1990
　　　　年），頁 20。

〔註158〕《王廷相集》〈浚川公移集・卷之三・督學四川條約〉，頁 1168。

〔註159〕《王廷相集》〈內臺集・果應宏道甫字說〉，頁 983。

　　王廷相認爲人性是有善有惡的，所以更強調後天學習聖人教化的重要。
近代學者張灝提出人性中有其「幽暗意識」之說，可爲之補充，他說：

> 儒家思想是以成德的需要爲其基點，而對人性作正面的肯定。不可
> 忽略的是，儒家這種人性論也有其兩面性。從正面看去，它肯定人
> 性成德之可能，從反面看去，它強調生命有成德的需要，就蘊含著
> 現實生命缺乏德性的意思，意味著現實生命是昏暗的、是陷溺的，
> 需要淨化、需要提升。沒有反面這層意思，儒家思想強調成德和修
> 身之努力將完全失去意義。因此，在儒家傳統中，幽暗意識可以說
> 是與成德意識同時存在，相爲表裏的〔註160〕。

儒家的成德之學一方面肯定人性有其成德的潛能，但另一方面也點出人性在現
實層面上是對德性的缺乏。王廷相感受到人性是有其惡的部分，是有其「幽暗
意識」的，人性是有其被氣稟所遮蔽的。人性並不像孟子、王陽明所認爲的那
樣樂觀，只要一念回到本心便妄心止息。人性的完成，主要是受到後天的教化
所致，因「人的本質、一切人性，並非天生或自然獲得，它們都是人類自我建
立起來的。對人類整體說是這樣，對個體也如此。前者通過漫長歷史，後者主
要通過教育（廣義），意志結構便主要通過實踐活動本身來建立〔註161〕。」所
以，王廷相主張在修養工夫上，是要「合內外之道」是要「動靜交相養」的。

　　而對於在日常生活中的行起坐臥，我們應如何來涵養其心性呢？他論述到：

> 古人之學，先以義理養其心，「志於道，據於德，依於仁」是也。復
> 以禮樂養其體，聲音養耳，彩色養目，舞蹈養血脉，威儀養動作是
> 也。內外交養，德行乃成，由是動合天則，而與道爲一矣〔註162〕。

我們除了閱讀聖賢的經典以義理養其心之外，更可透過禮樂、聲音、彩色、
舞蹈、威儀等，使自己身心靈全方位重新來塑造及改變。而這變化是「由內
至外」也是「由外至內」，這是雙向迴流的變化過程。王廷相說：

> 無事而主敬，涵養於靜也，有內外交致之力；整齊嚴肅，正衣冠，
> 尊瞻視，以一其外；沖淡虛明，無非僻紛擾之思，以一其內，由之
> 不愧於屋漏矣。此學道入門第一義也〔註163〕。

〔註160〕張灝《思想與時代》（上海：上海文藝出版社，2002年），頁12。
〔註161〕李澤厚《中國古代思想史論》（台北：漢京文化，1987年），頁245。
〔註162〕王廷相《王廷相集》〈慎言・君子篇〉，頁814。王廷相：「習靜看周易，乘閒
　　　　理舜琴」。（王氏家藏集・卷十六・五言律體・春興），頁272。
〔註163〕王廷相《王廷相集》〈慎言・潛心篇〉，頁775。

> 明道莫善於致知，體道莫先於涵養。求其極，有內外交致之道。不
> 徒講究以爲知也，而人事酬應得其妙焉，斯致知之實地也；不徒靜
> 涵以爲養也，而言行檢制中其則焉，實致養之熟塗也〔註164〕。

王廷相強調「內外交致」之道，無論是內心沖淡虛明的涵養，或是在人事作
爲上的致知，都是要知行並進的，因「優入堯舜之域，必知行兼舉者能之矣
〔註165〕」，而「潛心積慮，以求精微；隨事體察，以驗會通；優游涵養，以
致自得〔註166〕」。當我們持續實行「動靜交養」、「集義明道並行〔註167〕」的
工夫時，我們便會體驗到「學有變其氣質之功」、「性善可學而至〔註168〕」。而
這結果如同王俊彥所說的：

> 善性即因久而成習，被凸顯爲行爲之善。使性由氣化之偶善，轉爲
> 現實教化層之有必然性的行爲之善〔註169〕。

善性因久而成習，自然而然內化在我們人性中成爲我們人性中的一部分。而
先天秉氣的善也只是偶善，但在現實層面中我們不斷加以鍛鍊而成的善，才
是有必然性的行爲之善。而這也是要「講學、力行並舉」才能成：

> 學博而後可約，事歷而後知要，性純熟而後安禮。故聖人教人，講
> 學、力行並舉，積久而要其成也焉。故道非淺迫者所可議也〔註170〕。

當我們透過「窮理在致知之精，養才氣在行義之熟〔註171〕」之後，使「性純
熟而後安禮」，我們便可「成性」、「凝定之性〔註172〕」，而這是一步一腳印的
路程，是沒有其捷徑與特快直達車的。「儘管他在存有論上是自足的，但人要
完全實現人的存在，他就必須時時地留意學習成爲聖人（眞實人性的最高形
式）的過程。應當指出學習成聖的過程並不是直線前進的形式，而是漸進地
完成的〔註173〕」。我們可抵達成聖之終點嗎？我想這是沒有終點的旅程，但我

〔註164〕王廷相《王廷相集》〈愼言·潛心篇〉，頁778。
〔註165〕王廷相《王廷相集》〈愼言·小宗篇〉，頁788。
〔註166〕王廷相《王廷相集》〈愼言·潛心篇〉，頁775。
〔註167〕王廷相《王廷相集》〈王廷相家藏集·卷三十七·雜著〉，頁667。
〔註168〕王廷相《王廷相集》〈愼言·潛心篇〉，頁779。
〔註169〕王俊彥〈王廷相的「性者、氣之生理」論〉《中國文化大學中文學報》（第九
　　　　期，2004年），頁55。
〔註170〕王廷相《王廷相集》〈愼言·見聞篇〉，頁772。
〔註171〕王廷相《王廷相集》〈愼言·見聞篇〉，頁772。
〔註172〕王廷相《王廷相集》〈王廷相家藏集·卷三十三·石龍書院學辯〉，頁605。
〔註173〕杜維明〈作爲人性化過程的「禮」〉，《人性與自我修養》（台北：聯經出版社，
　　　　1992年），頁26。

們則會逐漸脫去舊有老我的樣式而慢慢地成為新人，但這是需要我們窮其一
生來努力的。

（三）吳廷翰：知行工夫兩端而實一致

　　吳廷翰強調「尊德性必道問學」、「德性之尊由於問學」，他提升「道問學」
的地位與價值，並認為在「道問學」中仍是有「敬」的工夫在裡頭，而所謂
「道問學」、「尊德性」也正是知行的工夫，他說：

> 《中庸》「尊德性而道問學」，正是知行工夫，與十九章孔子所謂擇
> 善固執、明善誠身合。若首章戒懼云云，則兼德性問學而一之者也。
> 蓋德性而非戒懼不可以言尊，問學而非戒懼不可以言道，故如此立
> 言，工夫兩端而實一致。下文「致廣大而盡精微」，與「溫故知新」，
> 正道問學之事；「極高明而道中庸」，「敦厚崇禮」，正尊德性之事。
> 而以致廣大、盡精微在極高明、道中庸之前，溫故、知新在敦厚、
> 崇禮之前，則知先行後，而德性之尊由於問學，其序不紊，而文義
> 亦明〔註174〕。

因為「蓋德性而非戒懼不可言尊，問學而非戒懼不可言道，故如此立言，工
夫兩端而實一致」。吳廷翰在「知先行後」的立場下，主張「尊德性」與「道
問學」此工夫兩端而實一致，也表示知行工夫兩端也是實一致的。但必須注
意的是，知行仍是有其差異與區隔的，「知」不能完全取代、等同於「行」，「行」
也不能取代「知」的地位，因為：

> 蓋知行決是兩項，如治骨角一切一磋，以為切不可不磋則可，以為
> 切即是磋則不可；治玉石者一琢一磨，以為琢不可不磨則可，以為
> 琢即是磨則不可。舟之有槳有舵，謂同以進舟則可也，以為槳即是
> 舵則不可。車之有衡有輪，謂同以進車則可，以為輪即是衡則不可。
> 由此言之，則知之與行，自有先後，自有作用，但不可截然為二途
> 耳，豈可混而一之乎〔註175〕？

知行是不可截然為二途，就像車之兩輪、鳥之雙翼一般。知行必須同時並進，
但兩者卻是自有先後、自有作用。吳廷翰對知行的詮解，也是因為他不贊成
王陽明「知行合一」的提法。他認為：

> 知行常在一處，自有先後。故謂知得一分便行一分，知得二分便行

〔註174〕《吳廷翰集》〈吉齋漫錄・卷下〉，頁69。
〔註175〕《吳廷翰集》〈吉齋漫錄・卷下〉，頁55～56。

二分，知到十分，蓋進得一分知，則自進得一分行。如是，則知至
而行，即次之……所不取以致知爲力行之說者，謂其知得一分便以
爲行得一分，知得二分便以爲行得二分，其始也以行爲知，其流也
以知爲行，則今日之所講者全無一字著落，其終只成就得一個虛僞。
若曰：「吾之知已到此，則行已到此矣」。是知行合一說，適足以掩
其知而不行之過，而欲以講說論辯爲聖賢也〔註176〕。

知行是常在一處，但自有其先後作用，雖然「知得一分便行一分」但不表示
「致知爲力行」。因如果主張「致知爲力行」的話，則容易形成「吾之知已到
此，則行已到此矣」的假象，會流於「其終只成就得一個虛僞」。而吳廷翰認
爲王陽明所倡導的「知行合一」之說，會有「掩其知而不行之過」的缺失。「力
行」是相當要緊的，因爲「僅僅通過理論上的思考是不能獲得眞諦的，而只
有通過『體行』才能獲得，即必須傾注整個心靈與肉身。修行是一種通過運
用整個身心而獲取眞諦的實踐〔註177〕。」

　　當我們知行工夫持續也即是尊德性與道問學的工夫不間斷時，我們是可
以達到「盡性」的階段。吳廷翰「盡性」的觀點，是相當於「成性」之說的。
而「以形言之，謂之踐形；以性言之，謂之盡性。蓋性無內外，雖形亦性也；
性無始終，其終也所以反其始也〔註178〕。」，當一個人從事道德修養工夫並日
積月累達到熟練時，他的舉止型態與神韻也會產生變化的，也是可以產生出
像孟子所言「晬於面、盎於背，四體不言而喻」的修養效果的。而關於「盡
性」的重要，吳廷翰也再次論述到：

聖人之學，盡性而已，故曰：「窮理盡性以至於命。」窮理所以盡性
至命，亦即於盡性得之。中庸「唯天下至誠爲能盡其性」，是也。其
次則曰養性。若率性，則眾人也。率之不已，則是修德；凝道，則
是致曲。修德、凝道、致曲，即是戒懼愼獨。戒懼愼獨，即是養性。
率者，率之而不違也。養者，充長之以至於盡也。盡也者，極其全
體之自然，而非有所加於率與養之外也。故聖人之學，盡性至矣。
後世言心學者，已落第二義，爲不見上一層耳〔註179〕。

〔註176〕　《吳廷翰集》〈吉齋漫錄・卷下〉，頁54。
〔註177〕　（日）湯淺泰雄《靈肉探微——神秘的東方身心觀》（北京：中國友誼出版，
　　　　　1990年），頁9。
〔註178〕　《吳廷翰集》〈吉齋漫錄・卷上〉，頁30。
〔註179〕　《吳廷翰集》〈吉齋漫錄・卷上〉，頁27。

吳廷翰「盡性」、「成性」的階段，其實也可視爲是「尊德性」的彰顯與完成，
對此，劉又銘先生論述到：

> 經由格物問學，將性（即氣）的自然流行的種種條理脈絡當中，
> 所蘊涵著的價值歸趨找出來之後，並不意味著那價值歸趨就是個
> 開始活動開始作用的本體。所以接下來還是要由心繼續下工夫，
> 本著戒懼之心，遵照這個價值歸趨，在日常生活、具體事物中專
> 一踐行。這樣就是「率性」，就是「篤行」，就是「養氣」，就是「尊
> 德性」。……率性、篤行、養氣、尊德性而後在思議言行中逐步凝
> 成充實，這便是所謂盡性，這便是工夫論的最後目標了。這樣的
> 篤行盡性，跟明清氣本論一般常說的「習與性成」、「成性」正相
> 呼應〔註180〕。

先由在「道問學」中清理出事物的條理脈絡，但這並不是說找到了定理，而
是要在實際操作此條理的過程中逐步來修訂它。我們在率性、篤行、養氣、
尊德性中逐步凝定充實自我本身，而這便是「盡性〔註181〕」。

吳廷翰認爲「尊德性、道問學兩處工夫，只是個戒懼。戒懼只是敬。
〔註182〕」，亦即意味著「知行工夫兩端而實一致」，也是因爲都有「敬」
的操持的關係。對此，岡田武彥說：

> 蘇原持自知至行的諸種工夫，認爲即使用功不同，其本亦一，因爲
> 知行用異而本同，所以不是支離的。但猶如經緯關係那樣，因爲諸
> 種工夫貫穿著使精明、管攝、自然得以凝聚充實存養工夫（例如：
> 道問學、尊德行，就是根據「戒懼」工夫的），於是，知行成爲一體
> 也是由於始終持敬的緣故〔註183〕。

知行工夫是用異而本同的，兩者之所以並不是支離，而可將兩者視爲一體的
關鍵點爲：知行都有持敬的緣故。因此「不知不道問學無以爲尊德性之始，

〔註180〕劉又銘「吳廷翰的氣本論」（國科會專題研究計畫成果報告，計畫編號：NSC
92-2411-H-004-007），頁11～12。。
〔註181〕自然氣本論者在修養工夫上強調「盡性」、「成性」，而不看重「復性」。「盡性」、
「成性」的工夫意味著在現實經驗的脈絡下，我們承認自我本身是受到氣稟
的侷限與夾雜，但是我們繼續往前持續進行自我修養的工夫，原本的自我是
會不斷地成長與變化的。「復性」則是要回到原本清明的自我，此工夫比較有
不斷往後歸返的意味。
〔註182〕《吳廷翰集》〈吉齋漫錄·卷下〉，頁71。
〔註183〕岡田武彥《王陽明與明末儒學》，（上海古籍出版社，2000年），頁333。

不尊德性無以爲道問學之終，而尊之道之未有不由於戒懼愼獨。〔註184〕」，吳廷翰強調「道問學」對「尊德性」的助益，清代的戴震也是持此論點。戴震講論說：

> 中庸曰：「君子尊德性而道問學，至廣大而盡精微，即高明而道中庸，溫故而知新，敦厚以崇禮。」凡失之蔽也，必狹小；失之私也，必卑闇；廣大高明之反也。「致廣大」者，不以己之蔽害之，夫然後能「盡精微」；「極高明」者，不以私害之，夫然後能「道中庸」。「盡精微」，是以不蔽也；「道中庸」，是以不私也。人皆有不蔽之端，其「故」也，問學所得，德性日充，亦成爲「故」；人皆有不私之端，其「厚」也，問學所得，德性日充，亦成爲「厚」。「溫故」，然後可語於致「廣大」；「敦厚」，然後可語於「極高明」；「知新」，「盡精微」之漸也；「崇禮」，「道中庸」之漸也〔註185〕。

戴震所說的問學所得，德性日充，亦成爲「故」也亦成爲「厚」之觀點，與吳廷翰主張「尊德性必道問學」的見解是一致的。當我們實踐「道問學」、「尊德性」的工夫時（也就是知行的工夫），使兩端不斷地交互前進著，我們便是不斷地邁向「習與性成」的階段，也就是使我們在具體的人事、物中，逐步趨近「盡性」的地步。

二、變化氣質：內在化的「禮」之呈顯

宋明理學家在修養工夫的實踐上，其理論要點主要是強調變化氣質的重要。如張載說：「人之氣質美惡與貴賤夭壽之理，皆是所受定分。如氣質惡者學即能移，今人所以多爲氣所使而不得爲賢者，蓋爲不知學。古之人，在鄉閭之中，其師長朋友日相教訓，則自然賢者多。但學至於成性，則氣無由勝，孟子謂『氣壹則動志』，動猶言移易，若志壹亦能動氣，必學至於如天則能成性〔註186〕。」、「爲學大益，在自變化氣質，不爾皆爲人之弊，卒無所發明，不得見聖人之奧。故學者先須變化氣質，變化氣質與虛心相表裏。〔註187〕」，杜維明認爲所謂的「變化氣質」，即是：

> 因爲古人的思想永遠不能被再現出來，那麼就其眞實意義而言，傳

〔註184〕《吳廷翰集》〈吉齋漫錄・卷下〉，頁71。
〔註185〕《戴震全書》（第六冊）（黃山書社，1995年），頁26。
〔註186〕《張載集》（台北：漢京文化事業，1983年），頁266。
〔註187〕《張載集》（台北：漢京文化事業，1983年），頁274。

承的活動就暗示了一種創造性的活動——當然不是從無中生有，而是要深化個人的自我覺識，達到它的性質可與古人性質比擬的程度就此而論，每一次傳承的本身即成爲一個獨特的事件，可以在特殊時空順序中找出其位置。就是這些事件的累積成果，才構成了所謂的大傳統。要作爲這樣傳統的一個構成部分，需要創造性的適應和精神上的變化。這種創造性的適應和精神上的變化，用宋明儒學的話說，就是一般所謂的「變化氣質〔註188〕」。

宋明理學家主要是站在氣質之性是與天命之性相對的立場來言之，所以他們認爲氣質是必須被對治的。而自然氣本論者也主張要透過學來變化其氣質，但他們是站在從順著氣質的角度，來談變化氣質的。雖然都是談要變化氣質，但是因其哲學立場的不同，所以變化氣質的程度之強弱是有其不同的，換言之，自然氣本論者是傾向於「移」其氣質的。對此，王汎森說道：

> 所以成德過程中，並不是要將原先稟賦的氣質全「變」，而是應「移」，每個人各按其本有的氣質，努力涵養發展其個性。……性不是可變的，正好像人們不可能以米爲麥，但性是可移的，正好像人們可以使米種得結實豐碩。譬如一個天生柔弱的人，不要想改變他的氣質作一個剛強的人，而是使他努力成爲一個溫柔敦厚的人〔註189〕。

自然氣本論者肯定人應該各按其本有的氣質，努力涵養發展其個性。而在發展的過程中，聖人的教化是個人行爲舉止的歸趨所在。因爲：

> 仁義、禮樂，維世之綱；風教、君師，作人之本。君師植風教者也，風教達禮樂者也，禮樂敷仁義者也，仁義者君師之心也，八者具而和平之治成矣，雖謂之堯舜可也〔註190〕。

> 有聖人而後名教立。定之以天命則妄心滅，定之以禮義則遂心亡，定之以法制則縱心阻。故名教者治世之要也〔註191〕。

> 學校之禮樂、官府之刑法，皆聖人修道之具也，故囿於中者，則變其

〔註188〕杜維明〈內在經驗：宋明儒學思想中的創造基礎〉，《人性與自我修養》（台北：聯經出版，1992 年），頁 149。

〔註189〕王汎森：〈明末清初的一種道德嚴格主義〉，收錄於郝延平、魏秀梅主編《近世中國之傳統與蛻變》（台北：中央研究院近代史研究所出版，1998 年），頁 74。

〔註190〕《王廷相集》〈慎言・御民篇〉，頁 782～783。

〔註191〕《王廷相集》〈慎言・御民篇〉，頁 784。

性而移其習，由之爲善則安，爲惡則愧，久矣，民之會於道也，雖王
者相代，易性受命，而此道之在人心者生生相繼，未嘗一日泯滅。聖
人修道之功，被於人心者，大哉遠矣！世儒動以人性皆善爲出於自
然，而不論聖人修道立教之功所致，闇矣而不達於道術者也〔註192〕。

王廷相認爲「有聖人而後名教立」、「聖人修道之功，披於人心者，大哉遠矣！」，
人性之善並不完全是出於自然，後天禮樂教化的培養塑造，才是影響的關鍵。
但這種道德的培養，並非是來自外力的強迫，外在的教化是重要的學習媒介，
可讓我們的心性成長時有所依據，而不至偏行己路。方東美先生認爲：

> 儒家的哲學理論卻是著眼於人類在本能、情感、和慾望上的實際需
> 要。一個自然人，必須在這方面得到適度的滿足。但這樣的滿足只
> 是暫時的，他們爲了準備能繼續的得到眞正的滿足，便必須著重於
> 心性修養和人格的昇華。這一點是可行的，孔子説：「性相近，習相
> 遠」。孔子並沒有斷定性是善或是惡的，但如果通過了倫理的教化，
> 卻是可以爲善。也就由於這點向善的潛能，可使自然人變化氣質而
> 爲有道德的君子。這種道德的陶冶並非由外力的強制，也非由奇特
> 的咒語，而完全是一種理性的磨鍊。自然人只要一心爲德，他便能
> 成爲十足的理性人〔註193〕。

聖人的教化其實是「一種理性的磨練」，使我們從自然人的狀態逐漸成爲社會
人。人是生活在各種人際關係的網絡中，我們對事物的看法不可能完全抱持
著「空白主體」的態度來認知世界。而社會性的存在對個體心性的發展，也
是有其助益的。因爲「沒有某種社會制度，沒有構成社會制度的有組織的社
會態度和社會活動，就根本不可能有充分成熟的個體自我或人格；因爲社會
制度是一般社會生活有組織的表現形式，而只有當參與該過程的個體，各自
分別在其個體經驗中反映或理解，這些由社會制度所體現或代表的有組織的
社會態度和社會活動時，才能發展和擁有充分成熟的自我或人格〔註194〕。」
我們在學習聖人教化即是「禮」的過程，不僅僅是心靈發生改變，就連我們
的身體也會產生變化，黃俊傑說道：

〔註192〕《王廷相集》〈雅述・上篇〉，頁857。
〔註193〕方東美《生生之德》（台北：黎明文化事業，1987年），頁273～274。
〔註194〕（美）喬治・H・米德（George H・Mead）《心靈、自我與社會》（上海譯文
　　　　出版社，1997年），頁231。

這種將屬於個人的生理身體轉化成屬於社會的身體的工夫，古籍泛
稱之為「禮」。用現代學術的語彙來說，我不妨稱之為「身體」的「社
會化」。經過「身體」的「社會化」過程之後，人的生理身體就會被
社會價值規範所滲透轉化，而能將社會的價值具體地在身體上展現
出來〔註195〕。

「禮」所牽涉到的影響層面是很廣泛的，不但只是個人身心靈被社會價值所
滲透轉化，包括家庭、社會、國家也是如此，杜維明論述到：

描述性地說，「禮」呈現出一個整合了人格、家庭、國家、天下這四
者的形式。這樣「禮」作為一個可理解的概念就包含著關於個人行
動、社會關係、政治組織及宗教行為的種種禮儀。它實質上包含著
人類文化的所有方面：心理的、社會的和宗教的方面。在儒家學說
的脈絡內，一個人如不經過「禮儀化」的過程而能成為一個真正的
人，這是不可想像的。而這個禮儀化在這裡即是人性化〔註196〕。

這裡會有一個問題產生，即是我們如何看待社會性與自我的真實性的關係，
二者是否必然地是相衝突、對立的呢？有學者提到「如我們當真地把『禮』
看作是一種動態的過程，那麼我們必須用一種新的觀點來理解自我和社會這
之間的對立。自我必須擴充到超越了它的肉體的存在，以取得自己的真實性，
因為社會性是組成真實自我的一個側面。然而社會不能被認定是某種強加在
個人身上的外在東西。在本質上，這社會就是擴充了的自我。社會價值的內
化經常被批評為個人對已經牢固建立起來的社會權威的順從。但在我們的觀
點，社會價值的內化可以被認為是自我為了自身的實現而進入人際關係所採
取的創造性步驟。〔註197〕」社會性是組成真實自我的一個側面，聖人的禮樂
教化也不是屬於外在強制力地來改造我們自身，換句話說，「禮儀化」的過程
也就是人真正「人性化」的過程。李澤厚說：

從孔老夫子講「克己復禮」、「立於禮」，直到今天許多中國人教訓兒
女，都是這個意思，都是指出：人並不只是一個生物體而已；要成

〔註195〕黃俊傑〈「身體隱喻」與古代儒家的修養工夫〉《東亞儒學史的新視野》（台北：
喜瑪拉雅研究發展基金會，2001年），頁408。

〔註196〕杜維明〈作為人性化過程的「禮」〉，《人性與自我修養》（台北：聯經出版社，
1992年），頁43。

〔註197〕杜維明〈作為人性化過程的「禮」〉，《人性與自我修養》（台北：聯經出版社，
1992年），頁36～37。

為一個人，必須有內在的自覺的理性品德。概括到哲學上，這也是
塑造作為「倫理本體」的「人性」心理，也就是我所講的「內在自
然化」、「軟件」中的「自由意志」。可見，這「自由意志」不在天理，
而在人心。此「心」又並非神秘的感召、先驗的理性或天賜的良知，
而是經歷史（就人類說）和教育（就個體說）所形成的文化心理積
澱〔註198〕。

自然氣本論者所說的「盡性」、「成性」，即是「克己復禮」的真實展現，也就是
透過教化來變化氣質，並將禮內在化於內心之中，藉由修養工夫地鍛鍊，再將
其內在化的禮展現出來，而這就是「踐形」也就是達到「習與性成」的階段了。

第四節 結 語

　　自然氣本論者的修養工夫從「涵養」至「察識」再至「習與性成」，三者
是相互貫通但又有其區隔的。關於「涵養」的工夫，歐崇敬在論述〈羅欽順
的哲學地位及《困知記》的創造轉化〉中提到：

> 一切存有學的主要內涵在於「存心養性」→返回純粹意識，培養完
> 善的知覺構造。……人必須要透過修養方能達到與世界運作規律相
> 合的境界。而體認世界客觀規律的基礎乃在於「誠」→純化自我的
> 絕對無瑕內在動力。一切客觀規律（至理）皆不外於「動／靜」的
> 對立構造，返回「靜」即代表返回根源，而「動」則代表一切萬物
> 的演化。……如是，則存有者必須仔細地觀察內在意識流動的細微
> 現象。對於任何細微現象的不規律屬性或雜質、邪念、不正常的意
> 向性加以自我純化，讓自我處於「正氣」、「誠」意的狀態之中。於
> 是，「存養」就是一生一世的要務了〔註199〕。

「涵養」確實是「必須仔細地觀察內在意識流動的細微現象」，並且也是「一
生一世的要務」，但此處似乎又有其誤解在，因為對自然氣本論者而言，並沒
有所謂的「寂然不動」的最內在知覺與意識的純粹本質，而此點也是與程朱
理學者的最大區別所在。

〔註198〕李澤厚《波齋新說》（台北：允晨出版社，2000 年），頁 147。
〔註199〕歐崇敬《中國哲學史》〔宋元明清的新儒學與實學卷〕（第三篇）（台北：洪葉
　　　　文化出版社，2003 年），頁 176～177。

自然氣本論者在察識（道問學）方面，也是極有其貢獻的，對此，李澤厚稱讚說：

> 與王陽明同時的羅欽順、稍候的王廷相以及更後的方以智、王夫之、
> 顧炎武甚至陸世儀、李二曲等人，……他們又都以另一種方式，即
> 由「理」向「氣」的回歸，走向客觀的物質世界。……他們實際上
> 與程朱的方向已經拉開了距離，他們開始真正重視對外界客觀事物
> 的規律法則的研究探討，而不只是爲建立倫理主體服務了。認識論
> 開始再度成爲認識論，不再只是倫理學的僕從、附庸或工具。因之，
> 他們在理論構造的豐富性、嚴謹性、科學性等方面又超越了王
> 學各派〔註200〕。

而關於「習與性成」的階段，除了要有「操存省察交致」、「動靜交養」或是「知行並進」的修養工夫外，對「禮」的特別強調，也是自然氣本論者的特色所在，而這其中也是因爲自然氣本論者有著荀學的性格所致〔註201〕。

到關於「禮」的議題，張麗珠認爲：

> 所以當「禮」落在思、孟和理學一系的義理架構中，由於仁義禮智
> 皆人之善端、禮爲眾德之一，而儒家歷來是以「仁」爲全德總稱的，
> 所以此時從內在德性出發所論的禮，可以劃歸爲內聖修身的「仁學」
> 傳統；至於清儒所強調、同於荀子一系就客觀禮制以論的禮，當
> 「仁」、「禮」對舉時，則以其發揚孔子禮治理想、落實外王治術，
> 而可以規劃爲「禮學」傳統。是故宋明「理學」與明清「氣學」便
> 是因爲對儒家各有繼承的側重面，所以發展出了義理範式不同的兩
> 種義理學類型，這是儒家建構禮樂文化在義理學上合則雙美、但各
> 自發展的花開兩枝〔註202〕。

〔註200〕李澤厚《中國古代思想史論》（台北：漢京文化事業，1987 年），頁 241。

〔註201〕張灝在《思想與時代》（上海文藝出版社，2002 年）中提到：「禮學之受到特
別強調是清朝中葉，漢學風靡以後的發展。這主要是因爲漢學在骨子裏含有
強烈的荀學精神。而荀子是重知、重學、重客觀規範，於是禮學在漢學傳統
裏乃有特別突出的地位。」，頁 66。這裡雖然沒有明確說到自然氣本論者是
屬於荀學，但自然氣本論者所強調的重點，卻是站在荀學的脈絡下來加以論
述的。

〔註202〕張麗珠〈清代的義理學轉型與四書學解釋——以《論語正義》、《孟子正義》
爲觀察對象〉，《東亞四書學國際學術研討會》（台北：台大東亞文明研究中心
主辦，2005 年 4 月 9 日）會議論文，頁 7。

明清「氣學」者對「禮」的強調其側重面是與「理學」者所看到的面向是不同的，因爲不同而有其差異，而這差異是可貴。這會讓我們學習如何去寬容地對待迥異於我們自身的聲音，當我們堅持自我的理想時，也去肯定對方的優點，畢竟我們各自看到的世界，是如此的有別。

第五章 結 論

　　此結論的部分，筆者分爲兩個方向來處理，在第一節中主要是針對羅欽順、王廷相、吳廷翰的哲學體系中所蘊含的價值意義之彰明；第二節中則是將他們與後來的自然氣本論者做一比較，藉以看出他們的學說何處被繼承、何處被加以修正。據此，我們才能將他們的學說安置在哲學史上一個恰當的地位並給予一個適當的評價。

第一節　羅欽順、王廷相、吳廷翰的哲學價值

一、理氣論方面

　　自然氣本論者認爲理只是氣中之理，並非有一超越元氣的形上實體的存在，而元氣氣化而成的萬殊具體現實世界，才是他們關心的所在。應該說明代社會環境的紛圍已經和宋代有所不同了，「對於明代人的那種現實主義來說，宋學的天理觀現在已經不配稱之爲天理了。因而他們才力圖從現實主義中去追求自己心性中的應有之理〔註1〕。」這也就是指出：

> 換句話來說，也就是既成之定理的破碎。但，這並不意味著既成的定理再也不能通用了。定理之所以爲「定」，是因爲這個理被視爲普遍性的「一」。所謂「公則一。……至當歸一，精義無二。」（《程氏遺書》卷一）這是一種宋代式的「一」的樂觀主義，對於他們來說，那

〔註1〕　（日）溝口雄三《中國前近代思想之曲折與開展》（上海：上海人民出版社，1997），頁58。

個時代充滿了一種樂觀觀念，即從上至下可以用一種秩序體系，用一種秩序體系的意識形態來加以統合。……但是，由於良知亦在人的深層粉粹了把四端、孝悌視之爲普遍的「一」與「定」，在此，理演變了邏輯上徹底是爲活生生的人所設的。這種「一」與「定」的破碎，從而減除了宋學以來的那種樂觀主義，即由上而下的發揮機能的一元性的理。直面秩序的觀念，而高揚了人的主體性。這也就是說，這種以個別爲基體的普遍的確立，不僅只是促進了普遍性的質的轉換，而且在原理上否定了秩序觀念意識中的上下一元性的潛能〔註2〕。

自然氣本論者認爲並無所謂的「定理」的存在，他們秉持著「理在氣中」、「理在事中」、「理在情中」的觀點，唯有透過具體日常事物的互動中，才能把握住「理」（也就是氣中之理），並也必須去體察出理在萬殊之中的變動。這也表示著他們「從而滅絕從而滅除了宋學以來的那種樂觀主義，即由上而下的發揮機能的一元性的理。直面秩序的觀念，而高揚了人的主體性。這也就是說，這種以個別爲基體的普遍的確立，不僅只是促進了普遍性的質的轉換，而且在原理上否定了秩序觀念意識中的上下一元性的潛能。」宋代學者重視一元性的理，到了明代卻發生了轉變，因爲明代學者卻是要致力去打破此種上下一元性的思惟模式。並且此種用超越「天理」來詮解一切事物的作法，卻也隱含著「形上世界與形下世界的斷裂〔註3〕」之問題。因此，自然氣本論者所提出的「理在氣中」的論點，也可說是要彌合此種形上與形下世界之間的斷裂。

宋明理學家與明清氣學家對理氣的解釋是站在不同的脈絡下來說，一是從理爲本體的觀點出發，一是從氣的角度來論述，但此兩種不同的學說都是有其合法性與正當性的存在。成中英說：

> 在討論理的原質性時，我曾涉及到理與氣的互動互融問題，顯然，我們不儘可以從理「理解」氣（化氣爲理，理解氣爲理），也可以從氣「氣解」理（化理爲氣，理解理爲氣）。這也是把氣及其與理的關

〔註2〕 （日）溝口雄三《中國前近代思想之曲折與開展》，頁 168。

〔註3〕 鄭宗義說：「從純粹義理的角度看，宋明儒要消融形上與形下之間的內在緊張則必然指向一終極境界的追求。然而當他們一旦過分偏重強調這終極境界時，便很容易會反過來造成形上世界的空描；從而令得人懷疑如斯高遠玄妙的形上世界，到底能否貫徹下落到日用倫常的形下世界之中。此則造成形上與形下之間斷裂的危機。」《明清儒學轉型探析——從劉蕺山到戴東原》（香港中文大學，2000），頁 4。

係重新詮解，賦予理氣以新的含義。事實上，這一新的詮釋在羅欽
順、李退溪、劉宗周等新理學、新心學中可以見其端倪。只有當我
們在意義上充分把握「理」、「氣」、「心」、「性」、「命」的整體中的
新的定位與動態關係後，我們才能開拓及建立一個開放的多重層次
的具有生命創造力的人文世界與人間社會〔註4〕。

成中英認為從「氣『氣解』理（化理爲氣，理解理爲氣）」，將氣與理的關係
重新詮解，並將此一新詮解一路下推至「心」、「性」、「命」。而筆者認爲這就
是自然氣本論者所從事的工作，並且他們的工作所呈現出的貢獻即是「開拓
及建立一個開放的多重層次的具有生命創造力的人文世界與人間社會」。而此
重氣的哲學思想，也影響到後來清代的考據學：

歐文・布魯姆（I. Bloom）在他研究「氣」在羅欽順思想中作用的文
章中指出：「氣」的哲學不僅反映出清代知識論走向，也代表著一種
主導性趨向，可以想像，沒有這種趨勢，就難以發展出清代實證主義
學風。《四庫全書》編者指出，方以智走在明代考據學的前列，他認
識到，道學空洞玄談將爲基於「氣」學的實證性考據方法所取代〔註5〕。

明代中期自然氣本論者的「重氣」思想，雖然在當時似乎影響力還不大，響
應的人也不多。但隨者時代的變遷，「氣」的哲學從一股伏流逐漸地升上臺面，
尤其到了清代時，「氣」的思潮逐漸發揮其影響力，更成爲「一種主導性趨向」，
而這種趨向的產生，更可說是歷史的「勢」也。

二、心性論方面

　　明代中期自然氣本論對心性的見解，尤其是將人的情與欲納入人性中來
討論的論點，可說是代表著一種新道德的觀點，這是相對於「存天理、滅人
欲」的提法而言。筆者此處的「新道德」、「舊道德」的用法之定義是來自於
德國學者 Erich Neumann 在《深度心理學與新道德》一書中的觀點。

　　關於所謂的「舊道德」是：

舊道德原來就是傑出人物的道德。它是堅強的人格所採取的決策；

〔註 4〕　成中英〈原性與圓性：性即理與心即理的融合──兼論心性哲學的發展前
　　　　景〉，《合外內之道──儒家哲學論》（北京：中國社會科學出版社，2001），
　　　　頁 113～114。
〔註 5〕　（美）艾爾曼（B.A. Elman）《從理學到樸學──中華帝國晚期思想與社會變
　　　　化面面觀》（南京：江蘇人民出版社，1997），頁 32。

這些人格想通過抑制——即對消極面的有意識的否認——來解決道德問題。……舊道德的目的在下列法令中或各種道德屬性中得到表達：「人應是高尚的、助人的和善良的」，應熱情、信任、勇敢、奉獻和明智。正如我們所反覆強調的那樣，我們用以達到這個目的的方法是對一切消極成分的壓抑或抑制。這意味著舊道德基本上是兩重性的。它面對一個由光明和黑暗形成對照的世界，它把存在分成純潔與不純潔、善與惡、上帝與惡魔這兩個領域，並安排好人在這種一分為二的世界範圍內合適的任務〔註6〕。

與公認的價值相抵觸的陰影不能被人們接受為自己的精神的消極部分，因而被投射——也就是說，它被轉移到外部世界並被感受為外部物體。它被當作外部的異己而加以鬥爭、懲罰和消滅，而不是被當作「自己的內部問題」處理〔註7〕。

而新道德則是：

實際上，與陰影達成妥協的過程明顯導致人格的道德平整（moral levelling-down）〔註8〕。

新道德的主要功能是引起整合的過程，它的首要目的是使敵視個體的生活計畫的分裂成分能夠整合〔註9〕。

「舊道德」的作法是代表著要把事物一分為二的區隔，如「天命之性」、「氣質之性」的區別，「理」與「氣」的區別，這是因為它認為它所處在的世界是「一個由光明與黑暗形成對照的世界」，聖與俗是無法共存共生的。而「陰影」的部分（即舊道德學者所認為不潔淨的部分），是被他們摒棄及排除在外的，但陰影並非因壓抑而消失，它反而被投射在外部、轉移至外部的世界當中。

「舊道德」的學者對欲望是採取「抑制」的手段，而這也就說明為什麼理學家會對人欲採取嚴格禁止的方式，「由於『理』具有無限超越性和永恆正當性，於是，以『理』的名義對人性形成了過份苛求，在看似絕對與正確的真理中，以『天理』的名義壓抑著所有的『私欲』，這顯然是相當不人道的。

〔註6〕 （德）埃利希・諾伊曼（Erich Neumann）《深度心理學與新道德》（北京：東方出版社，1998年），頁21～22。

〔註7〕 （德）埃利希・諾伊曼（Erich Neumann）《深度心理學與新道德》，頁28。

〔註8〕 （德）埃利希・諾伊曼（Erich Neumann）《深度心理學與新道德》，頁59。

〔註9〕 （德）埃利希・諾伊曼（Erich Neumann）《深度心理學與新道德》，頁79。

〔註10〕」，而據此我們又可以說「採用律法主義形式的舊道德確實對人類的大多數提出了過份的要求〔註11〕。」換而言之，「宋學中所謂的性命之性就是義理之性，具體說是指仁義禮智等，也就是所謂的本來相。這樣的『性』事實上並沒有包含作爲人之自然相的氣質之性。天理流行態爲命，它在人身上具體表現爲性。在把性作爲義理之性的宋學中，所謂性命，就是命即性，性即理的一元狀態。應該把氣質之性中，人所具有的情欲作爲性命的一部份，但事實上，在其固有的活動領域中被捨棄了〔註12〕。」

　　「新道德」對「陰影」（或是「慾望」）的處理方式與「舊道德」大不相同，它則是把「陰影」的部分納入來考量，因爲「新道德」的主要功能是「引起整合的過程」。不妨說，我們對情與欲所應持的態度，不是簡單地將它「去」或「滅」而已，而是應該謹慎思考要如何將它安頓、擺放在生命中的何種位置上。基於這點，我們才可說自然氣本論者的道德觀是一種「新道德」的思維。

　　這要加以澄清與說明的是，實行「新道德」的方式絕對不是比「舊道德」更爲簡單或是輕省的工作。因爲：

> 這本身就十分清楚地說明，新道德的方式決不是「使我們自己的生活更容易的方式」。正好相反。對個體來說，放棄舊道德所提供的有關善與惡的道德確定性（其實，它得到集體的贊同），並且接受內部經驗的模糊性，總是一件困難的事情。因爲，在每種情形中，它都涉及到對未知世界的大膽探索〔註13〕。

對自然氣本論者而言，事先並無一個具體的標準可供參考（並沒有一個先驗的「天理」可供把捉），只有在親身實際操作的過程中，才能逐漸拿捏到事物具體的分寸所在，而這即是「在每種情形中，它都涉及到對未知世界的大膽探索」。而此方式，則是更加艱辛的過程。對此，王汎森說道：

> 氣質與習既然有先天的部分，也有後天引蔽習染的部分。所以要在道德修養中分別好壞，便成了一個礦中取金的工作。既發現天命的部分是無法由人的力量徹底改變的，又發現道德轉化不應以去除人的所有基本慾望爲前提，而應該是擴充、習行，盡天所賦予一己之

〔註10〕　葛兆光《中國思想史》（上海：復旦大學出版社，2001），頁428。
〔註11〕　（德）埃利希・諾伊曼（Erich Neumann）《深度心理學與新道德》，頁46。
〔註12〕　（日）溝口雄三《中國前近代思想之曲折與開展》，頁51。
〔註13〕　（德）埃利希・諾伊曼（Erich Neumann）《深度心理學與新道德》，頁86～87。

性。它一方面是認識到道德轉化之侷限，另方面是發現其新可能性。而這正是另一種道德嚴格主義。過去是只要將七情六欲及所有後天的東西消除淨盡便保證自己可以成德，但新的嚴格主義既認為欲亦理中所當有，氣質不可不謂性，所以道德修養工夫是礦中取金、米中挑鹽的工作，必須非常戒慎小心才可能做好。故由一靜坐便無餘事的成德觀念變成在行動的實踐中才能成德的觀念〔註14〕。

王汎森認為「新道德」是主張「欲亦理中所有，氣質不可不謂性」的（而這也是自然氣本論所強調的觀點），因此「新道德」的學者其修養工夫並不輕鬆，因為那是從事著「礦中取金、米中挑鹽」的工作。但是王汎森提出「在主張自然人性論的思想家的作品中，常能見到極為深刻的道德嚴格主義。……自然人性論的同時也會有道德的嚴格主義〔註15〕。」關於此點，筆者卻不能認同，因為「新道德」所要強調的是「整合自我」的過程，但這是否是代表著一種新的「道德嚴格主義」呢？是需要再商榷的。

再來，自然氣本論者所代表著的「人性向善論」之立場，及其主張「有限的道德價值觀」，這樣理論的觀點，是有其意義的。傅偉勳認為：

> 我從孟子一系本心本性論的全面考察已發現到，它雖有見於正面心性，卻無見於負面心性（人的自私自利乃至罪孽罪惡），結果站在道德的理想主義立場始終高唱一種「最高限度的倫理道德」（maxima moralia），教導人人努力成德成聖，卻漠視了西方近現代社會所強調的「最低限度的倫理道德」（minima moralia）。儒家獨特的「道德的理想主義」不預先鋪設「最低限度的倫理道德」踏板，一下子就要越級實現「最高限度的倫理道德」，實與講求規律恪守與功利效益的現代社會倫理觀念，形成有待溝通銜接的對比對立。我又認為，在道德教育與道德主體性的挺立上，儒家當然應該繼續強調本心本性的醒悟、良知的呈現、變化氣質等等，但決不應該唱老調，過份標榜成德成聖的內聖之道，卻應該改變口氣，倡導所謂「理想」必須落實於日日奮勉的現實工夫。也就是說，現代儒家應多提倡君子的

〔註14〕 王汎森〈明末清初的一種道德嚴格主義〉，郝延平、魏秀鳳主編《近世中國之傳統與蛻變》（台北：中央研究院近代史研究所，1998年），頁74。

〔註15〕 王汎森〈明末清初的一種道德嚴格主義〉，郝延平、魏秀鳳主編《近世中國之傳統與蛻變》，頁71～72。

奮勉精神，少說聖人的圓善，以避免僞善，以便避免僞善，也不致
責人太甚〔註16〕。

自然氣本論者所代表著的性善觀型態，並非是孟子式的性善立場，它只是「最
低限度的倫理道德」。雖然如此，但儒者只要「落實於日日奮勉的現實工夫」，
仍是可以成聖成賢的。傅偉勳並強調「少說聖人的圓善，以避免僞善，以便
避免僞善，也不致責人太甚」。（會產生責人太甚的原因，我們可從前面「舊
道德」對「陰影」的排除來理解，即「陰影」被投射到外部世界所致。）

　　對於孟子所代表著的「最高限度的倫理道德」，即是學術界長期認爲孟子心
性論中「既超越又內在」的說法。然而，馮耀明卻有不同的見解，他認爲：「孔
孟思想中不僅沒有這種『既超越又內在』的『後加本質』，而且這所謂『本質』
與先秦儒學的孔孟宗趣實大相逕庭，此說更且有不可克服的理論困難〔註17〕。」
接下來，關於自然氣本論與程朱、陸王的心性論差異，成中英提出：

　　程朱揭出一個理字以爲一切本源，卻把人之不完美性歸之爲氣，故
　　要涵養本源以去氣質之性的陷溺；陸王一路則以心之靈明良知直指
　　本源的理，因而以本心無不善。兩者的問題都在於未能直接面對及
　　分辨兩種不同意義的善：一是以本源眞實爲準則的善，及所謂本源
　　的「誠無爲」的善；一是以有意識的或有意向或意欲爲執著或選擇
　　的善，即所謂「幾善惡」的善〔註18〕。

程朱、陸王的人性論是「以本源眞實爲準則的善」，而自然氣本論則是「有意
識或有意向或意欲爲執著或選擇的善」；一是「本源的『誠無爲』的善」，一
是「『幾善惡』的善」。但筆者認爲此兩種「善」並無所謂高低優劣的差異，
因爲「最高限度的倫理道德」並不一定就優於「最低限度的倫理道德」。基本
上，所謂的道德是要能眞正地落實在生活中，但每人的個性及取捨都不盡相
同，而自然氣本論者的立場則是提供了另外一種道德的標準與進路。這樣可
以讓不同於程朱、陸王性格的學者，有了另一條成聖之途的選擇！

〔註16〕傅偉勳〈儒家思想的長期反思〉，《學問的生命與生命的學問》（台北：正中書
　　　　局，1994），頁190～191。

〔註17〕馮耀明〈本質主義與儒家傳統〉，劉述先、梁元生編《文化傳統的延續與轉化》
　　　　（香港中文大學，1999），頁52。

〔註18〕成中英〈原性與圓性：性即理與心即理的融合——兼論心性哲學的發展前
　　　　景〉，《合外內之道——儒家哲學論》，頁99。

三、工夫論方面

自然氣本論者強調「下學而上達」，並在日用人倫中做修養的工夫。而關於修養工夫的議題，近來何乏筆提出工夫論中有「向上修養」與「向下修養」的區別。他說：

> 所謂的「向上修養」是指透過精神及理性來自我控制慾望、棄絕慾望，可說是一種否定世俗、不相信感官、去感性的遁世態度；而「向下修養」則是以生命作為認知的媒介，在身體情慾的解放與鬆動上，在人作為人的可能中來從事修養工夫，這是具有某種哲學、美學的工夫，因為這是回歸自己到棄絕自己再到回歸自己，屬於自我辯證的工夫〔註19〕。

自然氣本論者的修養工夫是屬於「向下修養」的工夫，因是在肯定「人之所以為人」的層面上來涵養修練此身心。他們在看似平凡無奇的日常生活起居中，在行起坐臥此威儀動作中來從事修養工夫。因為他們認為「禮儀三百、威儀三千」為「道之所生」，器外是無道的。

修養工夫可說是在時間的流動當中有著不斷反覆動作的練習，而此時間性有兩種意涵，一是指客觀的社會性時間，二是指主觀的生命歷程性時間。因此，雖然是從事著反覆的動作，但是在人的主觀生命歷程時間中，是會讓人產生身心上的變化的，並且這是經由訓練和長期實踐經驗而獲得的。另外，在從事修養工夫時，「氣」在身心中的流通是很重要的（雖然自然氣本論者很少談論到此，但筆者認為此點對他們而言，仍是有其影響的），對此，周與沉說道：

> 身—氣—心的整全生命，呈現出顯／明——隱／幽的情狀：氣為身心兩向度底層的闇默存在，身是氣之凝實與聚合，心是氣之神變妙用。在有形之物身，氣是其得以活絡、運轉的無形基原與無盡動源，是能量場（energy field）；而在明意識之心，氣是藏於其後的暗意識流，是信息場（information field）。綜合、貫通身心內部的氣，又通

〔註19〕 此點是筆者將何乏筆在諸多文章中的觀點，加以擷取綜論而成。可參見何乏筆〈儒門工夫的現代批判〉《反理學的理學：近世東亞異議的思潮》（2004 年 5 月 25 日，紫藤廬，台大東亞文明中心主辦）、〈尼采、傅柯與現代歐洲哲學中的「工夫論」〉（2004 年 6 月 2 日，政治大學哲學系主辦）、〈走出心靈的監獄——力量論的興起與修養論的反轉〉《2004 年當代哲學工坊：間與術研討會》（2004 年 6 月 27～28 日，霧社，中山哲學所主辦）。

於天地間湧動不息的天地之氣。正如謝和耐所云，「『氣』既不是精
神，又不是物質，但也可能同時是二者。『氣』是宇宙之力，是永存
的和無所不在的，充滿了它不可見的空間（無）或以可見體（有）
的形狀凝結而出現。」氣的流行，使身心轉化的可能得以敞開。在
此一脉貫注的諸層次中，氣的意涵各各不同，且正因著氣的不同深
度、不同型相，人乃得以展現出不同的境界層深〔註20〕。

儒者在操練修養工夫時，藉著「氣的流行使身心轉化的可能得以敞開」，也因
著修養工夫的粗糙與成熟之不同，「氣」也會有不同的深度、不同的型相，並
且「人乃得以展現出不同的境界層深」。因此，羅欽順說：「養性即養氣，養
氣即養性〔註21〕」，在通往「盡性」的旅程中，「養氣」、「養性」是不可缺乏
的工夫，但此又是需要資藉著「問學」才能擴充而成的。自然氣本論者是「重
智」、「重學」的，據此，「道問學」是有其現代的意義與價值，余英時提出：

我們必須承認，儒學的現代課題主要是如何建立一種客觀認知的精
神，因為非如此便無法抵得住西方文化的衝擊。傳統儒學以道德為
「第一義」，認知精神始終被壓抑得不能自由暢發〔註22〕。

今天無疑又是一個「儒門淡薄、收拾不住」的局面，然而問題的關
鍵已不復在於心性修養，而實在於客觀認知的精神如何挺立。因此
我深信，現代儒學的新機運只有向它的「道問學」的舊統中去尋求
才有著落〔註23〕。

客觀的認知精神與道德是要並重的，不可太過強調道德的重要性而因此壓抑
客觀的知識，因為「德性之知，必實以聞見，乃為真知」。「道問學」的精神
需要再次被發揚及闡釋，基於此點，我們又可以說它是「現代儒學的新機運」。
總之，自然氣本論者是非常重視客觀認知的精神（如王廷相説：「智之為性，
統明萬善〔註24〕」），「察識」則是對「氣中之理」的探求。而「道問學」是屬
於修養工夫的第二階段，接下來，關於修養工夫論中的第三階段「習與性成」

〔註20〕 周與沉《身體：思想與修行——以中國經典為中心的跨文化觀照》（北京：中
國社會科學出版社，2005），頁 294～295。

〔註21〕 羅欽順《困知記》〈卷上 23〉，頁 248。

〔註22〕 余英時〈略論清代儒學的新動向〉，《歷史與思想》（台北：聯經出版，1976 ），
頁 162。

〔註23〕 余英時〈略論清代儒學的新動向〉，《歷史與思想》，頁 164。

〔註24〕 《王廷相集》〈雅述・上〉，頁 838。

也就是「盡性」的部分。對此，楊儒賓先生特別將「復性」與「盡性」的區別作了說明，他說：

> 「復性」這個詞語成爲儒學的重要概念當起自李翱的〈復性書〉，後來主流的宋明理學家都接受這樣的理論。這個理論建立在下面的預設上面（一）人的「原初」（本體論意義的「原初」）狀態是種與終極實在同等的「性」。（二）現實的人性則是與此「原初」狀態背離墮落之人。（三）學者的工夫指向一種對此本體的回歸，此謂之復性。東亞近世反理學的思潮反對此一理路，他們除了指出理學的說法不符合經典、不符合聖人旨義外，其理論依據如下（一）人的本質是不斷氣化的歷程，沒有超越的終極實在此事。（二）眞正的道德是在氣化的流通中建立人際秩序；或依據氣化的量（創造）新事物〔註25〕。

自然氣本論者主張「盡性」而非「復性」，因爲「人的本質是不斷氣化的歷程，沒有超越的終極實在此事」，並且認爲道德的實踐是要在人倫之間的場域來實施，也就是對「間主體性」（人與人之間「相互主體性」）的強調。總之，氣本論者從「理在氣中」（本體論的部分）到「理在事中」（察識的部分）再到「理在情中」（修養工夫的展現），這是一路脈絡化地貫穿下來的。在其看似平淡的日用倫常工夫背後，他們是有其一套的哲學立場之支持的。

第二節　明代中期自然氣本論者對後來學者的影響

羅欽順、王廷相、吳廷翰的哲學對後來學者的影響爲何，在此，筆者主要是將他們與顧炎武、戴震、焦循的思想做一對比。藉此欲看出羅、王、吳的自然氣本論思想中，何種原創性的思惟到了清代仍被繼承，何種理論上的缺失，則是被刪除了。基於此點，我們才能公平地給予羅、王、吳在哲學史上一個恰當的地位與評價，也才能更切實地指出他們的哲學貢獻所在。

一、理氣論方面

羅欽順、王廷相、吳廷翰認爲元氣才是宇宙萬物的終極實體，也就是他們主張「氣外無道」、「氣外無理」，而「理」並不是超越於「氣」之外，因

〔註25〕楊儒賓〈盡性與復性——儒家氣學與日本古學派對理學的批判〉《2004年當代哲學工坊：間與術研討會》（2004年6月27～28日，霧社，中山哲學所主辦）。

為「理只是氣之理〔註26〕」、「理也者，氣得其理之名……非氣之外別有理也
〔註27〕」、「理即氣之條理〔註28〕」，「理」可說是僅僅意指元氣在運行時的條
理、律則而已。對此，戴震是加以繼承的〔註29〕，他說：

> 況氣之流行既為生氣，則生氣之靈乃其主宰，如人之一身，心君乎
> 耳目百體是也，豈特別求一物為陰陽五行之主宰、樞紐〔註30〕！

> 蓋氣初生物，順而融之以成質，莫不具有分理，得其分則有條理而
> 不紊，是以謂之條理〔註31〕。

> 蓋不知理者，自然之極則也，視理儼如一物，加以主宰、樞紐、根
> 柢之說，一似理亦同乎老、釋所指者之於人為本來面目〔註32〕。

戴震認為並無「一物」（理）為陰陽五行（氣）之主宰與樞紐，「理」只是「自
然之極則」。而認為「理」是萬物的主宰、樞紐、根柢的提法，這是受到老、
釋的影響所致。早在戴震之前，清初的張履祥、顧炎武也都提出「道」的位
階並非是在一超越的位置中，他們說：

> 道，猶路也。道者，日用事物當然之理；道者，天下古今之所共由
> 〔註33〕。

> 夫子之教人文行忠信，而性與天道在其中矣，故曰不可得而聞〔註34〕。

「道」是「日用事物當然之理」，並且性與天道就在人倫互動之中，並非在離
開此現實的世間去追求而得。再來，關於「形而上」與「形而下」的解釋，
戴震與吳廷翰的說法是一致的。吳廷翰說：

> 「形而上者謂之道，形而下者謂之器。」形，即陰陽之成形者。以

〔註26〕羅欽順《困知記》〈續卷上38〉，頁306。
〔註27〕吳廷翰《吳廷翰集》〈吉齋漫錄・上〉，頁5～6。
〔註28〕吳廷翰《吳廷翰集》〈吉齋漫錄・上〉，頁8。
〔註29〕戴震是否直接閱讀過羅欽順、王廷相、吳廷翰的著作，而受其影響，我們不
　　　得而知。因此此處的「繼承」，是指戴震和羅、王、吳站在同樣的學術型態即
　　　同為「自然氣本論」者而言。
〔註30〕戴震〈孟子私淑錄・卷上〉，《戴震全書》（第六冊）（黃山書社，1995年），頁
　　　44。
〔註31〕戴震〈孟子私淑錄・卷上〉，《戴震全書》（第六冊），頁45。
〔註32〕戴震〈孟子私淑錄・卷下〉，《戴震全書》（第六冊），頁74。
〔註33〕張履祥〈卷4・答沈德孚・二・戊戌〉《楊園先生全集》（北京：中華書局，2002），
　　　頁84。
〔註34〕顧炎武〈卷7・夫子之言性與天道〉（二冊上）《日知錄》（台北：台灣商務印
　　　書館，1956），頁30。

> 其上言之則謂之道，以其下言之則謂之器，是一形而上下之。形而下，即是形，非有下也，以對形而上言，故曰下耳。若以有形無形分上下，則是二物，非聖人道器之旨矣〔註35〕。

戴震認為：

> 易「形而上謂之道，形而下者謂之器」，本非為道器言之，以道器區別其形而上形而下耳。形謂已成形質，形而上猶曰形以前，形而下猶曰形以後。陰陽之未成形質，是謂形而上者也，非形而下明矣〔註36〕。

吳廷翰認為「道亦器、器亦道」兩者是「一形而上下之」，不妨說「道者，器所由出；器者，道所自成〔註37〕」，並且「形而下，即是形，非有下也」。戴震則更進一步說「形而上」是指「陰陽未成形質」，這樣的論述，和傳統程朱理學認為「形而上」是虛淨空寂之理，是大相逕庭的。

總之，在理氣論的議題上，羅欽順因對「理」還有程朱的遺緒在，如認為「太極是眾理之總名」的看法，這樣的主張到了戴震的身上是完全被拋除的。戴震甚至用「陰陽五行」來取代「元氣」的說法，對「太極」此字詞也不太用了。戴震的學術型態可說是明清氣學發展到一個成熟典型之代表，而他已經是和宋明理學家的程朱、陸王之學術型態是屬於完全不同的典範了！

二、心性論方面

自然氣本論者認為人的心性也是從元氣而來的，所謂「氣以成質」、「氣以成性」，戴震的觀點也是如此，他說：

> 人物分於陰陽五行以成性，舍氣類更無性之名〔註38〕。

> 陰陽五行，道之實體也；血氣心知，性之實體也〔註39〕。

所以，談論到人性是必須承接著陰陽五行（元氣）的立場來看待。換言之「就人心言，非別有理以予之而具於心也；心之神明，於事物咸足以知其不易之則，譬有光皆能照，而中理者，乃其光盛，其照不謬也〔註40〕。」但是此「心之神明」是不同於陽明學的「良知」，因為我們仍須透過認識事物之理，才能

〔註35〕 吳廷翰《吳廷翰集》〈吉齋漫錄‧上〉，頁18。
〔註36〕 戴震〈孟子字義疏證‧卷中‧天道〉，《戴震全書》（第六冊），頁176。
〔註37〕 吳廷翰《吳廷翰集》〈吉齋漫錄‧上〉，頁18。
〔註38〕 戴震〈孟子私淑錄‧卷中〉，《戴震全書》（第六冊），頁54。
〔註39〕 戴震〈孟子字義疏證‧卷中‧天道〉，《戴震全書》（第六冊），頁175。
〔註40〕 戴震〈孟子字義疏證‧卷上‧理〉，《戴震全書》（第六冊），頁158。

讓本身的德性逐漸增長。清初顧炎武、張履祥對羅欽順當年批評王陽明的良知之學的作法，是大表讚許的。他們認爲：

> 王守仁所輯朱子晚年定論，今之學者多信之，不知當時羅欽順已嘗與之書而辯之矣。……以此觀之，則晚年定論之刻，眞爲陽明舞文之書矣。……困知之記，學蔀之編，固今日中流之砥柱矣〔註41〕。

> 姚江「良知」之學，其精微之言，只「吾心自有天則」一語而已。夫人性本善，以爲天則不具於吾心不可也。然人之生也，有氣稟之拘，有習染之蔽，此心已非性之本然，故曰：「人心之不同如其面也。」……整菴先生謂「世間豈有見成良知」是也〔註42〕。

自然氣本論者認爲並無天命之性、氣質之性二分的說法，因爲天命之性就在氣質之性中，對此論點，焦循說：

> 程氏瑤田通藝錄論學小記云……氣質之性，古未有是名，必區而別之曰此氣質之性也。蓋無解於氣質之有善惡，恐其有累於性善之旨，因別之曰有氣質之性，有義理之性也。雖然，安得謂氣質中有一性，氣質外復有一性哉！且無氣質則無人，無人則無心。性具於心，無心安得有性之善。故溯人性於未生之前，此天地之性，乃天道也，天道亦有於其形其氣，有天之形與氣，然後有天之道，主於其氣之流行不息者而言之，故曰一陰一陽之謂道也〔註43〕。

因爲「無氣質則無人」，「安得謂氣質中有一性，氣質外復有一性哉」，而這樣反對理氣二分、本然之性／氣質之性二分的學者，其實對世界與人生有著「一本論」的追求。楊儒賓先生論述到：

> 凡是反對程、朱理氣二分、本然之性／氣質之性二分格局的思想家，往往都有一本論的追求。他們要戳穿超絕的世界，世界只有一種可以體驗到的世界，此外無他。從王廷相、吳廷翰、顏元以至戴東原，我們看到一種氣論的哲學體系：這種哲學反映到人性論上來，即是以氣質之性爲首出；反映到世界觀上，即是一種建立在氣論上的一本論〔註44〕。

〔註41〕 顧炎武〈朱子晚年定論〉，《日知錄‧卷18》（三冊下），頁116～120。

〔註42〕 張履祥〈卷4‧答沈德孚‧二‧戊戌〉《楊園先生全集》（北京：中華書局，2002），頁85～86。

〔註43〕 焦循〈告子章句上〉《孟子正義‧卷11》（台北：世界書局，1966年），頁437。

〔註44〕 楊儒賓《儒家身體觀》（台北：中央研究院中國文哲研究所，2003），頁404。

基本上「世界只有一種可以體驗到的世界，此外無他」，因此自然氣本論者對人性中的情與欲是要去好好地安頓的，不妨說，因為「理在情中」所以在現實人情事物的脈絡中是有其條理在內的。因此，在安置自己的情感慾望時，也是藉著一次又一次的操作來貼近那「氣中之理」的。自然氣本論者認為對於體貼人情需求是必須的，後來的自然氣本論學者對此點，也是加以繼承的，顧炎武說：

> 今日貪取之風，所以膠固於人心，而不可去者，以俸給之薄，而無以贍其家也〔註45〕。

顧炎武即是從人心、人情的需求來觀察社會現象，他並非用一味謾罵的姿態來論貪取之風是墮落的，而看出是「俸給之薄，而無贍其家也」的緣故。據此，我們可以說，自然氣本論者對人情需要的層面是照顧到的。他們談論：

> 孟子言「養心莫善於寡欲」，明乎欲不可無也，寡之而已〔註46〕。

> 命者，限制之名，如命之東則不得而西，言性之欲之不可無節也。

> 節而不過，則依乎天理；非以天理為正，人欲為邪也。天理者，節其欲而不窮人欲也。是故欲不可窮，非不可有；有而節之，使無過情，無不及情，可謂之非天理乎〔註47〕！

> 天理者，節其欲而不窮人欲也。是故欲不可窮，非不可有，有而節之，使無過情，無不及情，可謂之非天理乎〔註48〕。

自然氣本論者並不將人的情與欲視為洪水猛獸般可怕，人之欲是要「寡」而非「去」，因「天理者，節其欲而不窮人欲也」。這樣的論點從明代中期羅欽順、王廷相、吳廷翰的提出，至清代顧炎武、戴震、焦循也是持其說。可見羅、王、吳的思想中是具有極其遠見的部分。

自然氣本論者的性善觀是「人性向善論」而非「人性本善論」，但這是我們從後來的學術發展與典範的不同而區隔出來的（算是某種「後見之明」）。

〔註45〕 顧炎武〈俸祿〉，《日知錄·卷12》（三冊上），頁11。顧炎武的相關論點也影響到後來的戴震、焦循。如焦循〈卷3·公孫丑章句上〉曰：「……不惑即不動，故引以釋不動心也。……顧炎武日知錄云：『凡人之動心否，固在其加卿相行道之時也。枉道事人，曲學阿世，皆從此而始矣。』」，《孟子正義》（台北：世界書局，1966年），頁111。
〔註46〕 戴震〈孟子字義疏證·卷上·理〉，《戴震全書》（第六冊），頁159。
〔註47〕 戴震〈孟子字義疏證·卷上·理〉，《戴震全書》（第六冊），頁162。
〔註48〕 焦循〈告子章句上〉《孟子正義·卷11》，頁455。

但因為學術界長期以來談到性善，就馬上認為是孟子式的性善觀，所以，自然氣本論學者自己本身仍不清楚他們的說法和孟子是有極大的差異的。他們會從自己氣本論的理路上來對孟子做出「誤讀」，如顧炎武說：「孟子論性，專以其發見乎情者言之〔註49〕。」這樣的誤解其實是和羅欽順、王廷相、吳廷翰是相同的。但這樣的「誤讀」也是有其意義的，它表示著傳統性善一元論的說法是有所不足的。關於自然氣本論者對「人性向善」的說法，如下：

> 人之善不能自覺，必待先覺者覺之。故非性善無以施其教，非教無以通其性之善。教，即荀子所謂偽也、為也。為之而能善由其性之喜也。……則是能法堯舜者，法後王仍法堯舜矣，故稱堯舜，即法後王之能通變神化者。若但云法後王，則後王不能通變神化如堯舜，其說為詖矣〔註50〕。

焦循認為「人之善不能自覺」、「非教無以通其性之善」，這樣的性善觀立場是不同於孟子也不同於程朱或陸王。強調需透過後天的教化才能實踐性善，這是氣本論者的一貫立場與論述。戴震說：

> 人與物同有欲，欲也者，性之事也；人與物同有覺，覺也者，性之能也。欲不失之私，則仁；覺不失之蔽，則智。仁且智，非有所加於事能也，性之德也。言乎自然之謂順，言乎必然之謂常，言乎本然之謂德〔註51〕。

戴震對「仁」、「智」的提法，是從「血氣心知」的觀點來談的，因此，所謂「性之能」、「性之德」也並非是一個超越的天理所賦予的。「戴震此處所談的性善，已不再是宋儒所說『性之本然』的善，而是性有歸向於善的必然。換言之，善不再是人性內在的本然，而是道德踐履的終極目標。也就是說，『善』是需要去完成的〔註52〕。」戴震或是自然氣本論者所談論的善，並非是指「始善」，而是一種需要被踐履出來的善、是經驗現實的善。如同張麗珠所說的：

> 戴震所著眼的經驗現實的善，是一種人物事為之「有物有則」，也就是社會理性、「終善」的實現，這是必須在通過道德實踐以後才能達

〔註49〕　顧炎武〈卷7・性相近也〉《日知錄》（二冊上），頁39。

〔註50〕　焦循〈滕文公章句上〉，《孟子正義・卷5》（台北：世界書局，1966年），頁187～188。

〔註51〕　戴震〈原善・卷上〉，頁9。

〔註52〕　張壽安〈附錄一：戴震義理思想的基礎及其推展〉，《以禮代理——凌廷堪與清中葉儒學思想之轉變》（河北教育出版社，2001），頁196。

到的。所以戴震所定義的「理」——「乃語其至，非原其本」、「乃
要其後，非原其先」，是從踐履結果說的「善最後能被實現」，以此
而與理學家強調天理源頭的「始善」大相逕庭〔註53〕。

戴震這種「終善」的型態，即是「人性向善論」的立場，並且是延續著羅、王、
吳的主張。總之，「戴震關於『惟據才質可以斷人之性善』的觀點，亦是對明代
中葉至清初的一批早期啟蒙學者——王廷相、羅欽順、吳廷翰、陳確、陸世儀、
顏元、李塨等人——所主張的「氣質之性」一元論觀點的繼承與發展〔註54〕。」
在此，又再一次呈顯出羅欽順、王廷相、吳廷翰的哲學價值〔註55〕。

三、工夫論方面

羅欽順、王廷相、吳廷翰強調「格物」、「問學」的重要，而此種「重智」
的哲學型態被清儒所繼承並加以發揚光大。清儒認為「好古敏求，多見而識，
夫子之所自道也。……又或語德性而遺問學，均失聖人之指矣〔註56〕。」、「學
問之道無他，求其放心而已矣，然則但求放心，可不必於學問乎〔註57〕？」、
「且一以自然為宗而廢問學，其心之知覺有所止，不復日益，差謬之多，不
求不思，以此終其身而自尊大，是以君子惡其害道也〔註58〕。」、「古賢聖知
人之材質有等差，是以重問學，貴擴充〔註59〕。」、「凡去私不求去蔽，重行
不先重知，非聖學也〔註60〕。」這些論述均不斷強調儒者在重視尊德性時，
道問學的工夫絕對不能偏廢，假如偏廢了道問學，那麼這樣的說法，絕對不
合乎聖人的教導，更可說是「非聖學也」。德性是需要資藉於問學才能不斷增
長的，焦循說道：

人初生便解飲乳，便解視聽，此良知也。然壯年知識，便與孩提較
進矣；老年知識，便與壯年較進矣。同焉此人，一讀書一不讀書，

〔註53〕張麗珠《清代新義理學——傳統與現代的交會》（台北：里仁書局，2003）頁
190。
〔註54〕許蘇民《戴震與中國文化》（貴州人民出版社，2000），頁184。
〔註55〕王廷相的人性有善有惡之主張，則是被後來的氣本論者所排除。因為後來的
氣本論者大都主張性善論，即持著「人性向善論」的觀點。
〔註56〕顧炎武〈卷7·予一以貫之〉《日知錄》（二冊上），頁37～38。
〔註57〕顧炎武〈求其放心〉，《日知錄·卷7》（二冊上），頁50。
〔註58〕戴震〈孟子私淑錄·卷中〉，《戴震全書》（第六冊），頁60。
〔註59〕戴震〈孟子字義疏證·卷上·理〉，《戴震全書》（第六冊），頁167。
〔註60〕戴震〈孟子字義疏證·卷下·權〉，《戴震全書》（第六冊），頁215。

其知識明昧，又大相懸絕矣。同焉授業，一用心一不用心，其知識

多寡，又大相懸絕矣。則明之與昧，因習而殊，亦較然矣。聖人言

此，所以指明學者達天，徑路端在學習，有以變化之耳〔註61〕。

人都有初步的良知，可以「解飲乳」、「解視聽」，或是辨別簡單的是與非。但是人要從蒙昧的狀態進入對聖賢義理清楚明白的地步，就必需要學習、要問學、要讀書。所謂「聖人言此，所以指明學者達天，徑路端在學習，有以變化耳」。並且，對於「博學、審問、慎思、明辨、篤行」，戴震是很重視的，他說：

顏子之言又曰：「夫子循循然善誘人，博我以文，約我以禮。」中庸

詳舉其目，曰：「博學、審問、慎思、明辨、篤行」，而終之曰：「果

能此道矣，雖愚必明，雖柔必強。」蓋循此道以至乎聖人之道，實循

此道以日增其智，日增其仁，日增其勇，將使智仁勇齊乎聖人〔註62〕。

戴震強調果能此道（即博學、審問、慎思、明辨、篤行），就能夠「雖愚必明，雖柔必強」，而這也是藉著道問學，逐漸地使自己變化氣質。對於自然氣本論者主張「一以貫之」，而非「以一貫之」，戴震也談到：

「一以貫之」，非言「以一貫之」也。……「吾道一以貫之」，言上

達之道即下學之道也。……六經、孔、孟之書，語行之約，務在修

身而已，語知之約，致其心之明而已；未有空指一而使人知之求之

者〔註63〕。

因為，自然氣本論者認為並無此超越先驗的「一」（理）存在，所以不能夠「空指一而使人知之求之者」。所以儒者只能按部就班地在日用倫常處用功，逐漸地累積工夫來「一以貫之」，而這也是「下學而上達」之道也。

　　對於戴震此種見解，焦循是接受的，有學者提到，「焦循則繼續戴震的思路，說宋儒那種看上去很玄虛的『理』似乎籠罩一切，但是，那種只是高標為『一』的東西其實並不能『一以貫之』地解決問題，只是一種篾視現象世界各種具體知識的想像真理〔註64〕。」，而「一以貫之」主張的提出更可使人重視萬殊現象界的意義與價值。

〔註61〕焦循〈告子章句上〉《孟子正義・卷11》，頁433。
〔註62〕戴震〈孟子字義疏證・卷下・道〉，《戴震全書》（第六冊），頁204。
〔註63〕戴震〈孟子字義疏證・卷下・權〉，《戴震全書》（第六冊），頁212～214。
〔註64〕葛兆光《中國思想史》（上海：復旦大學出版社，2001），頁440。

自然氣本論者看重聖人的經書典籍及禮樂制度，這種「重禮」的精神，清儒也是如此延續下來，顧炎武說：

> 聖人之道，未有不始於灑掃應對進退也，故曰約之於禮，又曰知崇禮卑〔註65〕。

> 先王治天下之具，五典五禮五服五刑，其出乎身而加乎民者，莫不本之於心，以爲之裁制，親親之殺，尊賢之等，禮所生也〔註66〕。

聖人所制定的禮樂教化是「莫不本之於心，以爲之裁制」，因此在看似繁瑣的「五典五禮五服五刑」當中，是有其社會性的理之節度分寸在其中的。並且「聖人之道，未有不始於灑掃應對進退也」，因爲「苟知有物必有則，不以則與物二視之，庶幾於孔、孟之言道言性者始可通。物者，指其實體實事之名；則者，稱其純粹中正之名。實體實事，罔非自然而歸於必然，天地、人物、事爲之理得矣〔註67〕。」因爲自然氣本論者秉持著「理在事中」、「理在情中」的觀點，所以「形而下」的經驗世界也即是「形而上」的道德價值意義的世界。據此，戴震認爲：

> 古聖賢之所謂道，人倫日用而已矣，於是而求其無失，則仁義禮之名因之而生。非仁義禮有加於道也，於人倫日用行之無失，如是之謂仁，如是之謂義，如是之謂禮而已矣。……宋儒合仁義禮而統謂之理……蓋由老、莊、釋氏之舍人倫日用而別有所謂道，遂轉之以言夫理。在天地，則以陰陽不得謂之道，在人物，則以氣稟不得謂之性，以人倫日用之事不得謂之道。六經、孔、孟之言，無與之合者也〔註68〕。

戴震主張「古聖賢之所謂道，人倫日用而已矣」，並無一個捨人倫日用的「道」或「理」的存在。焦循對這樣的見解是深表贊同的，他說：「戴氏震孟子字義疏證云：『……由血氣心知而語於智仁勇，非血氣心知之外，別有智有仁有勇以予之也。就人倫日用而語於仁，語於禮義。舍人倫日用，無所謂仁所謂義所謂禮也〔註69〕。』」，余英時對此重視人倫日用的學說，認爲這是明清儒者所開闢出來的新方向，他說：

〔註65〕 顧炎武〈卷7‧有始有卒者其惟聖人乎〉《日知錄》（二冊上），頁40。
〔註66〕 顧炎武〈卷7‧行吾敬故謂之內也〉《日知錄》（二冊上），頁49。
〔註67〕 戴震〈孟子私淑錄‧卷下〉，《戴震全書》（第六冊）），頁74。
〔註68〕 戴震〈孟子字義疏證‧卷下‧道〉，《戴震全書》（第六冊），頁202～203。
〔註69〕 焦循〈離婁章句上〉，《孟子正義‧卷5》（台北：世界書局，1966年），頁299。

明清儒家所開闢的新方向，我想稱之爲「日用常行化」或「人倫日
用化」；這正是他們界定儒家的特質時所最常用的名詞，……現代儒
學的出路便恰恰在「日用常行」的領域，……他（戴震）是一個最
有代表性的「日用常行化」的儒家〔註70〕。

明代中期的羅欽順、王廷相、吳廷翰即主張要在日常人倫處用功，這就是所
謂的「人倫日用化」，而戴震所秉持的精神是和他們相一致的。余英時更推崇
此「日用常行化」的精神，認爲這是「現代儒學的出路」。明清自然氣本論者
重視「具體實踐」，並不代表他們缺乏「義理」層面的考量，林啓屏先生認爲：

此外，就清儒的自我認同而言，他們並無「義理」層面的認同困擾，
因爲從先秦孔門的許多討論言說中，強調「具體實踐」的學術性格，
不也正是儒門的義理之所在。所以清儒之重視「具體實踐」便不可
只是視爲一種常識性的儒學主張，而應經由恢復其「實踐」的存有
意義，提昇其「實」學的生命主體內涵〔註71〕。

因爲自然氣本論者主張唯有透過「具體實踐」，才能將儒門的精微義理明白地
呈顯出來，換而言之，他們認爲「具體實踐」才是儒門的義理之所在。儒者
在不斷地具體實踐的過程中，是逐漸邁向「盡性」、「成性」與「習與性成」
的，因此從事修養工夫，並非是要「復其初」。因爲：

孟子言性善，非無等差之善，不以性爲「足於己」也，主擴而充之，
非「復其初」也。……形體之長大，資於飲食之養，乃長日加益，
非「復其初」；心性之資於問學，進而賢人聖人，非「復其初」明矣
〔註72〕。

以理壞於形氣，無人欲之蔽則復其初，如彼以神受形而生，不以物
欲累之則復其初也。皆改其所指神識者以指理，徒援彼例此，而實
非得之於此。學者轉相傳述，適所以誣聖亂經〔註73〕。

清儒認爲人的心智「資於學問，進而聖智，非復其初明矣〔註74〕」，就像「形
體之長大，資於飲食之養，乃長日加益」，人的心智與身量都是因爲有所滋養

〔註70〕 余英時〈現代儒學的回顧與展望——從明清思想基調的轉換看儒學的現代發
展〉，《現代儒學的回顧與展望》（北京：三聯書店，2004），頁182～183。

〔註71〕 林啓屏《儒學思想中的具體性思惟》（台北：學生書局，2004），頁200。

〔註72〕 戴震〈孟子私淑錄・卷下〉，《戴震全書》（第六冊），頁70。

〔註73〕 戴震〈孟子字義疏證・卷中・天道〉，《戴震全書》（第六冊），頁179。

〔註74〕 焦循〈告子章句上〉《孟子正義・卷11》（台北：世界書局，1966年），頁455。

的關係，而逐漸成長成熟成形。這並不是「復其初」、「復性」的修養工夫，而是「盡性」、「成性」的工夫。這「盡性」的修養工夫，也即是羅欽順、王廷相、吳廷翰所強調的「習與性成」的工夫。

　　自然氣本論者在從事修養工夫時，雖然沒有一個超越的道德良知主體或天理可供把捉，只能透過問學或日常人倫的實踐來體察「氣中之理」。但是因為「凡人行一事，有當於理義，其心氣必暢然自得；悖於理義，心氣必沮喪自失，以此見心之於理義，一同乎血氣之於嗜欲，皆性使然耳〔註75〕。」，所以，我們心中內在微弱的良知還是會因為當我們本身行事合於義理時，會有所呈顯。而這呈顯即是「性」，因為心的作為合於「節」的緣故。

　　最後，關於自然氣本論的哲學價值為何，筆者借用戴震為代表來作一總結，有學者認為戴震義理學的建樹性是，「戴震義理學最具建樹性的指向有三：一是重視人情人欲之滿足，理不可以逆忤情欲；二是建立客觀性的理，理在具體事物中，天理並非「如有物焉得于天而具于心」，而是必須運用人的心「智」去審察剖析才能得知；因此不斷地學習知識以增進人的認斷能力，就成了戴震義理學的第三要點：重學主智〔註76〕。」而以上三點，也綜論出了自然氣本論的哲學貢獻。而關於明代中期自然氣本論者對日本或韓國學者的影響為何，筆者囿於學力有限，無法在此論文中來處理〔註77〕。

第三節　結　語

　　自然氣本論者對傳統的理學學說（指程朱理學而言），做出了價值性的核心轉換，而這轉換並影響到了清儒（不管清儒是否意識到此影響，但清儒所走的路線卻是延續著明代中期自然氣本論的看法）。王國良說道：

　　　明清思想家對理學核心價值的轉換，不僅顛倒了理學的宗旨，而且部分突破了儒學的原旨。提升人欲、氣質之性、人心、私、利價值的地位，肯定其為積極、正面的價值，不僅有對原始儒學的繼承，

〔註75〕戴震〈孟子字義疏證・卷上・理〉，《戴震全書》（第六冊），頁158。

〔註76〕張壽安《以禮代理——凌廷堪與清中葉儒學思想之轉變》（河北教育出版社，2001），頁28。

〔註77〕（日）前林清和、佐藤貢悅、小林寬說到：「阿部吉雄認為林羅山、新井白石、貝原益軒、中井履軒，他們主氣論的思想，是受到羅整菴的《困知記》之影響。」《「氣」の比較文化——中國、韓國、日本》（京都：昭和堂，2000），頁196。

更有對儒學的發展與創新。他們所進行的理論轉換的工作以發揮原始儒學的名義進行，從一定意義上說，更易於被人們所接受，而不是表現爲與傳統完全的突然的斷裂，也符合思想史發展創新的規律性〔註78〕。

自然氣本論及清儒所主張的「情性學」是和理學「心性學」，是屬於不同的範式的，但是「情性學」是有其它的價值的。張麗珠對此做出肯定的描述，她說：

> 自晚明重情、清人肯定人欲以來，一種立異於「何必曰利」儒學傳統以及「存理滅欲」理學模式，重視客觀現實、經驗價值，並主張「通情遂欲」的新義理主張，逐漸在清儒義理系統中成形了。對於清儒「主情重智」──發揚「情性」而範以「智情」的義理主張及理論建設，我們可以名之爲「情性學」，而以「情性學」作爲和理學「心性學」相拮的儒學義理另一種範式，這是在「虛無無形」的「形上之道」以外的另一種範疇與方法論選擇〔註79〕。

「情性學」是不同於傳統理學中的「心性學」，但「情性學」的出現，卻是提供了我們在「形上之道」以外的另一種哲學體系與道德價值的選擇。

近來學者更進一步提出，明清氣學學者的思維脈絡下，是隱含著中國早期現代性的因子。劉又銘先生說：

> 具體地說，在中晚明羅欽順、王廷相、吳廷翰，以及清初顧炎武、乾嘉戴震的自然氣本論中所呈現的哲學典範，已經脫離了程朱、陸王哲學那種「以神聖的天理、良知爲本的神聖本體論」和「以先驗、滿全的天理、良知爲本的心性論和致知論」的型態，而走向「以有限價值蘊涵的元氣爲本的自然本體論」、「包括欲、情、知在內的自然人性論與自我觀」和「有限道德理性與思辨理性雙軌並進的致知論」的型態了。這樣的哲學典範，比起理本論、心本論更接近更符合今天一般中國人的宇宙、生命圖像，它就是中國文化自身的「早期現代性」的哲學表現〔註80〕。

〔註78〕 王國良《明清時期儒學核心價值的轉換》（合肥：安徽大學出版社，2002），頁239。

〔註79〕 張麗珠《清代新義理學──傳統與現代的交會》（台北：里仁書局，2003），頁286。

〔註80〕 劉又銘〈宋明清氣本論研究的若干問題〉，《「儒學的氣論與工夫論」國際研討

張麗珠也認爲:

> 在西方實證主義尚未東漸的十八世紀,當回溯乾嘉新義理學,可以
> 發現儒學早已開始了自我轉化的義理轉型,轉型的契機甚至還可以
> 上溯到明清氣論……,因此,十六、七世紀的氣論和十七、八世紀
> 的新義理學,屬於儒學的自我演進;更重要的,這樣的轉化與世界
> 性現代化潮流是合轍同趨的,可以看待爲儒學現代進程中的本土性
> 因子〔註81〕。

明代中期自然氣本論者肯定人性當中的情與欲,並且有強烈「重學」、「重智」
的傾向。因此,近代儒學的義理型態開始自我轉化可以說是從明代中期就開
始哲學核心價值的轉換了。不妨說,我們研究氣本論型態的哲學義理架構,
不僅只有助於對氣本論本身的研究與開發而已;更能讓我們對儒者的圖像有
了更豐富更不同的面向之理解,也有助於我們對理本論、心本論更進一步的
探討。因爲「避免理論片段性的最好辦法就是讓不同理論同時並存,形成對
話。這樣,一種理論在孤立狀態中呈現出來的唯一性和統一性,就會被打破,
繼之而來的將是對於不同理論的批判性思考,而不是盲目的接受〔註 82〕。」
讓不同理論的學說來相互對話,相互顯明自己本身,這樣的工作是必須也是
必要的。

會》(台大東亞文明研究中心主辦,2004 年 11 月 27～28 日),頁 12。

〔註81〕 張麗珠〈清代的義理學轉型與四書學解釋——以《論語正義》、《孟子正義》
爲觀察對象〉,《東 亞四書學國際學術研討會》(台北:台大東亞文明研究中
心主辦,2005 年 4 月 9 日)會議論文,頁 4。

〔註82〕 (美)華萊士・馬丁《當代敍事學》(北京大學出版社,1991),頁 326。

參考書目

一、原典資料

1. （宋）張載：《張載集》，台北：漢京文化事業有限公司，1983 年。
2. （宋）程顥、程頤：《二程集》，台北：漢京文化事業有限公司，1983 年。
3. （宋）朱熹：《朱子全書》，上海：上海古籍出版社，2002 年。
4. （明）羅欽順：《困知記》，北京：中華書局，1990 年。
5. 《整菴存稿》，台北：台灣商務印書館，1973 年。
6. （明）王廷相：《王廷相集》，北京：中華書局，1989 年。
7. （明）吳廷翰：《吳廷翰集》，北京：中華書局，1984 年。
8. （明）葉子奇：《草木子》，北京：中華書局，1997 年。
9. （明）呂柟：《涇野內篇》，北京：中華書局，1992 年。
10. （明）黃綰：《明道編》，北京：中華書局，1959 年。
11. （明）郝敬：《山草堂集》，東京：高橋情報，1990。
12. （明）馮從吾：《關學篇》，北京：中華書局，1987 年。
13. （明）何良俊：《四友齋叢說》，北京：中華書局，1997 年。
14. （明）李翊：《戒庵老人漫筆》，北京：中華書局，1997 年。
15. （明）黃宗羲：《明儒學案》，台北：世界書局，1965 年。
16. （清）張履祥：《楊園先生全集》，北京：中華書局，2002 年。
17. （清）李顒：《二曲集》，北京：中華書局，1996 年。
18. （清）魏象樞：《寒松堂全集》，北京：中華書局，1996 年。
19. （清）顧炎武：《日知錄》，台北：台灣商務印書館，1956 年。
20. （清）戴 震：《戴震集》，台北：里仁書局，1980 年。
21. （清）焦循：《孟子正義》，台北：世界書局，1966 年。

二、近人研究專著

1. （日）楠本正繼：《宋明時代儒學思想の研究》，東京：廣池學園出版社，1964 年。

2. （日）山下龍二：《陽明學の研究：展開篇》，東京：現代情報社，1971 年。

3. （日）岡田武彥：《宋明哲學序說》，東京：文言社，1977 年。

4. 戴君仁：《梅園論學三集》，台北：學生書局，1979 年。

5. （日）山井湧：《明清思想史の研究》，東京：東京大學出版會，1980 年。

6. （日）湯淺幸孫：《中國倫理思想の研究》，京都：同朋舍出版，1981 年。

7. 張岱年：《中國哲學史大綱》，北京：中國社會科學出版社，1982 年。

8. 蒙培元：《理學的演變——從朱熹到王夫之、戴震》，福建人民出版社，1984 年。

9. （日）島田虔次：《朱子學與陽明學》，陝西師範大學出版，1986 年。

10. 李澤厚：《中國古代思想史論》，台北：漢京文化事業，1987 年。

11. 方東美：《生生之德》，台北：黎明文化事業，1987 年。

12. Irene Bloom , Knowledge Painfully Acquired:The Kun-chin chi by Lo chin-shun ,New York : Columbia University Press, 1987.

13. 袁爾鉅：《吳廷翰哲學思想》，北京：人民出版社，1988 年。

14. （日）荒木見悟：《中國思想史の諸相》，福岡：中國書店，1989 年。

15. 姜國柱：《吳廷翰哲學思想探索》，合肥：安徽人民出版社，1990 年。

16. 張立文主編：《氣》，北京：中國人民大學出版社，1990 年。

17. 葛榮晉：《王廷相和明代氣學》，北京：中華書局出版社，1990 年。

18. 李存山：《中國氣論探源與發微》，北京：中國社會科學出版，1990 年。

19. 李志林：《氣論與傳統思維方式》，上海：學林出版社，1990 年。

20. 蒙培元：《中國心性論》，台北：學生書局，1990 年。

21. 杜維明：《人性與自我修養》，台北：聯經出版社，1992 年。

22. 李紀祥：《明末清初儒學之發展》，台北：文津出版社，1992 年。

23. 葛榮晉：《王廷相》，台北：東大圖書出版社，1992 年。

24. 葛榮晉：《中日實學史研究》，北京：中國社會科學出版社，1992 年。

25. （日）小野澤精一：《氣的思想——中國自然觀和人的觀念的發展》，上海人民出版社，1992 年。

26. 葛榮晉：《中國哲學範疇導論》，台北：萬卷樓出版社，1993 年。

27. 楊儒賓：《中國古代思想中的氣論及身體觀》，台北：巨流圖書出版公司，1993 年。

28. 丁化民：《明中晚期理學的對峙與合流》，台北，文津出版社，1993 年。

29. 張立文：《宋明理學邏輯結構的演化》，台北：萬卷樓，1993 年。

30. 傅佩榮：《儒家哲學新論》，台北：業強出版社，1993 年。

31. （日）溝口雄三：《中國前近代思想的演變》，台北：國立編譯館，1994 年。

32. 張宣之：《儒學、理學、實學、新學》，陝西人民教育出版社，1994 年。

33. 宗志罡：《明代思想與中國文化》，合肥：安徽人民出版社，1994 年。

34. 葛榮晉：《中國實學思想史》，北京：首都師範大學，1994 年。

35. 葛榮晉、陳鼓應、辛冠洁編著：《明清實學簡史》，北京：社會科學文獻出版社，1994 年。

36. （日）溝口雄三：《中國的思想》，北京：中國社會科學出版社，1995 年。

37. 朱伯崑：《易學哲學史》，北京：華夏出版社，1995 年。

38. 楊儒賓：《儒家身體觀》，台北：中央研究院中國文哲研究所籌備處，1996 年。

39. 楊儒賓：《中國古代思維方式探索》，台北：正中書局，1996 年。

40. 杜維明：《儒家思想新論──創造性轉換的自我》，南京：江蘇人民出版社，1996 年。

41. （日）溝口雄三：《中國前近代思想之曲折與開展》，上海：上海人民出版，1997 年。

42. （美）喬治・米德：《心靈、自我與社會》，上海：上海譯文出版社，1997 年。

43. （美）艾爾曼：《從理學到樸學》，南京：江蘇人民出版社，1997 年。

44. 牟宗三：《才性與玄理》，台北：學生出版社，1997 年。

45. 高令印、樂愛國：《王廷相評傳》，江蘇：南京大學出版社，1998 年。

46. 陳榮華：《葛達瑪詮釋學與中國哲學的詮釋》，台北：明文書局，1998 年。

47. 蒙培元：《理學的演變──從朱熹到王夫之戴震》，福建人民出版社，1998 年。

48. （德）埃利希・諾伊曼：《深度心理學與新道德》，北京：東方出版社，1998 年。

49. （美）默里・斯坦因：《日性良知與月性良知：論道德、合法性和正義感的心理基礎》，北京：東方出版社 1998 年

50. 余英時：《論戴震與章學誠──清代學術思想史研究》，北京：三聯書店，2000 年。

51. 劉又銘：《理在氣中──羅欽順、王廷相、顧炎武、戴震氣本論研究》，台北：五南圖書出版，2000 年。

52. 朱謙之：《日本的古學及陽明學》，北京：人民出版社，2000 年。

53. 丁為祥：《虛氣相即──張載哲學體系及其定位》，北京：北京人民出版，2000 年。

54. 岡田武彥：《王陽明與明末儒學》，上海：上海古籍出版社，2000 年。

55. 張學智：《明代哲學史》，北京：北京大學出版社，2000 年。

56. 鄭宗義：《明清儒學轉型探析──從劉蕺山到戴東原》，香港：中文大學出版，2000 年。

57. 成中英：《合外內之道──儒家哲學論》，北京：中國社會科學出版社，2001 年。

58. 張壽安：《以禮代理──凌廷堪與清中葉儒學思想之轉變》，河北教育出版社，2001 年。

59. 胡發貴：《羅欽順評傳》，江蘇：南京大學出版社，2001 年。

60. 曾春海：《朱熹哲學叢論》，台北：文津出版社，2001 年。

61. 黃俊傑：《中國經典詮釋傳統（一）：通論篇》，台北：喜瑪拉雅研究發展基金會，2001。

62. 徐復觀：《中國人性論史：先秦篇》，上海：三聯書店，2001 年。

63. 王唯工：《氣的樂章》，台北：大塊文化，2002 年。

64. 王國良：《明清時期儒學核心價值的轉換》，合肥：安徽大學，2002 年。

65. 張麗珠：《清代義理學新貌》，台北：里仁書局，2002 年。

66. 張灝：《思想與時代》，上海文藝出版社，2002 年。

67. 成中英：《創造和諧》，上海文藝出版社，2002 年。

68. 張立文：《宋明理學研究》，北京：人民出版社，2002 年。

69. 余英時：《中國思想傳統的現代詮釋》，南京：江蘇人民出版，2003 年。

70. 曾振宇：《中國氣論哲學研究》，山東：山東大學出版社，2003 年。

71. 張麗珠：《清代新義理學──傳統與現代的交會》，台北：里仁書局，2003 年。

72. 歐崇敬：《中國哲學史》〔宋元明清的新儒學與實學卷〕，台北：洪葉文化，2003 年。

73. 《日本德川時代古學派之王道政治論：以伊藤仁齋，荻生徂徠爲中心》，台北：臺大出版，2004 年。

74. 余英時：《現代儒學的回顧與展望》，北京：三聯書店，2004 年。

75. （美）本杰明・史華茲：《古代中國的思想世界》，南京：江蘇人民出版社，2004 年。

76. 林啓屏：《儒家思想中的具體性思維》，台北：台灣學生書局，2004 年。

77. 周與沉：《身體：思想與修行──以中國經典爲中心的跨文化觀照》，北京：中國社會科學出版社，2005 年。

三、學位論文

1. 賴慧玲：《羅整菴思想研究》（碩士論文），台北：台灣大學中國文學研究所，1987 年。

2. 鄭德熙：《明嘉靖年間朱子學派批評王學思想研究》（博士論文），台北：中國文化大學歷史研究所，1990。

3. 胡森永：《從理本論到氣本論——明清儒學理氣觀念的轉變》（博士論文），台北：臺灣大學中國文學研究所，1991 年。

4. 湯志敏：《明代嘉、隆、萬三朝的反王學議論》，台北：中國文化大學中國文學研究所，1991 年。

5. 陳明恩：《氣化宇宙主體架構的形成及開展》（碩士論文），台北：淡江大學中國文學研究所，1995 年。

6. 陳一峰：《宋明理學中氣觀念之反省與釐清——一項以張載、朱熹與王守仁為典型的分析》，（博士論文）台北：中國文化大學中國文學研究所，1998 年。

7. 林嘉怡：《明代中期『以氣論性』說的崛起——羅欽順與王廷相人性論之研究》（碩士論文），台北：政治大學中國文學研究所，1998 年。

8. 陳正宜：《羅欽順理學思想之研究》（碩士論文），台北：中國文化大學中國文學研究所，1999 年。

9. 林永勝：《氣質之性研究》（碩士論文），新竹：清華大學中國文學研究所，2001 年。

10. 林秀鳳：《吳廷翰氣學思想研究》（碩士論文），台北：政治大學中國文學研究所，2003 年。

11. 林盈盈：《吳廷翰「氣即道、道即氣」思想之研究》，台北：中國文化大學中國文學研究所，2003 年。

四、期刊論文

（一）羅欽順部分

1. 錢穆：〈羅整菴學述〉，《中國學術思想史論叢（七）》（台北：東大圖書公司，1979 年）。

2. Irene Bloom 'On the Abstraction Of Ming Thought : Some Concrete Evidence from the Philosophy of Lo Chin-shun', in DeBary ,W.T. and Irene Bloom , Principle and Practicality : Essays In Neo-Confucian ism and Practical Learning ,（New York : Columbia University Press ,1979）

3 丁建生：〈羅欽順〉，《中國古代著名哲學家評傳（續編四）》（濟南：齊魯書社，1982 年），頁 99～138。

4. 林繼平：〈論羅整菴的哲學慧境〉，《中國哲學史研究》，1986 年第 1 期。

5. 袁爾鉅：〈羅欽順開端明代氣學〉，《哲學研究》，1988 年第 8 期。

6. （美）艾琳・布洛姆著、潘建譯：〈《困知記》與明代的學術論戰〉，《湖南大學學報》，1991 年第 6 期。

7. 陳志明：〈明中葉學者的釋儒之辨——以王守仁、羅欽順爲例〉，《孔子研究》（濟南），1991 年第 4 期。

8. 于化民：〈羅欽順對理學的發展及與王守仁的論爭〉，《學海》（南京），1993 年第 5 期。

9. 古清美：〈明代朱子理學的演變——從薛敬軒、羅整菴到高景逸〉，《國際朱子學會議論文集》（台北：中央研究院中國文哲研究所籌備處，1993 年）

10. 李存山：〈羅欽順的儒釋之辨——兼論其與關學和洛學的關係〉，《中州學刊》，1993 年第 3 期。

11. 李存山：〈羅、王、吳心性思想合說〉，《哲學研究》，1993 年第 3 期。

12. 鍾彩鈞：〈羅整菴的理氣論〉，《中國文哲研究集刊》第 6 期，1995 年 3 月。

13. 鍾彩鈞：〈上海復旦大學「整菴續稿」及其價值〉，《中國文哲研究通訊》，第 5 卷第 3 期，1995 年 9 月。

14. 袁爾鉅：〈羅欽順的氣一元論〉，《甘肅社會科學》，1995 年第 6 期。

15. 朱伯崑：〈羅欽順的易學哲學〉，《易學哲學史》（北京：華夏出版社，1995 年）。

16. 鍾彩鈞：〈羅整菴的的經世思想與其政治社會背景〉，《中國文哲研究集刊》第 8 期，1996 年 3 月。

17. 鍾彩鈞：〈羅整菴的心性論與工夫論〉，《鵝湖學誌》第十七期，1996 年 12 月。

18. 虞聖強：〈氣本論與心學的格物之爭——記羅欽順與王陽明的兩封通信〉，《孔子研究》（濟南），1996 年第 4 期。

19. 陳振宇：〈羅欽順思想述評〉，《北京大學研究生集刊》，1998 年第 3 期。

20. 林嘉怡：〈承襲朱學或另闢新途？——羅欽順政治思想定位思考〉，《中華學苑》，1999 年 8 月。

21. Irene Bloom，'Luo Qinshun and the philosophy of Qi'，in De Bary W.T. and Irene Bloom，Sources of Chinese Tradition，（New York：Columbia University Press），1999, p874～884 .

22. 鄧克銘：〈明中葉羅欽順之禪學批評的時代意義〉，《中國文哲研究集刊》，第 16 期，2000 年 3 月。

23. 鄧克銘：〈明儒羅欽順心性論之形成與意義〉，《國立編譯館館刊》，第 29 卷第 1 期，2000 年。

24. 鄧克銘：〈明中葉羅欽順格物說之特色及其效果〉，《鵝湖學誌》第 26 期，2001 年 6 月。

25. 鄧克銘：〈羅欽順「理氣爲一物」說之理論效果〉，《漢學研究》，第 19 卷第 2 期，2001 年第 12 期。

26. 袁爾鉅：〈羅欽順的氣一元論──兼談其在日本朱子學派中的影響〉，《東方論壇》，2001 年第 1 期。

27. 胡發貴：〈江右大儒 宋學中堅──試論羅欽順的學術思想〉，《南昌大學學報》（人社版），第 33 卷第 2 期，2002 年 4 月。

28. 丁爲祥：〈羅欽順的理氣、心性與儒佛之辨〉，《中國哲學史》2002 年第 3 期。此篇文章另外刊於，《哲學與文化》（台北），第 30 卷第 4 期，2003 年 4 月。

（二）王廷相部分

1. 葛榮晉：〈明嘉靖初年哲學上的一場辯論〉，《中國哲學史研究》，1982 年第 4 期。

2. 葛榮晉：〈王廷相的元氣論〉，《中國哲學史研究》，1983 年第 4 期。

3. 袁爾鉅：〈論王廷相的哲學貢獻及其歷史地位〉，《中國哲學史研究》，1984 年第 2 期。

4. 袁爾鉅：〈王廷相與何瑭關于形神問題的一場辯論〉，《河南師範大學學報》，1987 年第 1 期。

5. 辛冠潔：〈評葛榮晉同志新著──《王廷相生平學術編年》〉，《中國哲學史研究》，1987 年第 3 期。

6. （日）湯淺幸孫：〈作爲思想家的王廷相──張載和王廷相〉，《中國思想史研究》，第二號 1987 年度論文集，京都大學中國哲學史研究室。

7. 葛榮晉：〈王廷相年譜〉，《文獻》，1987 年第 4 期。

8. （日）馬淵昌也：〈王廷相思想中的人間規範──以人性論、修養論爲中心〉，《東方學》第 73 輯，東方學會，1987 年。

9. 邱德新：〈讀王廷相生平學術編年〉，《中國圖書評論》，1989 年第 2 期。

10. 吳玉蘭：〈王廷相的自然觀與辨證法思想〉，《內蒙古師大學報：哲社版》，1989 年第 4 期。

11. 谷方：〈王廷相與明代批判思潮理學〉，《中州學刊》，1990 年第 2 期。

12. 王煜：〈評介葛榮晉《王廷相和明代氣學》〉，《哲學與文化》，第 18 卷第 4 期，1991 年 4 月。

13. 葛榮晉：〈王廷相在中國哲學史上的地位〉，《中國哲學史研究》，1991 年第 11 期。

14. 謝豐泰：〈王廷相的宇宙論及此理論的哲學特色〉，《中國哲學史》，1992

年第 1 期。

15. 梁臨川：〈王廷相年譜補正〉，《上海大學學報：社科版》，1993 年第 1 期。

16. 秦栓柱：〈王廷相象數觀當議〉，《石油大學學報》，1993 年第 3 期。

17. 李存山：〈王廷相思想中的實證科學因素〉，《人文雜誌》（西安），1993 年第 6 期。

18. 王培華：〈關於王廷相歷史思想的幾個問題〉，《史學史研究》，1995 年第 1 期。

19. 朱伯崑：〈王廷相的易學哲學〉，《易學哲學史》（北京：華夏出版社，1995 年）。

20. 蔣國保：〈王廷相氣本論的內在理路〉，《中國哲學與哲學史》，1996 年第 6 期。

21. （日）荒木見梧著，廖肇亨譯：〈對氣學解釋的質疑——以王廷相為中心〉，《大陸雜誌》，第 93 卷第 6 期，1996 年第 12 期。

22. 彭建渝：〈試論王廷相的理勢觀〉，《中國青年政治學院學報》，1997 年第 2 期。

23. 岳天雷：〈王廷相人生哲學簡論〉，《學習論壇》（鄭州），1997 年第 6 期。

24. 孫玉杰、馬平軒：〈王廷相廉政監察思想初探〉，《河南大學學報》，第 37 卷第 6 期，1997 年 11 月。

25. 孫玉杰：〈論王廷相的氣本論思想〉，《學習論壇》（鄭州），1998 年第 2 期。

26. 林嘉怡：〈一位氣本論思想家——王廷相的文學觀〉，《大陸雜誌》，1998 年第 7 期。

27. 劉見成：〈王廷相的氣本論與形神觀〉，《中國文化月刊》，1998 年第 8 期。

28. 王俊彥：〈王廷相的元氣無息論〉，《章太炎與近代中國學術研討會論文集》（台北：里仁書局，1999 年）。

29. 王志楣：〈論王廷相對佛學的批判〉，政大中文系第八屆系所友學術研討會，1999 年。

30. 曾振宇：〈王廷相氣論哲學新探——兼論中國古典氣論哲學的一般性質〉，《煙台大學學報：哲社版》，2001 年第 1 期。

31. 岳天雷：〈王廷相的實學思想及其精神品格〉，《河南社會科學》，第 10 卷第 1 期，2002 年 1 月。

32. 王俊彥：〈王廷相的「性者、氣之生理」論〉，《中國文化大學中文學報》第 9 期，2004 年 3 月。

（三）吳廷翰部分

1. 袁爾鉅：〈伊藤仁齋對吳廷翰思想的發展〉，《中州學刊》，1983 年第 1 期。

2. 袁爾鉅：〈吳廷翰及其哲學思想——對一位久被湮沒的哲學家的初探〉，《哲學研究》，1983 年第 3 期。

3. 葛榮晉：〈吳廷翰哲學思想初探——兼論吳廷翰和王廷相哲學之比較〉，《江淮論壇》，1986 年第 1 期。

4. 姜國柱：〈吳廷翰的無神論思想〉，《世界宗教研究》，1988 年第 1 期。

5. 姜國柱：〈吳廷翰的氣論及其思想影響〉，《安徽師大學報：哲社版》，1988 年第 3 期。

6. （日）荒木見悟：〈吳蘇原的思想——對容肇祖文章論述之批判〉，收入《中國思想史的諸相》，福岡：中國書店出版，1989 年。

7. 谷方：〈重在發掘：評袁爾鉅著《吳廷翰哲學思想》〉，《中國哲學史研究》，1989 年第 2 期。

8. 程傳衡：〈明月不曾沉碧海——明代哲學家吳廷翰主要哲學思想評介〉，《安徽大學學報：哲社版》，1989 年第 2 期。

9. 沙楓：〈吳廷翰唯物主義思想初探〉，《中國哲學史研究》，1992 年第 7 期。

10. 張運華：〈明代吳廷翰的氣論思想初探〉，《阜陽師院學報》，1993 年第 2 期。

11. 吳昌合：〈吳廷翰及其著作〉，《中國典籍與文化》，1994 年第 1 期。

12. （日）金培懿：〈伊藤仁齋的孔子回歸思想成立之背景——以吳廷翰的影響爲中心〉，《中國哲學論集》1995 年 12 月，九州大學中國哲學研究會。

13. 王俊彥：〈吳廷翰的格物致知論〉，《儒學與現代管理研討會》，南臺技術學院，1996 年 11 月。

14. 王俊彥：〈吳廷翰「以氣即理，以性即氣」的思想〉，《華岡文科學報》，第 21 期，1997 年。

15. 吳昌合：〈爲官清正廉潔　爲人敦厚仁恕——吳廷翰人品志略〉，《安徽大學學報》，第 23 卷第 4 期，1999 年 7 月。

16. （日）岡田武彥：〈批評派與復古派——吳蘇原〉，收入《王陽明與明末儒學》（上海古籍出版社，2000 年 5 月）。

17. 劉又銘：〈吳廷翰的氣本論〉，「行政院國科會補助專題研究計畫成果報告」（計畫編號：NSC 92-2411-H-004-007），2004 年。

（四）其他暨共同部分

1. 張義德：〈楊慎對宋明理學的批判〉，《中國哲學史研究》，1982 年第 2 期。

2. 周桂鈿：〈氣、元氣及其一元論〉，《中國哲學史研究》，1983 年第 4 期。

3. 肖洪恩：〈由氣體到氣用〉，《中國哲學史研究》，1987 年第 1 期。

4. （日）山井湧著、胡發貴譯：〈程廷祚的氣的哲學——兼論朱熹、程廷祚、

戴震思想的異同〉,《中國哲學史研究》,1988 年第 1 期。

5. 王煜:〈明清哲學八題〉,《中國文化月刊》,1988 年第 5 期。

6. 袁爾鉅:〈理學和心學考辨——兼論確論「氣學」〉,《甘肅社會科學》,1988 年第 5 期。

7. 袁爾鉅:〈試探二程對明代氣一元論的影響〉,《中州學刊》,1988 年第 6 期。

8. 蔡方鹿:〈氣與宋明理學〉,《中國哲學史研究》,1991 年第 4 期。

9. 林義正:〈中國哲學中『虛』概念的演變及體系〉,《哲學與文化》第 18 卷第七期,1991 年 7 月。

10. 傅佩榮、林安梧:〈「人性向善論」與「人性善向論」——關於先秦儒家人性論的辯論〉,《哲學雜誌》第 5 期,1993 年 6 月。

11. 葛榮晉、屈桂英:〈戴震哲學思想新論〉,《甘肅社會科學》,1994 年第 5 期。

12. 曾振宇:〈氣的哲學化歷程〉,《遼寧師範大學學報;社科版》,1996 年第 4 期。

13. 孫玉杰:〈論何瑭的二元論哲學思想〉,《河南大學學報:社科版》,1996 年第 6 期。

14. 崔大華:〈劉蕺山與明代理學的基本走向〉,《中州學刊》,1997 年第 3 期。

15. 李存山:〈如何探討氣論哲學的「一般性質」〉,《孔子研究》(濟南),1998 年第 1 期。

16. 王汎森:〈明末清初的一種道德嚴格主義〉,收錄於郝延平、魏秀梅主編《近世中國之傳統與蛻變》,台北:中央研究院近代史研究所出版,1998 年。

17. 王汎森:〈清初思想中形上玄遠之學的沒落〉,《中央研究院歷史語言研究所集刊》,1998 年。

18. 丁爲祥:〈開放的心胸與多元相融的視野——張載研究的綜述與反思〉,《文化中國》,第 6 卷第 1 期,1999 年 3 月。

19. 孫興御:〈從〝理一分殊〟到〝氣一分殊〟的邏輯管窺〉,《南京師大學報》,1999 年第 5 期。

20. 張岱年:〈中國哲學中理氣事理問題辨析〉,《中國文化研究》,2000 年春季卷(總第 27 期)。

21. 楊國榮:〈本體與工夫:從王陽明到黃宗羲〉,《浙江學刊》,2000 年第 5 期。

22. 丁爲祥:〈張載研究的視角與方法〉,《陝西師範大學學報》,第 29 卷第 2 期,2000 年 6 月。

23. （日）岡田武彥：〈戴震與日本古學派的思想——唯氣論與理學批判論的展開〉,《中國文哲研究通訊》,2000 年第 6 期。

24. 丁爲祥：〈明代氣學析辨——兼論張載與氣學的關係〉,《中國文化月刊》,2000 年第 8 期。

25. 徐定寶：〈理學與心學的艱難整合——兼論黃宗羲在哲學史上的建樹與失誤〉,《寧波大學學報》,第 14 卷第 1 期,2001 年 3 月。

26. 劉又銘：〈顧炎武以氣爲本的宇宙觀〉,收入《清代學術論叢——第一輯》,國立中山大學清代學術研究中心,文津出版社,2001 年。

27. 劉又銘：〈從「蘊謂」論荀子哲學潛在的性善觀〉,《「孔學與二十一世紀」國際學術研討會論文集》（政治大學文學院編印）,2001 年。

28. 王俊彥：〈呂緝熙『氣生於氣』之思想〉,《中國文化大學中文學報》,2002 年 3 月第七期。

29. 陳來：〈元明理學的「去實體化」轉向及其理論後果——重回「哲學史」詮釋的一個例子〉,《中國文化研究》,2003 年第 2 期。

30. 劉又銘：〈宋明清氣本論研究的若干問題〉,「儒學的氣論與工夫論」國際研討會（台大東亞文明研究中心）,2004 年 11 月 27～28 日,會議論文。

31. 陳榮灼：〈氣與力：「唯氣論」新詮〉,「儒學的氣論與工夫論」國際研討會（台大東亞文明研究中心）,2004 年 11 月 27～28 日,會議論文。

32. 鄭宗義：〈論儒學中「氣性」一路的建立：以董仲舒、王廷相及戴震爲例〉,「儒學的氣論與工夫論」國際研討會（台大東亞文明研究中心）,2004 年 11 月 27～28 日,會議論文。

33. 何乏筆：〈形而上學與形而下學的辯證——形、氣、神的去等級化與儒門工夫論的現代轉化〉,「儒學的氣論與工夫論」國際研討會（台大東亞文明研究中心）,2004 年 11 月 27～28 日,會議論文。

34. 馬淵昌也：〈明代後期における氣の哲學の三類型と陳確の新思想〉,「儒學的氣論與工夫論」國際研討會（台大東亞文明研究中心）,2004 年 11 月 27～28 日,會議論文。

35. 鄭吉雄：〈戴東原氣論與漢儒元氣論的歧異〉,《台大中文學報》第 21 期,2004 年 12 月。

36. 何乏筆：〈現代主體系譜學：論傅科晚期思想中的眞理與工夫〉,「眞理與工夫」研討會（台大東亞文明研究中心）,2004 年 12 月 12 日,會議論文。

37. 劉又銘：〈大學思想的歷史變遷〉,「東亞四書學國際學術研討會」（台大東亞文明研究中心主辦）,2005 年 4 月 9 日,會議論文。

38. 張麗珠：〈清代的義理學轉型與四書學解釋——以《論語正義》、《孟子正義》爲觀察對象〉,「東亞四書學國際學術研討會」（台大東亞文明研究中

心主辦），2005 年 4 月 9 日，會議論文。

39. Kirill O.Thompson：〈朱子對「四書」中智的概念的解釋〉，「東亞四書學
國際學術研討會」（台大東亞文明研究中心主辦），2005 年 4 月 9 日，會
議論文。

40. 楊儒賓：〈「氣學」及其檢證標準〉，「第四屆日本漢學國際學術研討會」
（台大東亞文明研究中心主辦），2005 年 5 月 6 日，會議論文。